紹興大典 史部

紹興縣志資料

3

中華書局

第一輯　地志叢刻

紹興縣志資料

李生翁題

中華民國二十七年七月

紹興縣修志委員會刊

紹興縣志資料第一輯

地志叢刻目錄

此類地志或爲未刊本或爲采訪者所新編一鄉一村自出機杼成一家言今悉入此刊名之曰地志叢刻蓋既不敢掠作者之美且不欲割截删節以失其眞庶他日修志得以

詳考嘗閲瞿兌之志例叢話有曰蔡元培上虞志例以圖爲宗以説輔之凡屬於某區之建築皆詳志焉而以志山志水爲兩篇次於圖後陵墓寺觀橋閘塘壩之屬又分附焉如是則記地之文盡此一篇一覽無餘誠可師也按今光緒上虞縣志無此例言茲之所輯亦本此意惟惜此類著述殊少不能各鄉悉備耳

附嘉慶山陰縣志校誤補遺

三江所志序

始祖何源公以開國功於洪武二十八年授世襲千戶職世居三江至我朝大淸咸豐同治年間蓋數百年矣竊我江城一區置於廣莊之中僅如黑子彈丸耳加以迭遭兵難城池半爲瓦礫戶口凋敝衰耗特甚而安知自有明以來本城科第蟬聯民物殷阜居無隙地如誌中所載乎每觀此書未嘗不歎盛衰升降焉江城文獻編於張公應鰲增於邢公振綸三江所誌記於陳公宗洛增於傅君月樵未曾付梓詎遭咸豐壬戌癸酉年間粵匪兵燹篇頁焚失絕無存者學常爲恨恨焉適光緒元年家君館於安昌徐馨池家伊處尚有遺本急爲借錄欣躍殊常然斷簡殘編字句多缺學敬於各編中無者增重者刪又將所誌文獻合訂一書現尚有陳公宗洛誌引未能錄入而所誌跋得於向愓齋先生志學後錄序中仍以存舊昔歐陽文忠公云讀漢唐書目見其所列著者不啻千餘而散亡磨滅百不一二存以立言之不可恃如此嗟乎何況是書何況是書之未刊刻乎得失存亡可亦置之度外矣然經學如張宇侗先生道學如向愓齋先生後生小子欲考其人將焉所得乎則是書之存不亦大可幸耶况內載諸書詩序現惟鳴九程公閒務全書頗行於世而此外泯焉學又悲昔賢之立言眞如文忠公所云無異草木之榮華飄風鳥獸好音之過耳同歸泯滅則是書之存不宜重加愛惜耶或曰是書誌三江

耳何足爲外人道也學又以爲不然夫聖賢立言大旨欲勸善懲惡使本城人讀之知祖上之盛德如此不敢爲非倘外村人見之知某者忠某者孝某者節某者義而善心不油然生乎則是書之誌也豈第載山川塘閘科第而已耶亦大有關於名教矣

光緒元年夏季江城後人何留學希文書於東門城内聽潮書屋

三江所誌

武科

武甲

鄉賢

忠烈

孝友

義行

儒林

寓賢

貞節孝養附賢淑

理學

陳和曰昔孟子有言夫道一而已矣則君子學以致道甯有二致哉自宋象山陸氏守內遺外而吳草廬遂將德性學問離而二之至姚江王氏益與朱子牴牾致使講道者競尚新奇各自爲說幾不知程朱傳註爲何物觀我江城諸公所論著可見矣我朝國運昌明醇儒輩出稼書先生倡之於上而惕齋又和之於下程朱之道之學乃始丕顯於世何其盛哉然此蕞爾海濱之地使德行文章莫爲之前後人亦無所慕以從入況更求盡善乎則先輩諸公以髮引千鈞其力甚鉅未可以其偏而少之也集理學

明張伯樞字慎甫號宇侗哲之孫少年卽遊府庠屢冠多士後乃留心理學一赴省試遂棄去境奇窘愈勵淸節慨然以明道覺世自任當代名公鉅卿多尊師之而易亭劉公一焜蕺山劉公宗周尤所稱莫逆者方是時二公名重海內伯樞惟以介節自高凡所推引俱却弗就惟遇闡揚幽隱激勵名節事未嘗不切切言之其生平學業大約由堅苦而幾於自得以躬行而發爲著述遁跡終身不求聞達眞儒者之高蹈歟崇禎庚辰卒年八十蕺山率諸生哭奠私謚聞貞閭郡紳衿請諸學憲許公豸崇祀鄉賢次子懋義字足和能世其學　門人山陰徐之達曰

先生讀易次第備於上石翁劉公一書而晚年得力尤在畫上抽繹謂聖人取象繫辭無非畫中所具惟一陳說六畫以會先後天妙旨則爻象之意了然故其所解盡掃諸儒割裂支離之病易道至此可謂燦然大明於世矣　先生易解語語靈醒字字貼切將當日發言之旨意宛然畫出洵堪羽翼經傳達等懇公之海內先生以下孟刪正未畢姑遲之歲月　先生常曰文章不關世節雖工無益故其所著字解史評諫術壆蹟圖正諸書俱可上翼聖賢下開來學於世教大有賴也　門人傳善典曰先生易抄四集彙古今名儒諸說精以擇之舉坊刻所巳行者汰其浮冗者十之二三增其未備者十之四五足爲講易全書原欲與易解並出而力有未暇姑以俟之異日先生詮解五經春秋則見推於常伯鄒瀘水詩解則見推於相公劉是菴其餘爲海內名公鑒賞不可勝舉　陳和曰生成進士死入鄉賢此昔人所期而難必者然予博攷志乘大抵死入鄉賢者多生成進士郎或不然必其子若孫有成進士者求其以處士而得祀鄉賢則不數數覯焉甚矣名位之重而科第之足以顯親揚名也然士誠德業懋著言行著述足以垂世立教則奕世而後豈無有發潛德之幽光者宇侗張先生以處士崇祀鄉賢鑿鑿有據今徧查郡邑志書其姓名行述缺焉有間豈後之修誌者以其側陋而逸之耶今特据向荆山所作行略編爲理學傳首　外元孫程良本曰先生五經四書諸解皆刊於明末傳播未

廣又屢遭兵燹蕩行灰滅惟易解刊本一部爲全書什襲而藏於家者有年矣予舅氏覺頑因子姪無力業儒恐致遺失特以托付表姪傳宗道欲其寶而傳之豈期宗道北遊竟爲伊妻弟盜去換餳先生一生精神江城百年文獻一旦失之嗚呼惜哉幸書序總綱數十篇尚在學者猶可因略以致詳而四方篤學君子庶幾得之或相與表章不使大義微言終於泯沒則斯文之晦而復顯予正不能無厚望也

王舜鼎字仔肩號墨池萬歷戊戌進士授刑部郎中深究律例曰律死書也而道主慈濫獄枉斷緣不識律耳於是合古律例申明獄政刑戒等書纂其要名宣慈錄時與法曹訊事皆引輕例給事曹學程當刑力救之得免尋遷兵部郎覈軍伍册斥絕餽遺未嘗私一弁擢四川參政會旱災倣常平法以行賑濟又治兵綿左署臬篆爲臺使者所倚重凡大議大役必咨決焉代臬司入覲舉卓異廷勞賜金累陞工部尙書以勞瘁卒於京師年六十七所遺敝簏書數卷而已遺官營葬賜謚恭簡祀鄉賢　舜鼎晚號無遮居士著座右自省十則　愧　此事在人匪難匪易個個圓成因何長睡情識紛飛如夢如醉浪死虛生思之可愧　懼　浮生幻質人命匪堅此時不徹更待何年牽犂負重皮破肉穿反手覆手懼莫大焉　憒　七尺丈夫冲天有志彼聖何人我何自棄玩弄精魂到底虛僞不破不休常憒憒地　疑　此中可怪忒然無端

依稀光影卻苦仰鑽欲吞欲吐餡子鐵酸漆桶未破莫放疑團　究　糞土拾金不無歡喜入海窮源還須見底已不是渠渠却是已究之究之剝膚入髓　看　咄這牯牛切莫認錯執杖覗之勿令走作鼻孔拽回好把線索收放自由看看如昨　耐　直下承當原無等待必有事焉機資灌溉靈苗自栽無在不在勿助勿忘久而愈耐　轉　荆棘叢中出頭可冀月明簾外轉身非易坐却靈床反招家祟拈向一邊縱横如意　盡　不落有無那存觸背通身是眼明道若昧腦後一鎚虚空粉碎極盡玄微無對所對　了　只爲未了打箇之遶大歇大休天空月皎若説有了了即是擾無了之了名曰眞了

章若昌字智甫號璇陽三歲失父姈彭某氏無子撫以爲嗣因姓彭勤苦力學暑夜蚊盛則納足甕中讀書至夜半不輟聞海門周先生講學剡溪從之遊稱高第嘗館於金庭朱相公家師道尊嚴爲公敬憚萬歷庚子舉於鄉甲辰成進士題請復姓任刑部雲南司主事回籍病卒年四十四子靜觀山陰諸生都督翊山黃公遺囑有曰璇陽先生家貧少孤卒能勤學力行置身理學前輩推重如此

傅鼎字震伯號廷岳國才侄孫山陰諸生萬歷間墨池王公璇陽章公相與講明良知宗旨而聞貞張子爲之冠鼎與志同道合尤相友善居常好靜坐所著書因遭兵火散亡其邀友詩曰

梨花雪半柳枝風杜宇聲中落片紅買得壺漿修禊事候君先過小橋東胸襟洒落有春風沂水之趣又村居自述詩曰生來苦不足身世兩無依僅存骨瘠立非復膏粱肥病婦舂粟起稱兒忽啼飢濕烟遶屋生摘薪向東籬飯熟日已昃失飪良勝無有客歛屣至攜之過村墟趺坐拾黃葉新詩葉上題悠悠世路寬閒吟聊自怡氣格高超不規撫陶而自與陶合即此可見其安貧樂道之槪而詩之似陶與否又非所以論先生之大者也　無叶音微墟叶音希

張應鼇字奠夫號凝菴晚年自稱餘生子先受業於張聞貞後從念臺劉公學及門中最爲器重公常曰不失吾學之正者奠夫一人出入兩都無不隨侍嘗命作中興金鑑欲上不果甲申公絕粒空庵應鼇猶侍左右衆咸謂事或可爲幸爲國自愛應鼇大聲曰人臣分義自當一決公韙其言攜手訣曰學問未成全賴諸子屬望肫切公既殉同人黃宗羲祁駿佳等請主城南證人書院講席歷三十餘年所計四百餘會會各有記祁寒暑雨未之或輟年逾八旬瓶無脫粟宴如也老成典型遐邇景仰或作詩稱之曰講學修身八十年猶如松栢老彌堅近承忠正劉公脈遠接文宣孔子傳或曰濂閩之後誰繼踪斯文端的屬劉公證人講會明季始於今乃有張夫子手執簡編面聖賢親爲斯人發宗旨思將一力挽頽風諄諄肯復惜唇齒又有曰證人有會四十年只在存誠無別訣提撕後學喚同人賴有先生教思切坐臥行止不少休寒暑

風雨未嘗輟道脈綿延微乃著終日衣冠敬無褻言行交孚邁等倫見者聞言皆深折觀此則其學其人可想見矣子自簡字敬可山陰諸生亦從學於念臺嘗曰簡弱冠幸獲耳承緒論六十年來夢寐飲泣民生於三其敢或忘

傳善典字堯卿廷岳長子受業於聞貞張先生先生愛其篤實妻之以女善典承父師之學篤志深造著大易述以發明之

清

向璿字荆山號惕齋間稱江村野人百戶高之元孫也父嘘雲生纔七十日而祖廷謨卒祖妣童以苦節撫至成立康熙壬戌嘘雲就山東萊州府鰲山衛守備幕挈家往生璿署中性穎悟五歲母鄭口授四書大義即知領略就傅以後學日進且工爲文父欲令赴順天鄉試爲援例入監十七歲回江城大肆力於舉子業下筆千言立就里中老宿皆刮目待之乙酉丁內艱動心忍性一日讀孟子至人之所以異於禽獸者幾希猛省曰存此則爲君子去此不將爲禽獸乎遂愍然恥爲凡民聞郡城陽明族裔行九先生講良知宗旨往叩之語甚相契歸輒糾同人陳和張汝霖周尙文等爲輔仁會每月一舉沉酣於王學者六七年悟徹玄妙壬辰偶得高忠憲年譜及薛文淸讀書錄反覆玩味內以體諸身心外以驗諸事物乃漸覺良知之說未當而

信居敬窮理之確不可易也自是動靜語默一以程朱爲師凡居敬之要博約之方理氣之分儒釋之辨莫不窮原竟委抉髓研精自乙酉以來書其所見名志學錄已自成帙至是定癸巳以後者爲志學後錄於四子書尤細心靜會謂於孔曾思孟本意絲毫不失者惟朱註耳逐字逐句體認入微而諸儒之說則講去其非而歸於至當詳載四書記疑生平事父色養終身日隨侍誾誾如也雍正丙午父歿年已四十有五矣而哀號迫切一同孺子之慕喪葬諸禮則斟酌於今古之間行之聞人之善雖小必揚見人之惡雖微必隱親朋有貧窘者必約己周恤終始無間與人交誠意盎然規勸肫懇有時含淚又善啓發人以一二語指點能使人當下自省而不信者則不强聒也堅執己見者則不强其必同也家貧食指繁衆惟藉館穀爲生或終日不舉火而卷不釋手自幼體弱多病歲時常發往往困劇幾殆而志不少衰一切紛華玩好不以屑意遇佳山水則樂遊忘倦至於詩古文辭獨愛歸震川魏叔子王阮亭每密書而吟咏之間亦自爲詩文以自娛皆有瀟洒出塵之趣晚歲益闇然自修專以畏天反躬爲務涵養深邃氣象從容狡詐者對之傾誠驕悍者見之起畏洵一代君子人也辛亥五月戊子卒年五十學者稱正學先生配呂氏有淑德生子三長宏運府學諸生黄艮輔曰先生之學自是伊川考亭正傳而洒落和易則兼有濂溪明道風味書云夭壽平格平格如先生固宜得其壽以壽世矣

乃年甫踰知命遽夢龍蛇維彼聵聾誰與振起豈天無意於斯民耶然先生雖逝而先生之書具在明快切實足以俟後聖而警羣蒙則先生之壽與先生之所以壽世者正未有涯也又奚憾哉

戒言十八則　戒慢　正衣冠尊瞻視人禽分敬與肆　戒紛　心之紛如亂絲何以理曰敬之　戒奢　廉之本在於儉咬菜根甘清淡　戒妄　心有妄害最酷必无之誠斯復

戒懶　人一懶百事廢日日孳至於斃　戒欺　毋自欺必自慊如惡臭如好色　戒戲　毋戲言毋戲動張子銘日三誦　戒忿　忿如火原可燎易有訓懲之要　戒慾　人之生咸有慾苟勿窒將自毒　戒隨　苟隨人必失己惟君子中不倚　戒躁　事胡敗由于躁故學者宜深造　戒奇　天下事常爲貴隱怪者徒自悖　戒貪　古之人嚴一介毋苟得禮有戒

戒傲　謙則吉傲則凶戒之哉盧爾衷　戒佚　樂佚遊斯損矣勤爲善雞鳴起　戒多言　放言易躬不逮且招尤更損氣　戒怨尤　勿怨天勿尤人坦蕩蕩滿腔春　戒無恆　無恆者承之羞苟不占是吾憂　康熙戊戌四月題

張伯樞上撫台石翁劉公書　春初錄易自坤至泰十卦解奉上想塵大宗師電鑒矣其中總意及諸節解用之授徒作舉子業雖少刪削尚多煩穢齋中無事復增損潤色總上經彙爲一卷錄正樞讀易不啻數變矣始閱坊解厭其牽合附會類强聖人之言從己至一卦之中前後不倫一爻之内上下不屬故力加推究務

使語脈貫通旨意融洽然不過因文解意求其字妥句適而已後思聖人觀象繫辭象不明辭必不肖則進而求之於象如左腹右肱義何以取東鄰西鄰辭何以繫一一剖晰而聖人之旨始稍稍得其什一矣然不知成卦之爻象有不可強通者則又進而求之主爻主爻如賁以艮止爲主而曰須曰貞曰丘園皆取諸止畜以巽四爲主而曰復曰牽曰脫輻皆取於巽如絲之聯如脈之貫而聖人之意又稍稍得其二三矣至觀象以總六爻之全分爻以疏全象之旨緣時物以盡變通之用自覺時時有進然不過從有象有辭後求其指歸而至所謂觀畫如觀象觀象如觀卦者則茫然矣自聞命以來復取六畫默默按之雖胸中已有成見而至此洒然欲脫覺此畫應有此象應有此辭四聖人一脈相通更無絲毫之隔其於吾心亦無絲毫之隔活潑變動雖有成見無所用之因思平日謂讀易大旨一元字潛字盡之今而知元字潛字亦執着不得蓋觀无妄之二曰不耕穫不菑畬則利有攸往夫有耕有穫有菑有畬不可謂妄然猶有念也纔有念便有執着至二則打空心體掃除一切矣而上九不然故曰无妄行有眚以无妄而曰有眚則執着之爲累耳孔曰無我顏曰屢空此聖學也讀易亦應如是語至於是而樞所論著去易道遠矣樞自髫年看書即能作解乃至今日猶然憒憒大半以舉業誤之耳蓋飢寒困苦迫於中而富貴顯榮奪於外故不得不從事於此今思之富貴顯榮於吾身何有世有

赫奕一時不數十年即已泯泯甚至舉其姓名不得惟立德立言庶可自見故已决意棄去但兒女婚嫁未了故尚糊口四方再俟四五年粗畢此數事少有饘粥之資即入山林借一僧室畢意編摩並究竟性命此時大宗師秉政持衡躋世仁壽之域樞得爲太平之民優游山林歌詠盛治足矣第念論著卮言非附青雲不能自見伏祈大宗師辱賜一言輝之首簡俾樞得托之以垂於不朽不敢冒昧實不勝至願　劉公諱一焜字元炳號易亭人稱石翁先生江西人明史全載註云浙撫劉一焜卒請卹典魏大中駁之江西人大怒則其人品可見矣　劉公一焜答書　某於此易實有悟處自有此悟以來寥廓宇內無有一人可開口者昨見大教深喜千載子雲遇於旦暮恨相對日淺無能徹底掀翻期兩心質正作金蘭耳所諭坊講牽合附會强聖言從己至一卦之中前後不倫一爻之內上下不屬又謂聖人觀象繫辭象不明辭不必肖及觀象以總爻之全分爻以疏象之旨緣時物以盡變通之用即此數句皆是眞正八字理會中來千古聖賢讀易眼孔已十到八九矣某不敢面諛此經此學自吾友而外實未見其人即間有之其去吾友見地尚千山萬水也第吾生平究心如此遇吾友深潛篤摯所造如此而僅僅付之展誦不能披剝直窮到底又將待何人待何時乎觀畫如觀象觀象如觀畫甚不茫然吾友言下所發揮者便是再一脫卸便知某拈二句不是掠虛便知二句可考四聖人可俟

百世矣來教左腹右肱東鄰西鄰賁主艮止畜主巽四皆是確論至讀易大旨元字潛字亦執着不得而取无妄耕穫菑畬未免有意以此發明六虛之義而爲聖人齋戒神明洗心之學極爲親切惟打空心體掃除一切未免落入世學大有商量惟吾友有此一見未融故有後段舉業悞人而作山林僧室之想眞正學易實不如此乾健坤順於一毛頭卽可得之闔戶爲坤闢戶爲乾此吾夫子點出乾坤凡例震動巽入坎施離受艮止兌悅此皆天地萬物之理無處無時而不然者惟其無處無時不然故君子無時無處非易無時無學開卷的易以不開卷的作註脚不開卷的易以開卷的作印證如此易眼愈淸易學逾妙若欲杜門摩挲故册子縱令十分精研到底隔幾重羅縠也何如何如舍弟書極稱吾友學行明歲可慨就否序文如教　祁駿佳

季超與張奠夫書　仁兄主持講席道風遐播今謝澍翁率小兒輩恭聽塵誨伏惟進而教之弟謂今日之講學總爲先師完證人二字人之所以不證者以其爲人禽之關存之則人去之則禽獸幾希之間不容不愼也弟愚以爲每會必以講書啓其端次卽引歸各人身上發明證人之旨不妨重複與子言孝與臣言忠與兄弟言友愛五倫五常人之所以爲人也乞仁兄每會必痛切發之弟病足不能趨教悵悵

張愼甫易解序　不佞於武林得讀山陰張愼甫易解一編心折者久之及愼甫游長安每寓

書必以易請且録寄其近日所著易解比向所見示者愈益貫通融洽不佞雖日苦簿領而小暇未嘗不讀讀未嘗不洒然以喜渙然以釋也因念河汾之言有之九師興而易晦今之時文講套牽合附會亦九師之類也乃治易者錮於其中而不自覺與知有九師而不知有四聖人何異易幾何不晦乎愼甫自爲諸生即厭坊講非是歷四十餘年讀易數變自求象求主爻以至觀象以總爻分爻以疏象緣時物以盡變其於易思過半矣及得不佞觀畫如觀象觀象如觀畫之兩語始而疑繼而叩至云胸中雖有成見亦不覺洒然欲脱信得此畫應有此象此象應有此辭四聖人與吾心無絲毫之隔學易至此又安有餘藴哉自士不知學一聞仲尼學琴師襄之事輒疑聖疑神見爲奇特不可幾及彼徒知學琴於三日不成聲而見所謂頎然黝然者之爲奇不知學易於韋編三絶而見羲文周孔於未言之先未畫之始尤奇之奇也要而論之學固如是何奇之有眞好學者凡學皆然何况易乎不佞亦束髮學易晚得愼甫此學始不孤今當與愼甫共勉之矣天啓元年辛酉閏二月易亭主人劉一焜元丙甫題

易解序　余起家羲易童年白叟迄不得其指歸本以訓詁家言妄意射覆易道精微難於解矣頃明農山澤頗多暇日始得潛心觀玩會劉元丙先生以易學名家來此皋比數侍木鐸時聞乃知易自有眞詮非關言解其説觀畫如觀象凡卦皆有主爻而承乘比應視此爲當否大

都陽統陰陰從陽多吉反是多凶求之諸卦良然都無偶然而然者以今觀於張愼甫氏所撰易解一書何其出門合轍也古今談易家無慮數十百種然或掃除舊障務歸玄詣反或澁而多晦否則虛而鮮用要以驗之卽事而皆在符之當境而隨顯通之造化人事而無不流行心目間此爲學易者眞究竟而聖人與民同憂患之本懷也所見惟劉先生得其宗愼甫氏益暢其旨卽持論各別領解互異並以我用易非以易博我悅心研慮務成亹亹斯爲深於易者乎愼甫又言六十四卦始於一奇六十四卦之義盡於一潛人初聞之駭然中庸一書言未發言闇然終歸天載之至愼甫所見未爲無據也愼甫爲諸生每試冠軍棄其靑衿如脫屣然非深體潛義不能至是人以高蹈方之陳仲醇玉二公道術經濟皆爲余嚴事間嘗評之辭追屈宋筆擅鍾王愼甫不必能爲乃澤於道德藹如仁義眉公恐不得不拜稽交讓也眉公潛而見愼甫潛而潛皆今世畸人吾安得置軒輊於其間哉愼甫五經皆有解又有字解有諫術讀之皆可服膺而闇不視人人無知者武林友弟楊廷筠撰

序張宇侗先生易解　余讀友人張宇侗氏所著易解至陰陽消長之際不覺廢書而歎也傳不云乎作易者其有憂患乎危者使平易者使傾其道甚大百物不廢懼以終始其要无咎此之謂易之道也卽三陳九卦凡以免咎而已嗟乎憂患之故難言之矣洪荒結繩之敎衰民生

日以多故愛惡之相攻遠近之相取情僞之相感其間以正而勝者常少以不正而勝者常多聖人有憂之故以陰陽分淑慝以消長推之人事而深致其存惕之意其言危者爲君子危也懼者爲君子懼也其要旡咎尤重爲君子咎也小人之乘君子也其君子實有易心焉在乾謂之亢在壯謂之罔在夬謂之傾持此以處廢興鮮有不爲世道病者而其身之不免於憂患不足言矣夫君子非僅能處憂患也化天下之憂患而已矣以憂拯憂憂愈生以患遣患患愈至君子曰安得返天下於結繩之初而與民恬然無所同患乎宇倜氏之談易也獨有取於乾之元爲六十四卦統宗因有取於初之潛爲三百八十四爻根柢一部易書皆從此設法至於陰陽消長之際往往不欲過爲分別而一意以長養爲主深自晦匿務留餘地於小人以寄治化之權余始讀而訝之君子卽不敢爲亢爲罔亦何至貶損如是將履不以素乎謙而鳴乎復不必中行乎恆德而承之羞乎三人不言損而凶事不言益乎困不必致命遂志井不改邑而巽下床乎則九卦之德何以稱焉巳乃三復而得之夫元天德也其道生生不窮爲萬有托命人得之爲元善亦生生不窮爲萬有托性而潛則元之停毓地也屈而不詘動而愈出三才之所以萬古不朽也世道有升降而人心之元善萬古一日同在元善生生一氣之中立斯立道斯行綏斯來動斯和亦萬古一日何以君子小人於其間哉世道之降也若江河之流而不可止

也與其沿流而補救不若窮源塞竇之爲功也則與其以君子勝小人也不若以君子還君子也而與其爲九德之君子又不若乾元之達於本也世愈降而憂患愈深易道亦愈與姬孔而後一興於涪再興於考亭憂患之情後先一轍而卒無挽於滔滔之勢迄於後世一種陰慘結束之氣染於吾道者日甚一日宇侗於此不勝穆然嗟咨焉而忽動以陽春一脈讀其書使人人轉殺機爲生機結繩氣象便在目前人人而游羲皇又何憂患之與有此庖羲氏本旨也嗚呼如宇侗者始可與與易也巳宇侗積學不試孜孜著述以千秋自命通五經而尤邃於易書成學士大夫讀而珍之爭醵金以梓而予乃序其大旨如此世有用宇侗者執此以往可也時

皇明天啓歲在丁卯秋八月同邑劉宗周撰

別彭智甫劉特倩序

昔陽明夫子謂自宋大儒後師友道喪者三百年當陽明子世始有所稱師友者今去陽明子又近百年茲事漸曠我輩一旦起而私淑其傳修明其業乃諸子不自滿假謬推予以存師道餼羊而各相爲友則皆古道眞情實求砥礪自然孚合眞一時難遇之緣但業修久曠羣目駭觀鄉邦之人不無迂詆我者至於舉業不售以爲失其正經則雖父兄之疑不免矣縱毀譽無關實證而羣情未協興起無機是亦共學一慮今年秋彭子智甫劉子特倩聯捷於鄉而後來

者駸駸有氣於是人人知此事與一切事原不相違背而聞風者向往勃然蓋庶幾壓羣望而慰父兄之心助發道因機緣愈暢眞大可爲吾道一愉快也巳雖然吾更有爲二子慮者前之時屬望在一鄉耳今而後行且對大廷服官政師友既巳日遠而又擔當愈大責望愈宏震撼搖蕩我者百出而交投此非有定識定力鮮不眩囘其間二子能無惕然巳耶夫樂正子之將爲政也而孟子喜漆雕開之不輕仕也而孔子悅此其故亦可思矣然則予何以贈子陽明子之門有三子舉於鄉而子別之曰行矣則焉往而非學也序取茲言而巳矣焉往而非學者無間欲無等待不師而嚴不友而礪明此以往可以羣可以獨可以忙可以閒可以細可以鉅可以仕可以不仕可以不仕而仕可以仕而不仕二子其承佩茲言哉是又予與諸子之所當共勵也於是二子頓首受命請筆之以當書紳而一時同志各申以語類次爲册題其首曰焉往非學云　萬歷庚子海門周汝登題　海門先生係龍溪高第嵊縣人　劉特倩名塨山陰人

彭子卷跋

彭子問於予曰子言焉往非學夫何以能持之使焉往而非也予曰學者覺也子何往而不覺乎覺寒覺暑覺痛覺癢以至於夜寐沉寂而覺未嘗少豈待持之使之而後覺焉往非覺則焉往非學矣曰此覺則人人同之矣何以言學不學曰雖同而不覺此覺日用不知也求覺此覺

明明德也未覺求覺既覺則覺之而已覺亦無覺而況於覺覺無覺之覺方可爲學故曰始終惟覺耳單言覺遂廢修持已乎曰覺如眼開眼開者些須之瞳而山河大地委宛曲折包含照燭俱無所遺廣大明妙其何可比以此馳騁於康莊大道之中不必言避荆棘而自不踐不必言防坑塹而自不墮夫是之謂焉往而非可言修持不修持乎若彼不覺譬如眼盲物蔽之瘴生之而不明其眼也日惟荆棘坑塹之爲防範以爲功夫以爲究竟其中局局其步蹜蹜吾見其愈行而愈非豈不稱可憫者哉嗟乎世以無所往而不爲愿人遂謂之焉往而非學者不少也慎之哉彭子唯唯因記而書之册末　周汝登題

易解跋

夫易可解乎不可解非易也而以可解者解之亦非易也易肇於伏羲氏之一畫而一畫之所變化不離乎器而衆妙存則可解而不可解者易也文繫彖周公繫爻孔子繫上下篇之象非爲解易設也蓋先得之於心而動觀諸卦乃變而通之以盡利者也故畫形而下易形而上畫形而上象爻象形而下彖爻象無定情以畫無定也畫亦無定形以易本無定也夫標指而示月指豈月乎而按指索月者兼失指性故深易之解者譬之水然涵於一滴譬之火然蘊於微明昔文周孔三聖繫易而告人奚翅燎原放海也哉而試嘗味於一滴曙光於微明則水火之

性大要於是乎盡然則先生易解津津乎炳炳乎數萬言非有言也有言而實無言者也先生謂六十四卦只一卦三百八十四爻只一爻而爻之義盡於潛乾之用統於元元則無聲無臭妙萬物而爲言者也眞歷刼不磨之體終古流行之神畫得之而畫象得之而彖爻與象而由以旁通發揮者也然則先生果解易乎抑解之而還於無可解之易乎故夫觀圖者宮之中審卦者畫之先用蓍者四十九之一此造化秘密玄機而體之乃默成之人事故動而陽生靜而陰生動靜互根時往時來數往者順知來者逆易逆數也八卦相錯一氣運行莫測其端然則先生所云乾之貞蓋逆法也而不逆則無以爲元其喫緊示人之意洵微矣微矣而何不可千萬言可一言可無不言而非言是殆先生所獨得之於心者乎且伏讀其文章靡不淸眞和粹蓋發乎冲養之餘而妙在筆墨之外又蘇子所云一唱而三嘆者時崇禎四年夏孟月子婿傅善典頓首拜謹跋書於川月齋

劉公宗周祭張文貞先生文

嗚呼三代以前士多尙行而後詞章三代以後士或尙言儒術時昌及其弊也以文滅質與質偕亡聖遠言湮大道淪喪邪說披猖士生其間家置一喙如鼓如簧不有哲人尊經翼聖曷挽倀倀猗歟先生英姿卓立惇毅剛方沉酣典籍夙稱名家藻麗擅長擁臯談易師巖道尊朋來

遐方爰及詩書春秋戴禮因略致詳進之四書凡所折衷布帛稻粱非聖不讀非學不講夢寐羹牆九經卒業伯仲之間康成紫陽詎云訓詁實資羽翼斯文孔揚平生大業盡在編摩入室升堂嗚呼老矣壯而不試白賁孔彰士命千秋區區青紫曷足短長矧其今日道喪千載長夜茫茫得我先生如炳以燭日入之光功存世道吾黨小子庶幾裁狂再窺先生實踐闇修玉質金相非徒言之實允蹈斯爲表爲坊行年八十雙目已廢默誦不忘眞蹟既久一旦豁然覿體承當古云早聞又云聞知先生彿彷嗚呼可矣人誰無死腐艸流芳彼後死者悠悠天壤孰爲棟梁瞻望几筵言採江籬以酧一觴靈其恍爾莫往莫來鸞馭徜徉尙饗

周海門先生詩　燕彭智甫劉冲倩寓樓在吳山之椒

良朋相拉上層樓窈窕崎嶇景復幽凉雨過時雙鵲起叢陰闕處大江流歌逢調合聲偏壯飲到情空醉未休童冠春風千古興今當我輩更宜秋

張中一彭智甫劉冲倩特倩應試弗遇偶過集寓中詠懷時庚子八月六日也

不知雲路阻日與好朋親獨抱深深意甯隨碌碌塵掩門山色近下榻鳥聲頻浩興知無極西湖月又新　棄置誰當歎啣盃且樂羣野情眞適我秋色爲留君柏子吟中落槐香醉裏聞但明今日意此外即浮雲

庚子八月廿七夜同彭智甫張允及錢仲將劉特倩吳孟剛及叓濱二兒寓西陵客館坐談漏永曉聞彭劉二子之報志喜

客館論心夜未央曉聞雙捷喜如狂人情久已占吾輩天意今先眷爾行肯爲浮名驚乍起緣知絶學此初昌陽明靈爽應含笑爲薦祠前一炷香

秋日至三江上彭智甫宅時智甫初中尚在武林

秋風滿路稻花香獨上君堂倒百觴縱是未逢君笑語臨江已覺意深長

彭智甫劉特倩過訪話別

馳驅三日道念子往來頻大樹雲成結秋山月滿輪寂寥呈野皃澹泊供嘉賓握別從茲去沿溪莫問人

謝無可贈奠夫

道學誰宗主斯人領袖之天原留碩果人更藉鉗鎚緑樹青山隱淵渟嶽峙姿此時一相訪庶幾慰遐思

王其從贈奠夫先生

路向城南問碧山遙看松菊滿柴關茂陵書就風塵裏劍閣名題霄漢間巖壑幽居清露滴蓬

蒿高臥白雲間傳聞倚杖論吾道翹首尋師獨往還　其德字子懷本縣天樂人爲來成夫先生高第

徐洪業　喜張先生顧隨安居留宿夜作

留師一榻話覺我半生非菊爲移盆瘦松因帶露肥凄凄南牖雨寂寂主人扉冷淡儒家味明朝莫漫歸　洪業字子修學者稱蒲隱先生

吳覲明　會講古小學呈奠夫

宣尼宗旨切而親爲學開章第一因時習元來明己性人知初不與吾身竊慕以文常會友還期惟德自成鄰幸承明教知從事敢負登堂名證人

山川

陳和曰越地擅秀而三江爲巖壑會歸之區其元精蘊結磅礴瀠洄之勢非筆墨所可殫述姑取其近而可據者以存高深流峙之略焉誌山川

彩鳳山　高二丈許城西北隅跨山而築形家云山脈自西而來其下石骨大開枕其上爲鷹宿閘東界

浮山　浮海口與三江所城南北相對

月瓢山　俗名月牙山象其形也又名渡頭山閘未建時爲濟渡之所今艤舟舊址尙存山脈自駝峰而來蜿蜒曲折爲形家所羡

巡司嶺　與浮山東南對峙上有巡司城署一今廢爲士人升科管業

鳳鳴山　右冰蔭左小嶺爲新塘之西盡山麓前有張神廟中有湯公報功祠後山上有觀瀾亭三楹奉有功塘閘者今圮

蒙椎山　在司嶺后湯灣之南上有烽堠二爲三江城守營防汛

禹　山　舊傳大禹駐蹕於此今有大禹廟

黨　山　舊名碧山在城北四十八里上有烽堠亦三江城守營防汛

大峰山　一名駝峰山在府城北三十里聳峙江城西北方乾位舊名蓬萊山故賴文俊鈐記有蓬萊瞷海凌碧霄之句

玉蟾山　在府城北二十八里倚山爲市兩岸門立故名陡亹下有玉山閘唐貞元元年浙東觀察使皇甫政建市南爲三江場鹽課司署統轄鹽灶團數十餘里

荷　湖　在三江閘之西南有駝峯諸山臨其上山色水光互相映發秋夜泛舟遊之甚佳

附八景　東海朝暾　西山夕照　春水轟雷　秋潮奔馬　宿閘漁燈　月瓢樵唱　湯隄

綠陰　司嶺丹楓

險要

陳和曰易垂設險詩重維城形勝之固從古尙矣江城爲全越保障明制設官軍以禦海寇國初駐協鎭以固江防誠重之也今雖江海宴淸烽火寧熄然安不忘危臺堠演武之制不可不垂簡册以仍其舊也志險要

一三江教場　在南門外縣志丈量六十二畝守戍客兵常川操演康熙中爲閩人陳姓升科佈田中二十畝紹協鎭召佃收租其將臺旗杆石因修江塘拆去

二風火地　在城內西南隅

一三江巡司城　在江北四十四都與三江城南北對峙相爲犄角以禦海寇東甌王之經略誠盡善無遺矣　康熙初年海寇隨潮內入至江北村落比曉潮退舟泥不得出爲三江駐防千總史雄飛誘而執之獻諸協鎭鄭鄭盡殺之以報功近因修江塘拆毀門戶不固倘海寇竊發將何以禦之

一三江沿海烽堠　按府志　航烏山　馬鞍山　烏風山　以上烽堠在城西通錢塘江

宋家漊　周家墩　桑盆　以上烽堠在城東通曹娥江每墩撥軍五名更番瞭望傳籌遞牌

晝夜不絕　又按縣志烽堠　一龜山　一馬鞍山　一烏峰山　一宋家漊　一黨山　一蒙椎山與府志不合　舊例本都里長每歲出修費銀兩付守望軍以爲常今已革除亦快事也

一蒙椎山敵台　東歐王經略兩浙臺共二十四此其一山上築小城一門有烟墩撥軍五名看守

一要關　兩浙險要關凡五此其一乃關隘之關非榷稅之關也明制撥軍五名看守

一舊制　腹裏運糧邊海防倭紹興衛左右五所附居府城内地專責運糧三江與瀝海同列海口額軍各一千三百五十二名後漸減少至萬歷末年定官四百餘名唯以防海爲事並不運糧山會蕭三縣里長運米三千三百有奇春夏秋冬依次收散向爲通判職掌後因弊端改令各縣正官監收委本所官給放

一三江外港口　深闊通大洋甚爲險要若賊船泊宋家漊突入腹裏從陡亹一帶官塘可抵郡城越江而北爲浙西赭山乃省城第一關鎖也嘉靖三十五年倭寇突犯攻府城四十餘日殺死鄉紳錢御史軍人王良玉等知事何常明臨山衛千百戶張應奎陳黄等四人戰歿賴死守而退舊制每年春汛挑選郡城左營民兵二百名守三江城把總親率哨官二員駐扎一百

名守龕山哨官一員率領秋汛兵一百名專守三江朔望三六九日主客兵同赴教場操演或東出宋家漊儛江等處與瀝海所官兵會哨西與龕山官兵會哨弓刀炮火若臨敵然居民不知有兵也

清軍制

康熙二年奉文沿海密釘界樁築造烟缸墩堠台寨竪旗杆設目兵五名十名不等晝夜尋探遍傳烽歌詞備禦戒嚴是年蒙部議將甯波提督移駐紹興府其紹興副總兵移居三江所居民房屋多被侵佔康熙四年蒙欽差大人他胡西三位駐紮定海招撫投誠巡視海邊每年輪流五六次不等五年奉撤康熙七年蒙欽差巡海大人邁濟查三位同總督部院趙由福建出巡八年二月內到紹同提督劉議定仍將提督移駐甯波府紹協副總兵同左營都司一員右營守備帶千把總八員兵丁六百名照舊囘駐紹城其三江所安設右營都司一員把總一員兵三百名後又改設臨山衛都司一員撤三江所都司止設千總一員減去兵一百名康熙中減止四十八名三十名分守東西六墩台餘守本城居民獲享太平無事之福

遵制奉批防海碑記　國初創城立法腹裏運糧邊海防倭祖宗成制永不紛更二百餘年並無異議萬曆二十二年紹興衛運軍徐春亂法妄報本所代運蒙漕運總督李批糧儲道查報

本所旗軍林守禮等爲遵祖制重海防以全城守事備將妄報情由告所通詳各道批行紹興府查議蒙府轉行同志劉查得三江邊海所城去府城三十里彈丸蕞爾寂寞荒凉正軍餘丁除出海貼駕烽堠隨征外差之外正軍餘者僅僅通所四百餘名萬一有警以之守城尚且不足猶待客兵再令出運愈不可支是舉該所而棄之也若曰甯波台温海甯皆係沿海皆出運糧不思彼皆附郭民居錯雜遇警則民皆軍也三江城內曾有一居民乎則不得援外衛爲例矣故無論分所分差國有定制但就時論事三江似難幫五所出運又蒙本府太爺劉浚查得大都苦累之事人情難堪責之以本有則雖苦而難辭益之以本無鮮不嘵嘵告辭矣況運糧出海自有定制若徐春等之請三江邊海所城萬一有警無兵誰與守者不識紹興五所肯分任其咎否也事關海防難以輕變仍照覆各道蒙分府甯紹台道叅政吴祥批三江所乃孤懸之地海防重務事難輕變仍照舊行繳蒙帶管分巡道叅政劉詳批運糧出海舊制一定難以變更據詳已悉矣仰本府行繳蒙海兵道副使吴詳批邊海衛所矧今海防告警該所軍士尚不足城操之用何得越俎而運糧乎隨蒙糧儲道叅政宋覆詳得衛所差役在內運糧在外防海各有定制並無異議今據紹興衛軍徐春告稱軍伍凋零漕運以墜故援三江所殷戶通融選補運缺在衛欠糧戶丁不過扳撦之詞而三江申辨似爲有據之論既經該府酌議該所邊

海孤城事關防守誠難乏人况倭夷叵測正當隄備委難紛更相應照舊合無恭候呈詳允行備仰紹興府遵照舊制行令紹興衛出運三江所防海不許妄行告擾仍奉漕運尚書李詳批准照舊行繳備行衛所一體遵奉施行又於萬曆二十八年本衛各軍奸心不巳復蹈前轍違制逆憲假詞困憊以圖蒙籠洒派簧鼓運官條陳復扳本所代運蒙總督漕運都察院劉批行督糧道查議本所旗軍張顯等爲僭亂擾軍事告蒙督撫浙江軍門劉批糧儲道查報又爲僭運糧儲事奉本部院批紹興衛呈稱三江所管運緣由蒙批海防漕運皆重務也刑邦柱條議有無窒礙事關本省本官竟不通詳孟浪如此才識可知仰糧儲道會同各兵道議妥施行蒙將條陳上事除會同兵道外通行紹興府從長酌議蒙署印同志馬議得三江所委係邊海城孤軍寡實關海防重務難輕變更合候詳批示行令照舊例永爲遵守庶事體歸一人心不致搖動矣仍蒙督糧道右參政劉會同巡視海兵道范議得紹興衛運糧三江所防海國初舊制遵行至今歷二百餘年矣近因徐春一人倡議而運糧把總遂興權宜通變之詞無論古制擅難更紊即如所云年來邊海承平三江所旂軍安逸當時有事以性命與城池兩在亡者非該所獨膺其禍然今以運事爲難而波之是三江之軍遇事則使之防海寗謐運船恐公論亦未協耳况前此運糧者不止紹興一衛防海者不止三江一所何徐春嘵嘵不巳也此端一開不

特邊海衛所受擾漕規漸壞好事健訟之徒扳擾告訐無虛日矣豈得以痛癢不干之蠱說紊亂祖宗長慮之成規倘他方有事將誰任其責乎據其藉口三江官曾領運蓋官有餘閑察其平日考優者委之領運若軍僅四百餘人防守且不足倘可舍其力務而領運乎今歲春汛夷船曾到昌國沿海衛所防禦正殷及查先案議呈詳允已有定議無庸再議等因前來該糧道查得紹興衛左右等五所附居府城三江所去城三十里別築一小城與瀝海臨觀衛所同設海口島夷對峙俱爲防海而設是以概不派運萬歷二十二年該衛旂軍徐春具呈請詞始有扳援領運之說據該道行府議覆轉呈准照舊制紹興衛運糧三江所防海無許妄行告擾已經通行遵照迄今據浙西把總邢邦杜條陳前因該二道會勘得衛所差役在腹裏則運糧在沿海則防守各有定制擅難紊更紹興之有三江即寗波之有定海台州之有松門温州之有金鄉盤石俱係沿海衛所並不運船何獨三江一所顧欲令其舍防海而事挽輸萬一倭警忽臨城孤失守噬臍何及僉管出運一節難以輕議不若仍舊之爲便也呈蒙巡按浙江御史馬詳批出海運船既稱照舊爲便着照議行繳巡按浙江等處御史周詳批運糧防海均一國事已經查明遽難更紊着註册繳蒙欽差總督漕運都察院劉詳批既經各道會議准照舊爲便通其變使民不倦在位之人熟計而行一武官何能更易徒自取罪戾耳蒙欽差督撫浙江都

察院劉詳批邊海衞所汛防爲重豈得復扳運糧紊成制而啓後釁如議各照舊行繳備行總運衞所各官一體遵照施行又蒙欽差漕運總兵官新建伯王稽制邊海專事防倭議令勒石永杜紛更　萬曆三十三年歲次乙巳仲冬立碑於城隍廟門之左　萬歷四十年紹衞復扳運司理李公應期臨觀衞守備鄭公嘉謨格不行　天啓間紹衞又扳運郡守張公魯唯據前議批絕

塘閘

陳和曰城中有三不朽功名其一也防庸水利民命攸關功之最大者也三江爲全城咽喉蠡城尾閭築塘建閘而後使潮汐不致內攻旱澇得資蓄瀉斥滷皆成腴壤利莫大焉生斯土者食德服疇敢忘所自耶志塘閘

海塘　自西至東綿亙亙二百餘里障捍海潮使不得內入實與宿閘相爲唇齒而三江乃中道筦樞之地西則山陰錢清江北四十四四十五四十六四十七四都內塘宋嘉定間太守趙彥倓築以禦江水潮汐又築西海塘起湯灣迄王家浦則內塘更加環衞地成沃野然外無關鍵潮水猶得衝激建閘西江亦爲內河其地乃可開墾四都內增田甚廣東則會稽海塘在府城東北四十里東自曹娥上虞界西抵宋家漊山陰界延亙百餘里以蓄水溉田宋隆興中給

事中吳芾重加浚疊李益謙記云自李俊之皇甫政李左次躬修之莫原所始明弘治間易以石費鉅萬正德七年七月風潮壞之復易以土嘉靖十二年居民復有以石請者知縣王教議曰塘臨大海下皆浮沙每風潮水齧沙崩石豈能自任每一修築則石費百倍於土困絀曷支莫若計算丁田仍築土塘但令高濶堅緻遍植楡柳茭蘆以護之專設塘長看守督令水利官時往省視即有坍潰隨缺隨補如此則財無妄費而事可永遵矣見府志

其山會交界宋家漊墩台後子塘十餘里建閘後居民照田派築亦增田甚廣見聞務書

東老塘今已開橋堰通舟楫則修築自當以外子塘爲要設或子塘不固致潮水直入老塘橋堰將何以禦之此顯而易明之理也雍正二年七月十六日夜風潮冲壞廬舍田禾近海居民被災者不可勝計今雖次第修築然思患預防不可不相其緩急輕重而加意綢繆也又三都一二圖辰宿字號下田於雍正九年始每畝科錢五文共計銀若干兩儲爲修築之費此宗銀兩無事之時奸胥或以詭飾開銷及至倉卒急需又恐一時措備不及當事者留心查核不致乾沒庶緩急有恃可以防禦非常　康熙丙申郡守俞公卿修治海塘易之以石

應宿閘　在城西門外明嘉靖十五年知府湯公紹恩建凡二十八洞亙隄百餘丈蓄山會蕭三邑之水歲共額征銀若干兩爲啓閉費　萬歷十二年知府蕭公良幹增而修之改其近岸

二洞爲常平洞用洩漲水又置沙田九十二畝艸蕩一區徵其租銀於府以備修築　崇禎六年鹽院張公任學重修　國朝康熙十九年浙閩總督會稽姚公啓聖重修　康熙二十四年知府胡公以渙捐俸置田三十畝每歲以所入修補閘板鐵環　以上俱詳載事蹟及碑記

附載諸閘與宿閘附近繫屬者

平水閘　俗名減水閘在三江囘龍橋外亦嘉靖十七年湯公建公慮宿閘水勢湍猛不支於此閘洞下側鋪石板如魚脊狀以殺其勢先賢法制詳密極矣

撞塘閘　即兩眼閘在玉山之東亦嘉靖十七年湯公建

涇溇閘　在玉山北麓正德六年山陰張侯煥建據陶莊敏公閘記亦湯公建

五眼閘　在兩眼閘北

玉山閘　即陡亹老閘在府城北三十里唐貞元元年浙東觀察使皇甫公政建計十洞中三洞塡實爲張神祠東三洞上有關公祠西曰洞上供玄帝有坎區永鍵扁額即皇甫公題　康熙六十二年郡守俞公卿改西四洞爲三洞通體俱升高以便舟楫時歲歉乏食米價翔湧民情洶洶而陡亹富戶屯積獨多公廉知之將重懲以示警諸屯戶窘甚求解於會稽胡桓桓常爲公鄰治邑令又善諛知公素嫌老閘梁低難駕官艦爲憾爲宛轉言於公陡亹合市感公惠

將建生祠於閘上尸祝之公聞乃曰祠不必建修閘可也於是修改老閘工竣市人於舊時玄帝閣上奉公祿位稱玉山書院遂以無事及公解任卽撤去祿位仍奉玄帝焉　閘上玄天閣舊名天一閣旁有名士朱軫聯云金玉峯聯神禹鑿江湖水匯有唐疏語極工緻市人改有唐爲大唐遠近嗤之

扁拖閘　在府城北三十里小江之北其閘有二北閘三洞明成化十三年丁酉郡守戴公琥建推官蔣誼記曰山會蕭良田萬頃一遇霪雨則溪水橫流遂成甕形浮梁戴君廷節以御史來蒞茲土深悉民患以爲小江決不可復開磧堰決不可復築故於山陰新灶柘林各置一閘以洩江南之水又於扁拖甲蓬各置一閘以洩江北之水又於蕭山之龕山山陰近蕭之新河各置一閘以洩湘湖及麻溪之水而後水有所歸無復向日之漫漶而三縣之田可以望秋成矣其利豈淺鮮哉　南閘五洞正德六年辛未知縣張侯煥建王鑑之記曰山陰面山而負海四鄉之民視水之盈縮以爲豐凶正德六年泰和張侯主奎出宰吾邑謂農事莫重於水利恆切究心以山會蕭之水皆宗於玉山扁拖二閘旱則儲之以資灌溉潦則決之以防浸淫然環郡之地亘數百里溪壑暴漲豈能速退故於涇溇之區倚玉山爲固增置水閘以分泄玉山陡亹之水則三江之至柘林患可除矣復於扁拖故閘之南增置五洞以泄小江南北暴漲而三

邑居民亦可均受其利矣　宿閘未建以前惟藉玉山扁拖二閘爲蓄洩所繫尤重故幷記之

山西閘　三洞明萬曆間知府蕭公良幹建於白洋村龜山之麓在府城西北五十里後因衆水總歸宿閘各閘俱爲橋堰而山西閘亦久經湮塞矣　康熙二十九年山會蕭三邑洪水爲災宿閘不能驟洩致傷禾稼知府李公鐸訪舊址捐俸修築增二洞以防霪潦置田三十畝設閘夫六名以司啓閉實與宿閘相表裏焉碑記云越地襟江帶海舊稱澤國霪潦之患疊歲頻仍自鑑湖以西率爲巨浸廬舍漂泊田疇湮沒無寧日焉前嘉靖丙申蜀篤齋湯公來守是郡患居民之厄於水乃相地形高下建閘於三江之口按佈五行以時啓閉自此山會蕭三邑人得平土而居良田膏圩至於今猶食其德者湯公之賜也惟是山陰之白洋黨山地尤窪下一雨浹旬洪波彌漫雖應宿大閘相距不遠而其勢不能驟平者以一閘而納衆流爭鬥而趨並無有餘防枝瀆可以分之而稍殺其勢者也夫水勢宜殺而不宜幷幷則易淤殺則直下理固然也考之錢清下流原有續建山西小閘爲浦陽尾閭而歲久而湮昔湯公啓其大者以爲應宿既建則歸趨自順可以置其餘於不問而今則應宿外沙時瀉時壅諸防之水或分或合計惟有開山西一閘以佐三江之不逮既已量度再三講求有要而或則難之謂水洩過多可以禦霪潦而不可以救旱乾此惑之甚者也夫山西之建未嘗與三江爭啓閉也後三江而啓先

三江而閉而總以則水爲準非遇淫澇不輕啓放何過泄之有然而執言破愚易實心任事難蓋山西閘之久湮也其故有三一則修舉之不時也二則啓閉之無節也三則夫役廪餼之不供日荒月愒而不能持以久也去秋淫雨連旬水勢泛溢三江不能驟洩而溝塍阡陌咸爲巨澤余目擊而心傷之不有經畫何以救溺今聖天子勤恤民隱保和萬物固已海邦屢豐躋四海於仁壽之樂乃上田中土高黍下稻人事不齊安能家喻而戶曉惟職司民牧者於田防水庸宜築宜流擘畫區處蓄洩有時而水旱不得爲災灌溉有備而耕耘可以無慮也於是集三邑之令公同酌議闢三穴爲伍而上梁下檻一倣應宿之制以閟以豁兼勒平水之則於柱閒然而不派民錢不徵民力各捐俸資而量工定役計日授餼六月初十日工乃告竣其灰石亮鍊障板牝牡務堅久固密以共垂不朽後之盡心水利者知三江之必不可無山西之實有裨於三江也時修舉節啓閉飭人夫工廪而斟酌盡善庶幾於前賢興築之蹟爲克紹焉耳

湯公建閘築塘事蹟　三江爲山會蕭三邑水口其初潮汐爲患直入郡城故卧龍山有望海亭自漢唐以來建閘二十餘所惟玉山扁拖二閘司啓閉以備旱澇水勢雖殺究未據要仍有決塘築閘勞費而潮患未除明嘉靖十五年丙申郡守湯公蒞任知民所患在潮汐內衝畎畝數被瀉鹵灌溉無術而內河之水亦無以專其管鑰公惻然圖有以安全之因相度地形於浮

山之南三江城西北彩鳳山下驗其石骨横亘數十丈卜基於此白其事於各上憲僉允議於是請動公帑各捐俸外於三邑田畝每畝科銀五釐許計得貲六千餘兩物料始具役夫起於編氓祭告海神於是年秋七月經始同寅孫公周公朱公陳公共司厥任邑令方侯牛侯暨丞尉幷義民等乃分任焉命石工伐石於大山洋山以巨石牝牡相銜膠以灰秫其底措石鑿準於活石上使上下兩相連固灌以生鐵鋪以闊厚石板諸洞俱極平正惟參洞外板下有一活石間有數洞底兩旁無石板者其疊石約高八九層亦有數洞十餘層者則患洞也每隔五洞置一大梭墩惟要關盡處止三洞因塡二洞之故其近閘磬折參伍之使水循涯以行而飛湍奔駛之勢始殺閘計二十八洞閘上七梁闊三丈長五十丈下有內外二檻淺洞檻槽高丈六餘深洞檻槽高二丈餘公初欲建三十六洞因太長止建三十洞潮浪猶能微撼又堵二洞以應經宿於是屹然不動矣六易朔而告成每洞横側障水板於兩旁中築泥令閘夫啓閉以則水牌爲準閉閘先下內板開閘先啓外板角軫二洞名常平里人呼減水洞十二閘夫所共也閉閘止下板不築泥故二洞無工食除此二洞外每夫派管二洞深淺相配牛虛危張四患洞名大家洞不在分管之數三夫共管一洞盡牛虛危三洞乃尤深洞也張洞雖不深因槽底活石有堅硬槌鑿難施未探平下板築泥費力亦在公管之例其分管廿二洞與公派四洞每夫

一名管閘二洞三分然洞雖分管啓閉亦通融相助惟築閘乃有專責閘夫皆取壯丁新塘於次年塡築長二百餘丈先投以鐵次下巨石其深莫測下有海鰍穴居於此悉被捲去塡築之數何可勝計後用篰簝盛瓷屑及釜犂等鐵破筏沉之鰍復捲體無完膚隨以石灰多多投之遂不得生此患既除復以大船載石沉之計其工費不減於閘五易朔而工乃告成水不復故道而歸於閘矣當初築時隨築隨潰公懼甚疏告海若祝曰如再潰當以身殉每聞風雨聲即危懼嘔血精誠感格天人協應成此不朽誠危矣哉

新建三江塘閘記　紹興古揚州之域居東南下游之地其屬邑有八惟山陰會稽蕭山土田最下霖雨浸淫則萬水總會陸地成淵民甚苦之昔之名守爰度地形置玉山扁拖二閘以洩其水水潦盛則又權宜設策决捍海塘岸數道以疏其流其爲水慮悉矣然二閘之口石狹如門水卻行自瀦出浸數百里而田卒汙萊决岸則激湍漂駛决嚙移流而田亦淪沒其害未息其功未全也適嘉靖丙申西蜀篤齋湯公紹恩由德安更守茲土下詢民隱實惟水患公甚憫之曰爲民父母當捍災禦患布其利以利之也吾民昏墊不知爲之所乃安食於其土可乎於是相厥地形直走三江濟山嘴突然下有石巉然其西北之趾亦有石隱然突起者公圖其狀以歸議諸僚屬皆往相之掘地取驗下及數尺餘果有石如甬道横亙數十丈公曰兩山對峙

石柱中聯則閘可基矣遂毅然排衆論而身任之白其事於巡按御史周公汝員暨諸藩臬長史僉曰俞如議公於是祭告海瀆諸神又書土方屬賦役規堰豬授之吏而效諸同寅孫君同周君表朱君侃陳君讓而周董事實嚴復命三邑尹方廷璽牛斗暨丞尉等慮財用簡夫役屬功義民百餘十人量事期仞厚薄陳畚鍤分任效勞命石工伐石於山輦重如役吏胥犒牛酒以勸且授以方略使閘用巨石牝牡相銜煮秫和灰固之其石激水則刻其首使不與水爭其下有檻其上有梁中受障水之板板橫側揜之石刻水平之準使啓閉惟時堤築以土其淖莫側先沉以鐵繼用箘簵發北山石投之兩旁甃石彌縫峭格周施堤實且堅水不得復循故道其近閘磬折參伍之使水循涯以行其財出於田畝畝科四釐許計三邑得資六千餘兩其丁夫起於編氓更番事事部署既定乃即工工方始月夕向晦有神燈數十往來於堤若爲指示區畫之狀既役工堤載潰決復有豚魚百餘比次上浮衆疑且懼奔告於公適拾遺錢公煥在坐曰是易之中孚豚魚吉利涉大川之義也閘殆成矣乎衆心始定莫不肅將祗歡胥勸丕作記其月日閘經始於丙申秋七月六易朔而告成以洞計凡二十有八以應天之經宿堤經始於丁酉春三月五易朔而告成以丈計長四百丈有奇廣四十丈有奇仍立廟以祀玄冥計其費數止五千餘兩其贏羨又於塘閘之內置數小閘曰涇溇曰撞塘曰平水以節水流以備旱

乾嗚呼偉哉繼是水無復卻行之患民無復决塘築塘之苦矣閘之內去海漸遠潮汐爲閘所遏不得上漸可得良田萬餘頃堤之外得有山翼之淤爲浮壤可得田數百頃其沮洳可蒲葦其瀉滷可鹽其澤可漁其疆可桑其塗可通商旅噫公之舉非直水患是除而利之遺民者溥矣然其事宜記其德宜頌因爲頌以頌之曰緊越有邦海堧廣斥地道流謙實維水國雷雨滿盈澮盈川溢浸彼苞蕭民奏艱食維公至止憑靈熊軾民告顛隮覩猶已溺爰相三江龍門積石載卽閘工廩堤維荻海若效靈百川湀闢大埜既瀦原隰底績舉鍤如雲我藝麥稷兆民允懷莫匪爾極維晉之陂維秦之谷士民永思滲漉餘澤公績禹功慶流舄奕遠矣休哉萬世無斁嘉靖十八年十月之吉賜進士第通議大夫兵部侍郎兼都察院左僉都御史奉勅總督兩廣軍務兼理巡撫會稽陶諧撰　同知孫仝　通判周表　葉金　推官周鳳岐立

蕭公重修三江閘記

前太守富順湯侯紹恩之閘三江也蓋舉三邑之水而節宣之其爲利甚大語具陶莊敏記中至於今五十年無以苦潦告者膠石以灰秫久而剝水日夜震盪石漸泐水益走罅中勢岌且就圮民始歲歲以苦旱告矣萬歷癸未宛陵蕭侯良幹以戶部郎來守越凡諸興革先所大後所小故忭得以閘告侯亟往觀悉得所當舉狀白兩臺報可遂以通判楊君莊董其事而佐以

縣丞鄭日輝千戶陶邦發銀千三百兩有奇役夫若干人始築堰以障水乃視舊甃所罅泐沃以錫令固其內已又發巨石凹凸其兩顚凸以當上流令殺水怒凹以銜舊甃令水不得內攻石每方丈自下而上以次裒之又竅石及其底悉爲牝牡相鈎連令水不得外撼又覆石其上令平衍可馳蓋視湯侯所建如車益蓋如齒益脣倍壯且久總其費費於築堰者十之六於石若工者十之四侯時時挐小艇往督勞凡予直毫髮必躬吏不得有所侵牟衆悅而勸時値久不雨工旦夕就凡三閱月而事成成而以記謁忭者山陰令張君鶴鳴會稽令曹君繼孝也予固願有說也蓋聞父老言曩湯侯時以民苦潦甚故役三江及役而又爭以病告此猶可諉曰初不知其利若此也而今則知之矣最可諉又不過曰湯費則課畝役則概發丁民未睹其利先嘗其害也而今蕭侯費則括帑羨役則日予直三分役兵兵已受直則予二不課一畝發一丁矣而尙有以不急議蕭侯者然則居室者棟已撓矣必待其盡頽而後葺之其可乎甚哉下之難調也始龔裘繼哀衣始病褚伍繼美誨殖自昔然矣閘潦而啓不時則海畝者竊決塘竊則罪故海民謗無閘則海魚入潮河魚入汐閘則否故內外漁邇閘者謗他則宅是者謂閘阻潮汐吞吐改水順逆關廢興故宅是者亦謗非是三者而謗則又或以私臆搖其喙而無意於民瘼者也夫誠有意於民瘼卽百口謗且不避況異日必萬口頌也夫謗安足言也而或者謂

閘啓閉固有準乃萬不可爽爽有微甚則畝害亦視之此其弊在掌啓閉費者或靳與私則然其致涸以害畝則外漁賂掌閘者乘公啓以滯閉則然茲二者誠有之剅非誇之類矣噫斯亦可謂下之難調耶夫造物之生人也勞矣生而病則資醫無醫猶無生也故醫之勞與造者等今閘造者誰湯侯也醫者誰蕭侯也病雖巳不可廢醫繼蕭侯而醫者知爲誰勞則等也醫之劑凡幾窒漏於甃一也靳而滯啓賂而滯閉者痛砭之二也凡記者爲頌而巳矣蕭侯曰吾太守視民所疾苦而時療之奚頌也其巳之雖然醫者旣巳療疾必有案以詒來者余之記是也直頌也歟哉　萬歷十一年歲次癸未仲冬吉旦賜進士及第翰林院修撰儒林郎直起居館經筵館管理誥勑纂修會典山陰張元忭撰　山陰縣知縣張鶴鳴　會稽縣知縣曹繼孝同立石　碑文係徐渭代作載文長集

附蕭公三江閘見行事宜

一閘之啓閉以中田爲準立水則於三江平瀾處以金木水火土爲則如水至金字脚各洞盡開至木字脚開十六洞至水字脚開八洞夏至火字頭築冬至土字頭築閘夫照則啓閉不許稽延時刻仍建水則於府治東佑聖觀幷老則水牌上下相同以防欺蔽　一閘務俱屬三江巡檢帶管遇水消長則驗則督令閘夫以時啓閉　一閘兩旁二洞向雖設不開蓋二十四洞

自足洩水近岸善壞故也今築爲常平閘兩邊各二洞以水當蓄處爲準水過則任其流庶有久雨而水不漲　一閘夫山陰八名會稽三名每名工食三兩遇閏加二錢五分水洩後閉閘用土築塞每築一洞工食銀八錢凡放閘務到底不許留板凡築閘務堅密不許滲漏違者扣其工食仍究治　一漁戶往時率通同閘夫暗啓閘板致洩水利及爭執洞口致有磕損今定漁戶籍名在官止許於大閘裏扳罾不許近閘口磕損及暗開作弊違者漁夫閘夫並治罪仍責令修理漁戶定有名籍每名輸銀一錢五分貯司以備整修蓋板之用　一附閘沙田一百二畝三分三釐九毫坐落山陰四十四都二啚才字號除撥十畝與湯祠僧種收食用外餘俱與閘夫佃種每年約租二十五兩三錢七分五釐三毫內輸錢糧八兩三錢外淨銀一十七兩三錢五釐三毫又草蕩一所每租五兩共銀二十二兩三錢七分五釐三毫徵收府庫另貯一匣以備異日修閘之費積有多餘止供塘閘水利取用不得別支　康熙中三江巡檢司奉裁一應閘務令三江場官帶管

重修三江閘碑記

自安岳湯公篤齋之建三江閘而山會蕭三邑無旱之憂殆百年矣然以一重門限外禦連山噴雪之潮內瀉沓崖轉石之水其砥之不能無嚙而址之不能無圮勢也加以戊辰海溢漂沒

田廬以千萬計而閘適當厥衝至於今穿岠海口不至盡擢亦幸耳尾閭洩之歲每苦旱田穀不登利之源翻爲害之藪矣會鹺臺留儒張公按部至越勤問疾苦守道浴元林公指陳閘弊倡議增修郡侯黃公復慫恿之張公乃親詣三江經營相度感歎湯公灑涕祠下又悉索羨贏風諭捐助歡聲雷動議遂定先是按臺寧齋蕭公下車亦銳意斯舉而時詘舉盈躊躇久之至是議定亦悉索羨贏檄下郡邑於是郡丞羅公山陰鍾侯會稽孫侯蕭山劉侯俱以俸入先之冬孟中旬始用祭告有事於三江庀材鳩工先築巨堰以障洪流繼築小堤以決潴水惟箕尾逶迤而西諸洞最深旋涸旋潴僉欲中止苟且報完時林公戴星駕湖舫齎牛酒犒勸役夫晝夜併作遂終決之又濬泥沙丈餘直窮根底固以灰鐵向叛閘下檻上梁犬牙相錯如柱枅宲棋環互鈎連歲久漂流十不存一則更其朽泐補其殘缺前人所未及修者而今又加固焉至於塘閘交會之所最爲要害雖壘石如城度巳魚爛悉撤之甃以巨石使水不得內攻而塘尤閘之鎖鑰舊制廣四十丈有奇樹藝桑楊根株盤結以禦水衝豪右侵漁日就陊陿則稍爲恢復今唇齒輔車相依爲固如是而閘之工庶乎全絕其時不過兩易朔耳役初興潮浸壯人頗惶懼則更禱於海若及湯公潮稍稍落時久不雨燠如春僉說以勸自興工及竣事無一怨咨者予觀陶莊敏之記湯公曰排衆論而身任之張文恭之記蕭公曰時有以不急議公者然則

當時民情之難調如此豈昔之民怨讟今之民皆忠愛哉請以近事徵之昨壬申夏不雨井泉枯禾苗稿涓滴餘流直走巨壑士人具畚鍤悉力以塞然石罅注射勢如攢矛朝湮而夕潰矣土膏浸竭田穫漸微然猶有可諉者曰旱今癸酉水潦時降占宜得豐而潰決莫支桔槔滋困農家皇皇於水利甚矣然則今日之舉功驗較著若便瞭然昔爲修禿治瘍而今爲解懸拯溺有頌無怨固其所已夫任天下之德者恆不避怨况乎其無怨也雖然予少時已聞諸大夫謀舉是役邇之十餘年此無他長吏過自好欲無受勞民傷財名且潮汐風雨霪溢害成懼中廢委諸逝波爲萎腰口實是用袖手相矜以爲持重若然勢不至於大决裂不止夫螘穴漏卮古人深戒况坊敗而水費爲農事憂如此哉斷而行之鬼神避之則今諸大夫軫念民瘼之所格也其經營供億詳載別簡以詒來者張公任學予乙丑同年湯公里人也蕭公奕輔壬戌進士廣東東莞人林公日瑞丙戌進士福建詔安人羅公永春鄉進士直隸通州人孫侯鱗辛未進士湖南鍾祥人郡守黃綱壬戌河南光州人以憂去鍾侯震揚辛未進士直隸宣城人劉侯一滙鄉進士江西進賢人以覲去未觀厥成然經始與有勞矣筦鑰厥費則原任建昌府丞錢君以敬汰浮節濫纖悉必躬貲用約而功倍當道實倚重焉督工者山陰簿許長春會稽簿曹國柱例得書　崇禎六年歲次癸酉季冬吉旦賜進士及第翰林院修撰儒林郎直起居館經筵

官管理誥勅纂修兩朝實錄會稽余煌撰

清

閩督姚公重修三江閘碑記

吾紹郡三江應宿閘之建也旱有蓄潦有洩啓閉有則山會蕭三邑之田去汙萊而成膏壤者富順湯公之賜也水嚙石罅久之罅漸疏水益駛以次剝蝕有岌岌就圮之勢越五十年而宛陵蕭公爲之沃錫以塞其內甃石以蔽其外視昔稱壯觀矣再五十年守道林公以鹺使張公之命同武貞余公親董斯役倍加固焉大率相距五十年則堅者必潰而修築之功不能已其庀材鳩工或科之田畝或括之羸羨或捐之俸秩陶莊敏張文恭余武貞記之詳矣嗚呼是皆守土者之責而鄉大夫之所共憂也比年水旱洊至復患漏巵旱則易涸潦則潰決諸父老咨嗟告語蓋以時考之亦及其期矣辛酉壬戌間西江塘決三邑田畝再歲不登民力告病當事者議興工役躊躇未決大司馬憂菴姚公予同里人也時方總師閩越一聞輿論慨然以斯役爲己任而并有事於西江走札於予謂水得順從閘出不得橫從塘入以爲我父母之邦憂卽惟力是觀竊所願也公賦性慷慨戮力疆埸爲聖天子東南倚重之臣日討軍實而問罪於波濤震蕩間乃能顧念維桑不遺餘力如此哉蓋公之公忠體國與敦本篤親其心若一故睠招

攜敵愾靖亂安邦如其身家之事卽瑕捍災禦患保護鄉閭如其當官之事蓋志之所至力無不殫也於是歎公之度量宏遠爲不可及矣公之介弟候選别駕君起鳳屬員候選縣令張君錆受公委任來董其事吾仕紳之在籍者侍御余公縉主政何公天寵大參陳公必成咸精思慮勤視履以協助之九月之望郡侯王公有事於神而興役焉再易朔而告竣凡用夫匠以萬千工計灰鐵以數萬鈞計竹木以數萬頭計置畚䎬土以數百萬担計昔之築堤以衞閘也內外各二今則內外各一爲費較省昔之補罅也先下而後上今則先上而後下爲期較速斯固董事者之授方任能而致有成效也邪是役也秋濤獨盛入冬而砰礴澎湃之聲猶聞數十里議者以爲工未易舉今且落成而興頌焉非公濟物之懷協於穆神陟降而式憑之烏能致此同里諸大夫不以予言之不文將勒之碑石非敢曰足以記公之功於不朽聊以慰父老惓惓之意云爾　康熙二十一年歲次壬戌十一月吉旦奉天府府丞姜希轍撰　故老相傳姚起鳳督工專飽私橐不實心辦事辜負乃兄較從前兩次修理相去遠矣

郡守胡公捐田碑記

昔篤齋湯公之建閘於三江也其形勢枕山臥江橫亘數十丈下檻上梁而中受滀水之板蓋水之消長恃閘以爲蓄洩而閘之蓄洩恃板以爲啓閉固相須而不可缺者也攷之舊制計板

一千一百一十三塊板各鐵鐶一副歲支正供一百二十兩有奇視其敝者易之而一切築閘工食亦取給焉康熙戊午歲以軍需浩繁裁半充餉經費遂絀於是閘板之腐朽者鐵鐶之殘缺者不即更換而閘夫亦以廩稍不繼怠於趨事因循苟且寖以成習蓋欲令工食無缺則板鐶之費無所出欲購造板鐶則閘夫之仰給於上者於何取足焉二者兼舉之所以難也余職司保障飢溺猶己因捐俸置田二十畝山陰高令起龍蕭山劉令儼亦各捐俸置田五畝其以前所裁存者悉充工食而以此三十畝之所入爲每年繕補板鐶之費板必本山松厚四寸濶倍之鐶必福建鐵重十二兩方爲堅久一遵舊式爲之至於閘田應納錢糧行令山陰縣將每年應解築閘工食預行扣除以省追征之煩其蕭山縣應解閘板之項徑行撥補工食毋使混淆可也他如嚴典守之責稽新舊之數一遵成例惟閘夫是問倘有羸羡即以修湯祠尸而祝之百世勿替功德在人不可沒也又推其餘量給閘夫以加優恤作其勤也若夫董工徒司出納則令三江巡檢專理其事歲杪報核毋致冒濫俾其宣力奉公勿負委任之意庶幾旱澇各得其宜有水之利而無水之害於先賢之遺澤不無小補云爾　康熙二十四年歲在乙丑暢月之吉中憲大夫知紹興府事胡以渙撰　調字一千二十三號田一畝七分六釐三毫　又一千二十四號田七畝八分三釐　又一千二十七八號田五畝一分　又一千六十二號田五

畝四分八釐　俱坐落單港蕩裏坂　往字四百五十一號田五畝七釐七毫　坐落梅山
被字五百五十二號田三畝八分六釐三毫二絲坐落小赭　唐字二號田九分三釐一毫
又十四號田六分五釐俱坐落偏門外曹家坂　湯神壽日祭田讓字五百三十四號田七分
一釐二毫丙寅年錢又齊捐坐落偏門外湖觴洋湖坂　重字一千八百九十八號田內遷二
畝五分丁卯年胡夏氏捐坐落礽塘胡家埠　以上通共田畝俱收入湯祠戶內惟會稽田二
畝五分在十六都一圖八甲胡宗虞戶內田契皆附卷存府工房一科

俞公德政碑

水利之目有八曰山陰海塘四十里會稽海塘四十里蕭山西江塘十餘里上虞荷花塘十餘
里至麻溪之築壩山西之建閘郡城之去水閘各邑之濬官河而山陰石塘與余邑相對堅固
如山岳尤余所望之而太息者也　康熙五十八年歲次己亥三月禮部尚書海甯許汝霖記

附山陰諸生楊應藻與師凝菴張先生論應宿大閘山西小閘利弊書

大閘事宜存道在處諸務確不可易爲今日救荒恤民之第一義賴先生規畫得蒙當路推行
三邑百姓受惠多矣近聞應宿大閘壅塞之故皆因附近灶戶無船運滷將出水灣地草木塡
塞轉運牛車沙土堅實衝激不開所以祭賽無功掘鑿不效成淹沒之大患也爲今之計莫如

禁灶戶塡塞閘灣然後壅塞可去水利可復然灶戶之口聲言輸租顯官莫敢誰何疏閘事宜又當開導當路本源爲主惟先生循循善誘拔去利根始有濟耳山西閘三洞亦當大閘衝要之二雖不足敵三邑之急然恆岳朱公有云地近而流駛可備非常四都緩急呼吸相關此閘不廢江北永無沉溺之患惜爲近地頑民陰圖毀塞四都百姓譬之膏粱滿前而坐受飢餓也去年秋雖經開濬百計中傷苦累無極官田官地借升科名目私充祭產創立庵院阻絕官路以致巡海經臨勒各里疊造浮橋煩費無極利民之事反爲傷民之舉且縣尊過聽奸謀恐縱舟楫出海主張不定又兼中鄉官戶慮洩水過多有礙高田倡言當塞不知山西閘區區三洞耳如可私越界外三江二十八洞更當何如使山西洩水先三江而啓後三江而閉誠有過洩之慮若同時啓閉總以則水爲準有速乾之利無過洩之虞高田何礙乎伏祈先生開導當路修舉新舊二閘清閘河禁塡塞追還田地永備閘夫工食拆去僧院側屋一二間便於兵馬往來如此則三邑幸甚四都幸甚　應藻字仲素安昌人有學行　道在姓諸

陳和莫龍辨

古今之事當信之於理而不當信之怪誕荒渺之說即有其說亦當考據於名賢記載而不當附會於俚俗傳聞承訛襲舛之辭吾越郡守篤齋湯公自嘉靖十五年丙申建三江應宿大閘

不朽宏功民受其福當時總督會稽陶莊敏公碑文幷新建塘閘實蹟一一詳載鉅細不遺康熙戊子歲三江駐防千總陳張路督修湯祠輕信傳聞竟於湯公神座之側塑一皂隸且設一牌於要關上以訛傳訛謂湯公之閘賴此皂隸舍身而成夫使果有其人有其事則當日陶公記中如神燈豚魚瑣屑細務尚不憚覼縷陳之而獨遺此一段佳話沒人非常之績耶且湯公建塘閘事實其經始時日相地建基同寅之襄助丞尉義民之分任石工夫匠灰秫瓷鐵之類纖悉備載而無一字及於皂隸舍身之事又嘉靖丙申至今不上二百年先輩如張文恭余武貞諸先生去嘉靖丙申近者數十年遠者亦止百餘年所作碑記並無有一辭及之者則其爲子虛烏有也斷斷矣夫求堯舜之勳華者必於二典考大禹之成功者必於禹貢揚湯武之弔伐者必於湯誥武成諸書乃舍當時之實蹟碑文名賢記載而附會於時俗訛傳之語致好事者塑像立碑以實之俾遠近之人見者聞者信爲鑿鑿幾與洛陽橋醉皂隸同一新奇合傳豈不可笑予每向人極言其誣但一人之口不足以易衆人之耳目且無以奪流俗好異之心故不憚再三而爲之辨幷述蔡公萬安橋事而附記之使明理諸君子弗爲流俗荒誕無稽之説所惑也　福建萬安橋卽俗所傳洛陽橋也在泉州府迎恩門東二十里長江限之橋踰數千尺蔡忠惠公所造泉州橋之巨與萬安等者可三四數而四方之人多稱洛陽當日蔡公造橋

之始撰時揆日晝基鍥址皆預檄江神卜吉而後行事世乃神異其説造爲醉皂隸龍宮下書一事以爲傳奇及觀泉州志幷公所自爲碑記俱無是也公所記寥寥百十言惟記時日與所用工費耳他無所鋪張後之好事者托於神而侈大之當時固視之與尋常輿梁等信古人之不可及也又明浙江寧波鄞人蔡錫中永樂癸卯鄉試仁廟授兵科給事遷泉郡太守錫至因橋圮欲修之工難施亦以文檄神一醉卒趨而前自謂吾能賫檄往乞酒飲大醉自沒於海若有人掖之者得一醋字出蔡遂以八月廿一日興工旬餘潮汐不至功遂成語載蔡本傳後人摭入蔡端明造橋事以爲傳奇何其誣也出説鈴夫以文檄海神精神所感且當秋冬之際數旬潮汐不至事或有之醉卒入海則事之荒唐不可信者而乃前後牽引喜談而樂道之當日洛陽橋蔡忠惠祠内亦當塑一醉皂隸方與湯祠莫龍後先爭勝矣淺夫俗子不足爲異訛傳日久且或述於文人之口學士之筆嗟乎人情之好怪誕乃如此也大抵時俗之見如水滸傳奇三國演義諸書則言之津津彼此傳説以爲確據而於經傳近情切理之事古人明白可信之文則棄置弗道韓子所謂不求其端不訊其末惟怪之欲聞此乃人心世道所係世之君子可不據理而察之哉

王十朋陡亹詩

胼胝深感昔人勞百尺洪梁壓巨鰲潮應三江天塹逼山分兩岸海門高濺空飛雪和天白激石衝雷動地號聖代不憂陵谷變坤維千古護江臯

季本應宿閘詩

水防用盡幾年心只爲民生陷溺深二十八門傾復起幾多怨謗一身任　苗田水漲勢洶洶開閘須籌閉閘傭三邑驗糧先備直不勞百姓自畚舂　僱役無錢力尙勞重科誰念竭脂膏東巡若肯求民隱先把傭錢問水曹　閘上傭錢十百餘自行收貯自開除年年借力多乾沒文案分明總是虛　三江水發昔嘗排啓閉惟看則水牌今日閘成翻久閉污萊已及莫攖懷橋正開關任水流水流一去勢難收漁人日欲張魚網不到乾時不肯休　戒石膏脂舊有銘欲今當面一留情歲支俸米非常白忍見農夫歲不成　只道逢梅春色新如何梅謝竟無春共看今日無生意應悔當時始種人

陳和辨莫龍詩

誰說當年有莫龍無端騰口遍西東閘成果有非常績遺却先賢記載中　盡道當年有莫龍空言難破衆愚蒙兒童婦女原無識笑殺儒生附和同

風俗

張應鼇曰江城風俗故老傳聞世廟前者不及見矣神祖來垂四世於玆三里之內戶且半千鱗集幅疊城如一家家如一人憂喜弔慶通行遍知古處遺民老成典型綽有匹焉

一好直

見一善則共揚聞一醜則交擯後進有非禮不率者老成先生相與正言窘責之卽貴介儒冠子弟且望影而趨咤舌而走愧悔勿恣嚴憚謹飭識者謂江城有古道焉信哉

一敦樸

富不衣帛貴不乘輿歲時婚嫁宴會不事繁文冬裘服夏羅衫者城一二家家一二人耳其他日用往來眞率類是若美好奢侈深以爲愧此城養福延壽持家訓俗之大要也

一習勤

四民有業好閒者少世祿勳爵而外多食糧者故鮮農業行商而殷者販花布八閩三衢稍殷走掘港場老鸛亭鬻貨再次負蟶與鹽買郡城其貧者魚蝦海閘蟶鐵沙浦種花下豆戴星出入不遑甯處以辦衣食故萬歷中年頗家給人足鮮貧乏焉

一課讀

城中子弟成童就傳業舉射策約十家坐一塾師四隅內外攻制舉業者雲集別業子弟髮未

蓄便能開筆成文輒採芹藻或再試童子不利卽棄文就武習韜鈐弓矢所以蕞爾斗大閭子矜滿百鹿鳴競薦中式虎闈者每科多至十餘人少亦不下五六人黃甲紫薇相繼不絕雖嚴邑或遜焉亦可謂家弦誦戶詩書寖成禮教之鄉矣

陳和曰今之江城卽昔之江城如上數者渺不可得豈昔日淳樸變而澆漓前日勤儉變而驕怠如梅溪賦中所云乎抑亦山川運會風移俗易自有時耶撫今追昔感慨係之矣

陳和曰冠婚喪祭神道之大要也世俗置焉勿講今縱未能盡合古制但不至流而日甚以大拂乎立法之心則隨俗之中而寓維俗之意是亦轉移之善術也謹條其疏略如左

冠禮之廢由來已久今童子試尙有已冠未冠之分則童子不冠固可行之於今也乃世俗稍長便予之巾帽比見富家貴冑未及象勺卽命以字盛衣華服翹然於父兄師長之前彼固不自知爲童子卽親長亦不以童子之道待之習成傲慢其害日甚而不可挽有志成就子弟者必當裁抑其性情使之徐行遜讓盡卑幼之節凡服御飲食循分貶損以無失乎不裘不帛之意比長然後字之則冠禮雖失而不失也豈不美哉

婚禮有六古制也今卽富貴饒餘之家亦止有四始拜門次納幣又次納吉俗謂道日終之以花轎迎娶而親迎之禮多置不行財力不及者降而爲三又降而爲二甚有隨定隨娶者此亦

親迎則得妻不親迎則不得妻勢之無如何者也但婚禮爲人道之始固不可靡費論財亦豈可苟簡棄禮盡乎力之所能爲而不失乎重倫章別之意且必兩家誠信不致較短論長斯爲道義之美耳近年紹俗貧歛名家舊族有不能備禮者托於翁姑有病倉猝完娶雖於禮未盡情猶可原至若翁姑方死停屍在牀恐終喪久曠匿而完娶者忍心害理殊傷風化爲民上者當申諭而禁絕之

喪禮爲送終大事凡附身附棺之物必誠必信勿遺後日之悔其他喪費則稱家有無但不以財力所可爲者儉其親可也紹俗鄉村惡習本家有喪則近服男婦皆舉家坐食借名幫襯實則大嚼視爲常例必至成服出喪而後已喪家速爲完事以免此累故親骨未冷即厝葬郊原者有之夫凡民有喪匍匐救之在彼疏遠之家猶當念其不足或資以財或助以力或權宜設法而代爲謀不失爲姻恤之雅而一本九族乃不顧其資力有無稍有不及即嘵囂爭執於喪次左右以爲予詛予父亦常如是此等惡習爲家長者不可不痛加訓飭也夫久停親柩固屬非禮骨肉未寒不及旬餘而即爲厝殯郊原亦屬不情爲人子孫者尚其念之又喪家出殯輿棺其資例出女壻名貺衆錢壻家苟殷富則當起棺時多方婪索勒措遲延婿稍嫩弱則受其迫辱此無恥陋習之最可惡者斷宜痛革江城數家幸不蹈諸弊緇流羽士亦槪不一用然不

以爲貧而無力則以爲驕而不情古制之不行於今日此如蛟力之撼泰山莫可如何者也焉得人人而俱曉之乎

祭祀之禮尙乎豐潔此大要也貴盛之家不患儀物不備而患其意之不誠士庶之家儀物不可不備然亦不可華靡過費以致後日之難繼吾於紹俗墓祭一道而不能無說焉仕宦之家儀物過豐定爲規制在當時固優爲之數傳而後子孫興替不常卽有祭田或以年歲歉收或以他事挪借反致愆期失節者則以平素太豐之故也余見春二三月畫舫彩鷁豔服麗妝鼓吹之喧塡儀從之繁庶此在未祭之前意專爲祖宗而設固不必言及至既祭之後則大開讌會歌者鼓者行觴政者載號載呶者必窮日之力而後已焉是直以祖宗之遺資爲春游之樂事已耳誠敬之意安在耶予故指而言之使世之過爲繁費者知反其本而節焉

物產

陳和曰梅溪三賦妙絕千古而風俗所載不及煮海與鹽之制說者少之夫鹽之爲用可以裕財賦給俯仰誠非細故三江鹽課一場歲輸鹽觔銀若干兩上供天府每當製鹽之候商人成千累百分給煎戶民乃得輾轉通易以濟有無故沿海一帶自農務而外大半業此則物產之利孰有大於此者然吾浙地狹人稠貧民衣食全出於鹽而好勇疾貧者尤賴之卽如錢王據

有江東亦以私鹽起事故自宋以來兩浙鹽禁獨弛蓋洞悉其害也梅溪賦中略不之及或不欲侈陳以導之歟至於蟶蛤魚蟹以及網罟之屬凡濱海處所皆有統以三江亦非三江所得私也

鰻線色白如銀絲味厚而鮮得之春分前後者尤佳遠村不善烹飪則失其美耳此種來自外洋或謂鰻所生或謂鰻有雄無雌故內河之鰻並無帶子生小鰻者其說似有據存以俟考

閘洞蟹蟹肥則有力放閘時能於飛流激湍之中沿柱而起漁者兜而取之味絕佳

鱸魚至秋肥美梅溪賦中所云玉膾卽指此也

鯆魚鱭魚眉公魚總名鯆魚鱭魚帶子者佳眉公魚似石首而小味亦同大者重一二兩童家塔丁家堰近海等村最多然其體柔嫩張鯆掩取易於餒爛惟得之閘前罾網者鮮活而味更佳但不常有卽有亦不多也

鯔魚康熙中新塘居民有一罾得五六百斤者或百十斤其餘不足道緣海口沙漲魚隨潮而入潮退不得出數潮之後魚聚閘前深窪清水處日出則喁喁水面漁人架罾取之魚逐隊入罾罾稍起卽兜之器不能容置涯上魚長尺許貨之市各得十餘金快事亦僅事也

蟚越蟹大如錢生海沙中向有鉤掘之法近來皆用燈照因沙地遠漲數百里當春夏秋新雨

之後風靜氣和人各帶燈籠大簹挈伴渡港以往蟹見燈火出穴亂走隨手拾之自六七十斤以至一二十斤不等虛往實歸然一望茫茫渺無涯涘昏夜無星月時稍不記憶路徑則東西南北不知所屆矣豈不殆哉　冬月深入洞中則鈎掘取之味甚美

蟶蛤　蟶蛤之屬多寡隨時里人有善取者賫糧渡海糧盡乃歸天暖貨多不能久貯市價不過一分以下然履危涉險常有以此殞命者不可以其價輕而漫易之也　陳和曰以上數種皆海濱物產居民藉以餬口者利之所在趨之若鶩然逐末蹈險終不若力田疇樹桑麻爲務本遺安之善術也

網　罟名色不一大都過於緊密非仁術也陳和嘗作戒結網文

官署

陳和曰有城則有官有官則有署文以治民武以禦寇守土之重寄也江城官署久廢凡遇巡海駐紮封借公舘支應器具什物牌檄紛然更有往來兵事蹂躪之苦今海宇晏清奉旨裁革里役無復供應繹騷之累然舊時基制不可不書以存考也述官署

舊制千戶五員百戶十五員鎮撫一員額軍一千三百五十二名皆隸紹興衛今廢

三江所公署三間三進中堂有掛衆威敵四大字扁額曹大有野臣書東西廣一十九丈八尺

南北深四十六丈二尺總四畝三分左庫鎭撫司在儀門東首千百戸在堂東西各五間規制等於巖邑萬曆末年頽

都司規制寬宏外臺門一中堂一後堂大池萬曆中年圮

三江倉官廳三間頭門衙宇廒凡八天地元黄每字二廒東西廣一十九丈南北深二十七丈總七畝一分俱在城隍廟東首

城守營康熙初年提督駐紮紹城協鎭移駐三江無衙署借貸民居自八年掣歸紹城之後止選駐防千總一員或寓庵院或賃民房當請之督撫專設衙署庶官民兩得

三江巡檢司署在江北四十四都司城内東西廣一百五十六丈南北深六十丈總二十七畝明末圮　康熙庚午移居湯祠右廡郡守李公鐸爲立粒我蒸民扁額委之勸農以興訟徒肥蠹勤耕樂有年十字大書兩牌前導令徧曉鄉民當時在位留心民事如此　辛巳缺裁

三江鹽課場公署在陡門南市總三畝八分五釐因宋元之舊灶戸煮鹽徽商辦課管轄東西灶　團皆本場輸課　鹽倉深廣一十二畝一分七釐

三江鋪在三江南門外明洪武十八年築城因置鋪舍自南門十里之鹿山鋪自鹿山十里至昌安鋪又十里至府府總鋪今廢

三江教場在城南門外規方六十二畝康熙二十八年爲閩人陳姓升科佈佃中二十畝紹協鎮召佃

火藥房在城隍廟東北石址尚存

風火池在城東南隅

祠祀

陳和曰祠祀之設由來尚矣明則爲禮樂幽則爲鬼神非有二也故周禮有坊庸之祀閭閻伸祈報之誠威靈所至神聽憑焉顧可戲豫以致罪戾耶即琳宮梵宇儒者勿尚然尚安清淨而滌塵囂且一方香火所係亦居民所不廢也集祠祀

城隍廟在城中相傳神姓李誕九月十二日勅封敷佑伯三間三進舊制湫隘萬歷甲辰鄉紳章若昌拓而新之頗稱高敞正殿錦江玉壘扁額章若昌立耆儒董觀瀾先生題聯云維屏維翰金湯設險於三江千載永全保障美奐美輪廟貌更新乎萬歷一方咸藉帡幪

文昌閣即城隍廟之後進也神像清奇秀發係戴文俊塑相傳惟陶堰及此二尊而已雍正九年有蒙師館於閣上醵錢修之竟失其眞上有文心帝簡扁額章若昌書有主盟天祿扁額曹惟才書江城文會甚盛會中靑衿百人每於二月初二日神誕齊集廟中致祭畢則列席優觴

衣冠文物揖遜雍容望之如登仙焉非已入泮者例不得與也城中有新入泮者當府縣迎送歸時諸先輩皆衣公服設酒待於南門券以三爵新生拜而飲之敬受教自是乃與會先輩於後進激厲鼓舞如此啓禎間諸童不察其意以己不得與恥之遂各另結文社如某某等則肖文昌像於關王廟而附合於武會如李順施靳貞啓等則立會於玄天宮洎順治五年戊子兵燹之後諸紳衿四方星散城隍廟文會始廢而玄天宮文會乃代興矣玄天宮初結社時例較他社爲嚴童生專舉業者得終始與會後若改業輒封捐貲擯卻之故人材亦賴以振奮焉諸字一百六十九號沙田三畝坐落石茅坎向正學先生捐入老契存李順施先生處今遭兵火遺失

關帝廟在南門城内向璿題聯云帝王幾見稱夫子豪傑如斯即聖人雍正癸丑本坊居民募修

張神廟在東門子城内神諱夏宋蕭山人景佑中浙江塘壞神時爲工部郎中受命護堤置捍江指揮五各率兵士四百人採石修塘隨損隨築人賴以安朝廷嘉其功封寧夏侯國朝雍正三年封靜安公　崇禎戊辰海嘯東門正當水衝忽海州有草滿載浮來當門横塞水勢得緩皆神力也

財神殿在東門内今廢

晏公廟在倉後衕張宗城曰按徐文長路史公乃臨江府臨江縣人名戌仔元初爲文錦局堂長因病歸登舟即尸解有靈顯於江湖本朝封平浪侯六字張應鼇以公爲韓成查明史韓成封高陽侯未嘗封晏公則晏乃姓非國也徐說近是　康熙壬辰程巨源募貲重修

眞武殿在北門城上初止平屋萬曆癸巳三月千戸王承勳改建樓神銅像高及尋其從神并龜蛇外有梓童君觀音大士法體差小皆銅爲之乃都督張名世官雲南時特鑄送歸者也玄武水星高峙城北江城形勢攸係不特神靈威顯已也以其高又稱爲雲棲文昌閣在玄天宮之左康熙　年李元坤捐資建神銅像雍正十年爲賊盜去

梵神菴俗名前庵近城西隅創自盛唐乙亥明洪武丙寅年三江巡檢司沛人郎雄申建弘治癸亥鼎新之嘉靖壬午道人毛福又增治石址贑州知府會稽陳元作碑記康熙中本坊程德音同僧自新募建大悲閣三間於後

東嶽廟三間三進在梵潮庵右萬歷間里人劉思泉獨建今與庵合而爲一

鎮城庵俗名後庵在城西北隅彩鳳山下洪武二十年丁卯七月十八日乙未本所千戸何源會首正千戸劉昇百戸葛容張祥等捐俸創造募緣住僧文壇共事三間二進側樓三間正殿

供龍牌歲時祝聖之所旁供襄武王湯和王檕城奉爲香火不忘所自始也神誕五月初五日俗呼伽藍云　正統二年丁巳七月十五日辛未本所會首千戶孫彬正千戶何通周貴副千戶孫陶信孫斌百戶蔡弘楊茂李勝向忠張爔袁信姚欽李福黃賢劉聚住僧宗演募緣重建嘉靖三年甲申正月十七日壬午本所正千戶何雷副千戶孫能會首百戶張勝義官張使壽官馮信男馮廣等山主世海同孫必誠募緣大修　萬曆十五年丙戌僧智慧募修　萬歷四十一年癸丑會首邢仰城林冲宇等僧性恩募修　後殿有圖成正覺扁額泰昌元年江城士大夫爲僧性恩建都督黃鼎元書　康熙五年丙午會首陳心赤傅永叔等捐貲重修住僧德生淸凉募緣告成　康熙戊午住僧祖峰因殿內多白蟻蛀蝕易四大石柱始得堅好無恙

杏花寺在鎮城庵古今圯

天妃宮在西門外三間二進神福建莆田人宋都巡檢林愿之女生而神靈累封天妃國朝雍正間加封天后　崇禎戊辰海嘯水溢高岸丈餘廟內水不踰限眞靈異也　頭門右邊間供節使太尉沈相公相公不知何時人相傳三江城外西堰頭乃其故里湯公建閘顯靈以助之因卽肖像於其本村土穀廟及天妃宮二處　前茶亭三間名望止亭　右殯亭一間　左側廂三間康熙壬辰僧人林姓名自正者改南向名永福庵

張神殿在鳳鳴山之麓三間二進嘉靖丁酉郡守湯公建陶諧碑記所云立廟以祀玄冥即指此也

湯公祠在張神殿後三間二進公諱紹恩字汝承號篤齋四川富順縣人或云安岳縣人嘉靖丙戌進士丙申由湖廣德安蒞紹即於是年秋七月經始建閘六易朔而告成堤築於次年春三月五易朔而告成當堤初築時隨築隨潰公懼甚疏告海若祝曰如再潰當以身殉每聞風雨聲即危懼嘔血精誠感格天人協應成此不朽誠偉矣哉官至山東左布政歸休林下越有人以經商至蜀者矍鑠甚時公已九十有七矣康熙壬午敕賜靈濟匾額雍正乙巳敕封寧江伯　汪應軫聯云心懸皓月青天上功在黃雲白浪間應軫號青湖山陰人正德丁丑會魁初官庶吉士因大禮不奉詔左謫終江西提學僉事清峻特立屢薦不赴其立品如此宜乎有此光明高曠之句也　萬歷甲申郡守蕭公良幹修閘張元忭聯云鑿山振河海千年遺澤在三江纘禹之緒煉石補星辰兩月新功當萬歷於湯有光元忭號陽和山陰人隆慶辛未狀元謚文恭聯書俱徐渭所代今墨蹟已失崇禎六年守道林公日瑞修閘事竣郡紳余煌邢大忠錢以敬題其門額曰報功祠門北出今塞從張神殿入　每神誕及水澇郡侯縣主必躬自祭禱而致敬盡禮尤推郡侯李公鐸臨期必早至品物豐潔禮儀必極盛備江城諸生有迎公者必

問姓名諮以閒務各致膰俎耆老六十者給饅首與酒七十者升酒斤肉八十以上者倍之壯者則傾酒於缸使飲之各諭以孝弟勤儉之道迄今四十年故老猶言之津津不置也觀瀾亭三間在湯祠後山上向祀郡守蕭公後供十賢神位江城西門內向有一祠供佐湯建閘司理陳公讓初修大閘郡守蕭公良幹二賢旁供捍衛江城通判吳公成器又萬歷四十年刑廳李公應期守備鄭公嘉謨爲免役事士民懷德欲配享二賢於內病其隘乃俱遷於亭內爲前五賢天啓間復派役郡守張公魯唯力得免里人於天妃宫內建祠奉公厥後修閘又有繼蕭之張公任學余公煌林公日端襄事之孫侯鱗四賢並列於內是爲後五賢順治八年以祠漸頹塌復將後五賢合祀於亭上置一榜載十賢官銜姓名而張公魯唯林公余公李公鄭公則有像程鶴翥曰亭上十賢神位有二失一保疆免役四賢混列於佐湯建閘兩次修閘六賢內六賢內若不相蒙一坐次不依年分則紊先後之序致使瞻拜者不知有保疆免役二事但知爲修閘而設并不知佐湯建閘屬某賢修閘於繼者屬某賢修閘於前者屬某賢也後有作者將保疆免役四賢另立一祠亭上止將建修大閘諸賢依時序而奉之庶幾無遺憾矣陳和曰今祠像俱廢後人食德被恩竟付之荒烟蔓草良可歎也意欲顏一總額於每位名下約載小傳數行懸之湯祠非徒以表章先賢亦使後之瞻仰者聊伸感德不忘之意云爾　余公煌號武

貞天啓乙丑狀元會稽人崇禎癸酉張公任學修閘實公啓其端各公捐俸銀未集公先借五百金起工外築堤禦潮內築堤障三邑水牛女虛危等深洞石骨通泉旋涸旋潴爲力甚艱公親汲水以先之衆遂百倍其勇水立涸朽泐者更殘缺者補固以灰鐵於要關下尤加意焉兩月功成民賴其利當時鄉紳如原任建昌府同知會稽錢公以敬監督亦勤詳載余公碑記非尋常捐資者比似亦宜從祀　浙閩總督姚公啓聖於康熙辛酉修閘及西江塘郡守胡公以煥於康熙乙丑捐俸置田爲每年繕修補閘板鐵鐶之費　郡守李公鐸於康熙庚午修山西閘以泄應宿之所不及　郡守俞公卿於康熙丙申修治海塘易之以石　以上諸公皆有功塘閘當附祠祭　舊有觀瀾二字扁額隸書雄健壯觀本縣州山吳彥筆也梁上有聯云石衛洪濤西北膏腴蟠地軸洞開列宿東西經緯動天文不標姓氏疑出徐渭之手或云邢大忠題恐未的

應宿閘自來每逢淤滯郡守邑侯必躬詣三江用羊豕三副一祀張神一祀湯公一祀閘能禦災捍患故祭之卽古者崇祀坊庸之意也愚氓不知以爲祭海神而好事者乃竟妄傳祭皂隸莫龍矣

水竺庵在西門外俗名後水閣

太平庵俗名前水閣在南門外太平橋之西本江城張氏書屋内有雲中半偈四字扁額書法遒古

六度庵在南門村二里許王相橋側其外爲文武祠有文經武緯扁額曹惟才書

梧桐庵乃東南城外諸村之土穀祠東南各村皆力農務本勤樸可風今雖稍不及前然究與西社迥異

彦古寺卽寺東長壽寺也康熙中朱天南軫贈寺僧某聯云半床閒歲月一衲老寒凉

禹廟在禹山

梵潮古刹碑記　越城三十里大江之滸有庵曰梵潮其來有年自盛唐乙亥而已肇其基迄我太祖洪武乙丑命襄武王湯和築城海上望影觀水至其所四顧莎草蔓青陵谷如故意爲釋祖所居而然乃權其土獨重非他方可及遂城之次年沛人印雄任三江巡檢司聿建其祠厥後江城奉爲香火肆今百五十年棟宇撓敗弘治癸亥鼎新之然盤基未固下惟石礎而巳一日道人毛福往觀之慘然謂人曰壯其居而不厚其址其如崇本之意何於是恭執錫鉢偏叩鄉閭遠近聞之無不響應者不數日而功告成焉會首周佛縁輩述其誠信欲勒石以記其事而請予紀之固辭不可遂直書於石以圖不朽因爲之銘曰巍莪梵宇巨鎮江城禦災捍患

灌灌厥靈盤基鞏固舊制重增他山之石追琢治平厥功告成勒碑刻銘　賜進士第中順大夫前南京文選司郎中知贛州府事會稽陳元書嘉靖壬午立

鎭城菴　古寺荒城麓我來歲歲經秋風正蕭瑟凉月復娉婷仙梵疑天降海濤入夢聽吾廬咫尺是受此莎間行　張宗城

題湯公燧閣　舟在平原水在田汪洋巨浸幾千年當年塡海家家怨今日寧瀾處處烟廟貌有傳五馬地江花幾度夕陽天人言懋績崇封未我信賢侯殊不然　無名氏

禹廟古松　駝峰懷禹廟處士日呼嵩氣植秦封烈聲揚夏德隆虬枝籠淡月鶴唳響淸風萬載平成績蒼蒼拂太空　姚士宣

名宦

陳和曰擔爵授糈皆名曰宦而能業在生靈勳垂史册者求之郡邑數十百年之內寥寥難其人也述此數則皆功績之切近桑梓者使後之君子得仰止而觀法焉亦以誌民不能忘之意云爾

唐　皇甫政　貞元三年爲浙江觀察使在鎭十年多惠蹟修治水利開鑿玉山陡亹以時蓄洩民甚德之按玉山陡亹卽曾文淸公所云朱儲陡亹也府志載開鑿玉山朱儲二陡亹誤矣

李俊之 開元中爲會稽令縣東門有防海塘自上虞江抵山陰百餘里以瀦水灌田俊之增修焉民賴其利又令李左次又增修之

明

湯 和鳳陽人以從龍封信國公洪武十八年太祖慮日本爲患命湯巡視要地築城增戍以固守備湯行海上起登萊抵江浙凡築五十九城民四丁取一爲兵守之三江所其一也湯蒞山陰望景觀水至三江之滸四顧見莎草蔓青陵谷如故乃權其土獨重非他方可及遂城之由是居民有所捍衛不戕於寇不沒於潮湯之有造於三江者遠且大也三十八年八月薨封東甌王謚襄武三江官民肖像祀於鎮城菴以報功云

戴 琥字廷節成化十三年由南臺御史來知府事琥起身鄉貢而持身廉介馭八邑令長每甄別其黑白品第其高下稍有過輒庭叱之不以借諸令長凜莫敢犯暇則舉行鄉射敦禮名士後以主賓間造梅山隱士羅頎之廬召諸長老商搉今古終日不倦即窮鄉單戶有奇節獨行者封墓式廬惟恐弗及凡遇民疾疫必遣醫分療藥久廢特崇修之朔望進諸生講論經史聽者竦動尤究心水利若上虞之下蓋湖山陰之西小江疏防得宜扁拖玉山築塘建閘蓄洩有時潮患不侵功利甚溥至今去思有碑或題其柱曰千載丞嘗劉母廟三春楊柳戴公堤蓋公評云祀名宦

張　煥字主奎太和人正德中知山陰有雅量政先大體丁卯海溢死者相枕籍煥躬詣巡省弔死問生力請當道寬其賦且賑之比歲登令民築塘捍海潮又於扁拖故閘之南增置五洞蓄洩以時自是少水患尤勤於造士修復稽山書院至今緝續恢弘實其所更始云

湯紹恩字汝承四川敍州府富順縣人或云潼川州安岳縣人公先世富厚樂善好施凶扎之歲全活萬人祖參政父紫陽公登進士歷官吏垣因斥江彬受謫彬誅起用爲時名臣公母夢巨星隕懷三月廿五日誕生嘉靖五年丙戌進士丙申由湖廣德安府蒞紹寬洪簡重不事苛細與人不欺人亦不忍欺樸儉性成內服疏布外服皆其先參政所遺始終淸白而未嘗以廉自居遇士大夫有禮尤喜延接諸生諸生事涉身家必委曲調護然亦未嘗廢法也值久不雨即徒跣禱雨日中雨輒如注郡濱海每受潮患鹹水內入逢霪雨泛溢決塘洩水水落則築堤固防役無虛日公甫下車即相度地形於三江建閘二十八洞啓閉以時旱潦得以蓄洩由是萃山會蕭三邑周圍八百里土田永享億萬年無疆之利當始建時役重費繁譁言不便者十之八九謗讟朋興公堅執不動工初起輒爲潮汐衝突役夫皆哭公曰無怨如是當益固耳乃禱於海神潮汐不至者累日工遂成號曰篤齋誠稱其實也官至山東布政司壽九十有七

府志云公乙未以部郎選知紹興悞矣　閘務書載公傳有府香爐縣鐵索之謠乃郡守李僑

事非公事也

周　表官通判才敏慮周佐湯公董視閘務勞績居多越人祀之以配公焉

陳　讓字以禮晉江人辛卯舉鄉試第一壬辰聯捷任紹興府推官郡中諸生素誦其文及至爭造門下時正禁有司不得私受門生讓歎曰吾豈以是阻士子向往之心哉欣然延接躬訓迪之得其指受者多成佳士爲人寬博雅重讞獄明恕凡郡中大利病每贊太守罷行之精地理新昌築堤三江建閘皆讓相定焉尤惓惓以正風俗明教化爲己任毀淫祀奬節孝增置學田崇祀先哲蓋彬彬以文學飾吏治矣已徵拜御史疏劾巨俠劉東山之奸又諫阻獻陵遷葬賜罷後追贈光祿卿孫際春深明易理喜越中山水之勝卜居戢麓

吳成器府志作國器悞字德修號鼎庵徽郡休寧人嘉靖間任會稽典史當海寇初入內地成器以能將兵知名承大吏命提兵守水陸阨塞大小數十戰斬賊數百級生獲數十人還虜者亦以百計凡戰之處休止督發設守出闘有方法禁士卒無毫髮擾居人又能舍死先士卒民多知其功者往往就所戰處爲建祠刻石詳見徐渭曹娥江祠碑記以功陞本府別駕官至僉事江城賴其捍衞建祠肖像祀之今廢

蕭良幹號拙齋江南甯國府涇縣人隆慶辛未進士萬歷十一年以戶部郎除紹郡知府留心

民隱見湯公所造閘歲久就圮急白上臺發銀修之增其舊制斟酌盡善時時挐小艇往督勞工予直毫髮必躬吏不得有所侵牟衆悅而勸三閱月告成詳見張文恭碑記郡人懷其德肖像觀瀾亭祀之

徐貞明字伯繼貴溪人以進士授山陰縣令愷悌性成五載久任抑豪强扶善類不擾鋪戶不煩差勾上官撓之初終無改其利於民者尤在修築海塘預杜災患至考校士子不徒以文藝常舉一二公正者爲民勸導及應召去民多泣送壅道不能前祠迎恩門外張文恭公元忭有記

吳獻台由進士任分府甯紹台道參政萬歷二十二年紹衛運軍徐春妄扳本所代運公遵祖制腹裏運糧邊海防倭批令仍照舊行

劉　府志載副使劉公諱守志辛未進士萬歷十五年任恐即此公也帶管分巡政道參政

吳鴻洙丙戌進士海兵副使

宋　失其名官糧儲參政

劉廷芥漳州人紹興知府

劉　昇萊陽人同知府事　以上五公皆二十二年徐春扳運格不行者

劉　失其名恐即前諱守志者官督糧道右參政萬歷二十八年運官邢邦柱條陳復扳本所代運督憲批令糧道會同兵道妥議公與兵道范公據國初舊制議覆奸不得行

范淶甲戌進士官海兵道副使

馬復淳廣平人同知署府印　以上皆二十八年議阻扳運者

張魯唯江南崑山人萬歷癸丑進士天啓六年由紹郡知府陞分守道參政公守郡時紹衛扳運公格不行司理李公衞守備鄭公與有力焉江人懷德俱肖像祀之

李應期官司理仕萬歷末年有功免役

鄭嘉謨官臨觀衞守備萬歷末年有功免役

張任學號留孺四川安岳人天啓乙丑進士官鹽院崇禎六年按部至越勤問疾苦守道林公指陳閘弊倡議增修郡守黃公復慫恿之公乃親詣三江經營相度感歎湯公灑涕祠下又悉索羨贏風諭捐助歡聲雷動議遂定

林日瑞號浴元丙戌進士福建詔安人官守道崇禎癸未修閘公戴星駕湖舫賫酒肉犒賞役夫晝夜併作自興工迄竣事無一怨咨者

羅永春直隸通州人由貢生爲紹興府同知捐俸修閘

鍾震陽直隸宣城人辛未進士爲山陰令捐俸修閘工未竣與劉公一匯皆以覲去然經始與有勞矣

孫　麟湖廣鍾祥人辛未進士任會稽令捐俸修閘

劉一匯江西進賢人由貢生知蕭山縣事捐俸修閘

馬如蛟字騰仲和州人天啓二年進士令山陰廉而敏慈而毅雖吃於口而斷决如流嘗治海塘修麻溪壩定閘規蓄洩故雨盈湖無惡水又建義倉立大善社每訊盜賊禁毋得妄扳因旱禱雨痛自刻責雨尋澍乃建逢年亭附城隍廟朔望率父老諄諄講諭後以行取陞御史巡按西蜀殲賊魁辛未以武闈詿誤罷歸時流寇訌江北如蛟募士守城力竭不支城陷呼其弟訣曰急求爲厲鬼殺賊耳死之一門殉者十有四越人聞而哀之　次當在張公任學前

清

李　楨號虎山眞定人康熙三年由世職任紹興協鎮改駐三江所戢兵衛民靖外撫內士民感泣立碑城隍廟門之右康熙八年五月仍駐府城十年遷貴州協鎮

王自功號謙庵江西龍泉人順治十八年任紹興都司招撫僞官楊君泰等鎮守觀海衛捐俸修城居民飢饉糴穀賑之全活多人康熙三年署協鎮篆康熙七年七月霪雨彌月禾稻俱淹

閘外沙土壅淤經久不通時自功鎮守三江齋戒七日親製祭文二通祭畢水即流明年移駐府城會同郡縣調度營房安插兵馬越人賴之

姚啓聖字熙止會稽人少負大志棄會稽諸生入籍盛京舉癸卯鄉試第一例不應南宫選遂授香山令以詿誤解組甲寅吳逆倡亂耿逆繼之兩浙騷動啓聖慷慨從軍親冒矢石蕩平羣寇民得寧居以處州僉事遷福建布政愛賢禮士出奇制勝招徠劉進忠韓大任諸人皆傾心歸順數年逋寇一旦掃除天子嘉乃績特簡總督軍務首陳十海十疏恢復金門廈門八閩底定晉秩太子少保兵部尚書又疏薦施烺進勦澎湖臺灣內附而啓聖不居其功易勞謙君子殆其人歟以勞瘁卒於官觀其自號憂菴可以概其素志壬戌修應宿閘及西江塘加惠桑梓詳載奉天府丞姜希轍碑記

胡以渙紹興知府康熙二十四年捐俸置田爲每年繕補閘板鐵環之費板必本山松厚四寸濶倍之環必福建鐵重十二兩一遵舊式垂諸永久　山陰縣令高起龍蕭山縣令劉儼亦各捐俸置田五畝并公所置共三十畝詳見碑記

李　鐸鐵嶺人知紹興府事康熙二十九年庚午洪水爲災宿閘不能驟洩致傷禾稼公訪山西閘舊址捐俸修增爲五洞置田三十畝爲啓閉費以防霪潦三邑賴之

兪　卿號恕菴雲南陸涼州舉人康熙五十一年壬辰以兵部郎出典紹郡修治海塘易之以石己亥風潮沿海居民不致沉溺公之惠也

世勳

陳和曰國家報功之典雖有小大之殊要皆世食其祿與國咸休者也明興以來有開國靖難征蠻諸勳以祖宗之勤勞受恩寵幾三百年矣其子孫有矢心敵愾捐軀犯難不負世勳者詳列其下以見朝廷養士不爲無益而臣下報禮不可以不重也詩云凡周之世不顯亦世其是之謂歟集世勳

明

正千戶

何　源開國功洪武二十八年授孫遵襲　府志所載各名下孫某襲云云乃萬曆間修志之人以其武弁輕忽不查其世次第就當時現在承襲者塡註殊甚疏略今其子孫有家譜可考者爲之改正而無可考者則闕之　查文獻内載正統二年千戶何通重修鎭城菴嘉靖二年何雷又重修遵蓋萬曆間承襲者崇禎乙亥掌印千戶何守祿於城隍廟立赫靈斯振匾額其世次俱不可考矣　又查文獻内載洪武二十年千戶何淵劉昇百戶葛容張祥等創建鎭

城菴則府志所載何淵二十八年授張祥三十一年授俱悮矣

王　輔號雙槐　人祖伍小旗隆慶元年輔以收復縣治功授三江所世襲正千戶輔卒子政襲政號東郊卒子承勳襲承勳號肖東萬曆癸巳三月改城北天后宫爲樓承勳卒子祚宏襲祚宏號鎮岳明亡廢凡四世

副千戶

陶　春開國功成化十一年授孫邦襲　查開國功臣多封於洪武無遲之百年始封者　又按文獻内載正統二年副千戶陶信同修鎮城菴則信乃春之子若孫而府志所云成化者亦悮矣

萬曆癸未知府蕭公修閘千戶陶邦佐助任事　陶明宰號裕雋萬曆壬午乙酉武闈壬辰以千戶隨援朝鮮陣亡贈指揮世襲紹興衛

孫　福揚州府泰州人樞密副使申之子洪武十四年福之子拳陣亡十八年授三江所世襲副千戶福卒孫彬襲彬字文玉生於洪武丁巳幼食錦衣衛千戶俸卒於正統甲子雄襲雄卒子佐襲佐卒子誠襲誠卒子煇襲輝卒子喬襲喬卒子敏學襲敏學卒子懷忠襲懷忠卒弟懷德襲懷德卒子一貫襲一貫字曰唯卒子廷璋襲凡十二世明亡廢　孫氏譜載敏學兩中武

舉科分未詳未知的否敏學胞弟敏謙以子杰貴贈工部尚書
孫　福靖難功建文四年授子勝襲　廉　能以弟繼兄　爵　勳號東臯琯號思泉　大正
號賛禹　弘祚號淑昌凡八世九員明亡廢
鎭撫
仇保邊功永樂十七年授孫邦宰襲
李　興徵蠻正統十三年授孫世全襲
百戶
張　祥號瑞軒湖廣蘄州黃梅縣人洪武三十一年以鄱陽功授三江所世襲百戶無子弟雲
襲雲號果軒卒子煥襲軍政考選出海偵探於黑水洋遇賊陣亡謚忠節無子弟爔襲爔號方
軒正統二年與各官重建鎭城菴卒子勝襲勝號肅菴弘治七年卒子傑襲傑號拓齋軍政考
選掌印兼守禦操局事卒子守信襲守信號毅齋嘉靖二年卒子元正襲元正號巨川嘉靖丁
未卒子應奇襲應奇號雲臺隆慶庚午武魁又中萬歷丙子乙酉武舉由副千戶掌所印解任
登壬辰進士歷陞都司萬歷三十二年卒子名世襲名世字今我萬歷甲午武科乙未進士官
總兵天啓辛酉瀋陽陣亡贈都督加襲正千戶詳忠烈傳子萬禩襲號蒙國明亡廢凡八世十

員

李　宗巢湖人開國功洪武十五年授孫光裕襲　查府志李銳傳云始祖百戶宗七傳而昭信校尉世榮生銳銳生光霽光霖然則光裕乃銳之兄子與霽霖兄弟行也

楊子美開國功洪武三十一年授無子壻向忠襲　向忠湖廣荆州人正統二年重修鎮城菴卒子榮襲榮卒子明襲明卒子惠襲惠卒子尙志字芹泉襲萬歷十三年卒子高襲高字心宇爲人明敏强項鄉紳邢大忠家世軍籍一朝以高第掌銓選倨甚嘗與會飲特酌巨觥故犯其諱曰公向來量高請飲此高應聲答曰我與汝賭拳輸小鐘贏大鐘邢爲氣沮崇禎十年卒子啓文早死孫廷臣襲十七年遵化陣亡載忠烈傳弟廷勳字聞箴登崇禎庚午武科應襲明亡廢　正學先生璿卽向高次子啓鳳之曾孫也

姚　受開國功洪武三十年授孫師襲　姚大奎字紫薇嘉靖間諸生後襲百戶見文獻　嘉靖間有姚百戶出差金陵以事謁誠意伯劉世延劉立朝岸然不可一世聞姚議論侃侃異之問何所世職姚以三江所百戶對劉曰觀汝非尋常世弁比汝所中人物何如對曰無不達書知禮者因托擇一最勝者爲二子師時曹大有野臣寓金陵其才識行義素爲江城士夫所重姚因以薦劉命卽與汝偕來姚正色曰師嚴道尊必須備禮往聘可呼使自來乎劉竦然謝失

言曰汝誠知書達禮吾所不及見曹氏家傳　師乃萬歷間承襲者　正統二年百戶姚欽同

修鎮城菴

周　和歸附開國功洪武十八年孫綬襲

劉　聚邊功建文元年授孫元佐襲元佐號華亭中萬歷庚子科武舉

任　孝靖難功建文四年授孫應祥襲

董細兒靖難功建文四年授孫琦襲　琦號愛江中嘉靖三十七年戊午科武舉　相傳董百戶某善飲酒有才幹錢塘江濟渡者素多惡少每於半渡指勒過客商旅苦之董嘗以事過省衣服便不知其爲官也亦照常揹勒至岸董開黃袱取官衣服之往訴臬司立拿各船戶重究自是凡負黃服渡江者一無阻難而於過客亦不敢多索商旅賴之

張二十靖難功永樂十年授孫繼志襲

張　斌靖難功建文四年授孫友直襲

李　成靖難功建文四年授孫世臣襲

袁　欽征蠻陣亡宣德八年授孫光祖襲　正統二年百戶袁信同修鎮城菴

光祖乃萬歷間承襲者

補遺

周貴開國功洪武二十二年授正千戶孫萬壽襲　查文獻正統二年正千戶周貴同修鎮城菴相距四十八年蓋猶在焉府志列於百戶恐悞

孫　斌靖難功建文四年授副千戶孫世用襲　正統二年副千戶孫斌同修鎮城菴文獻可考府志云鎮撫左所亦恐非是

楊子美開國功洪武三十一年授孫萬言襲　查文獻正統二年百戶楊茂同修鎮城菴　萬言乃萬歷間承襲者

江城文獻

張應鰲編　邢振綸增補

庠生

應鰲曰凡祠寄工遼（按此四字疑訛）概不濫入端士趨也庠生概不載入以其不勝載也江城自有明以來入文蔚起每年入庠之士或數名或十名猶歟盛哉今誦讀稍衰故士風不獲似昔第庠生爲進身之階立身行道顯親揚名於是乎在故時因舊志增入所以重儒行思文獻也

邢振綸曰歷考郡邑志志衿士之列名膠庠斯名曰士彼服詩書敦崇行止窮則善身達則祿仕不愧聖賢庶幾君子

嘉靖

杜昇　紹府學廩初年歲貢任贛縣知縣

張哲　字進賢號守齋道取八邑案首補郡庠生後三中武舉淹貫經史實爲江城之望孫伯樞崇祀鄉賢

邢舜祥　字時鳳詳文科

張　哲之弟

程健　號近江

程大業　號仰川後中武舉

王良善

彭　號玉泉

姚大奎　號紫薇後襲百戶

李錫　號濱瀾

張元直　號海州任四川嘉定州判

邢舜禋　舜祥弟

孫天祐　號玉坡

孫崙　號海符

葉　號柏臺

傅國才　號蒙山詳文科有傳

吳　號襟江

傅應科號隆賓習易　張應奇號雲臺元直姪

隆慶

曹復心號新陽爲八孝弟樂易多陰德後中武舉而本懷未展強仕仍補邑庠以子惟才貴誥贈推官有傳

萬歷

仇英號敬園紹府增　張名世號今我應奇子習春秋後中武甲死難誥贈都督

章鉉號鼎峯習易　王舜鼎號墨池習易詳文甲年七十六有傳

劉熙號光宇習易詳武甲　韓奇號楚石

陶明相號玄同千戶明宰弟　彭若昌本姓章廩生詳文甲周海門高弟有傳

劉得春號中岳習易

張伯樞字愼甫號宇同哲之孫習易府學附爲江城理學之冠念臺劉公雅重先生遣子灼就學先生沒率諸生奠哭

程榮宗字元夫號怡亭習易府學附有傳失　馮修德號柱南習易山陰增

潘際明字觀我號淡軒習易府學增　傅應麟號景蒙國才長子山陰附入監任廣西桂林府縣主簿

孫杰號萬我錢塘附詳文甲

張應兆元直子號雲屏官布政司理問以上諸公所進年月莫考僅列其名

萬歷二十八年庚子學道洪諱啓睿考進四名

傅應鳳府學廪習易詳文科　任弘道後改名震照號心覺府學附習易

邢大忠府學廪習易詳文甲　傅廷岳諱鼎字震伯號廷岳習易山陰附應科子

三十一年癸卯學道饒諱景曜江西人考進一名

劉象坤熙子字馴正號寧一山陰附後改名景坤入監

三十二年甲辰考進二名

劉芳聲號玉完山陰附習易　傅應鰲字巨夫號鏡芝國才三子府學附習易

三十四年學道李諱作舟四川人考進四名

傅崇道號坦履山陰附習易入南監　曹惟才會稽廪詳文甲有傳

曹揆中號止淵會稽附習易　劉芳號貞曜習易百戶應襲府學寄生轉附

三十六年戊申學道陳諱大綬福建人考進四名

程應垣號星拱府學附習易　董汝祥號吉所府學附習易

傅崇文字汝約號靑藜山陰附習易入監　仇霖震之弟字甘生府學附習詩

四十年壬子學道王諱畿福建人考進六名

王資治會稽庠改名璽詳文科
劉芳模字允大號範吾府學附

章明德字晉侯鉉之子習易會稽附嘗校正宇侗易解
孫大德字懋修號日生山陰附

張應鰲字奠夫號凝菴山陰附習易從學於張愼甫劉念臺二先生劉公沒同人推先生主證人書院講席老成典型遐邇景仰或作詩稱之曰講學修身八十年猶如松柏老彌堅近承忠正劉公脈遠接文成王子傳或曰濂洛之後誰繼踪斯文端的屬劉公證人講會明季始於今乃有張夫子手執簡編面聖賢親爲斯人發經旨思將一力挽頹風諄諄肯復惜唇齒又有曰證人有會四十年只有存誠無別訣提撕後學喚同人賴有先生教思切坐臥行止不少休寒暑風雨未嘗輟道脈綿延微乃著終日衣冠敬無褻言行交孚邁等倫見者聞者皆深折觀此則先生之學之人可想矣

葉兆隆字化聲府學附習易

四十三年乙卯學道周諱延光湖廣人考進四名

韓鳳翔字聖瑞號谷生山陰附習易韓奇從侄
章靜觀字素卿號得庵若昌子山陰附習易

程應元號春臺應垣胞弟府學附習易
程應鳳號羽皇應垣胞弟府學附習易

四十六年戊午學道蔡諱獻臣福建人考進六名

程會宗號維城府學附習易
曹惟良字念孩惟才胞弟山陰附習春秋

孫默字如一號萬寧志學子山陰附習易
張懋道字道之號九芝伯樞姪會稽附習易

張懋義字質夫號竹和伯樞次子府學附入北監足和先生以禮自守亦以禮責人不少寬假後生皆嚴憚之

章名鄉本姓張元直孫應兆子字時調仁和附改回紹府習詩有傳　黃名世字雲從九歲入會稽庠習易

天啓元年辛酉學道洪諱承疇福建人考進四名附外籍二名

周大勳字公孫府學附習易　曹泰字彙之號崑石府學附習易有卓識都督峻山黃公未遇時孤苦落拓先生獨知其爲豪傑折節下之勸之北遊黃卒爲名臣

邢炳祚字綿元大有子會稽附習易

程應斗字光射府學增習易　孫點字景曾號蘭舟河間府附

程應道字康侯北直河間府廩詳文科

三年癸亥學道孫諱昌裔福建人考進五名

邢錫楨字吉先改名豫大忠長子府學廩監國時授翰林院待詔轉兵部武選司主事

程應良字元明會稽附習易　劉玉鉉字孟節景坤長子山陰附習易

陳富順字馴卿山陰寄生轉附　張志清字之潔號公白山陰寄生轉附習易

七年丁卯學道樊諱良樞江西人考進六名又續四名

李繼祖字德求府學附習易　張懋績字承之一字爾猷伯樞任府學附習易

孫鑣字御伯號靜菴山陰廩貢習易嘉善訓導　邢錫祥字君旋大忠次子會稽附

孫爔本姓李字介仙山陰附　孫如蛟字臥子錢塘附杰孫習易

傅永基 字潛生府學附習易

傅以履 字基和應鳳長子府學附習易

傅善典 字堯卿長子慎甫張先生子壻府學附習易先生傳父師之學著大易述藏於家

程應選 字于衆應斗胞兄府學附

崇禎三年庚午學道江 諱士英福建人考進六名

傅應驥 字良生國才庶子仲兄待之少恩生母魏亦懇切善教應驥因是發憤勵學遂拾芹府藻里人孫取縣學首名應驥三往索其文吝不與應驥慚曰非汝文吾寧不能考首名耶明年亦取冠府庠登順治丁酉科鄉榜

李世經 字夢名府學廩習易

傅乾 字居貞應鰲子山陰附

程應臣 字氏枚會稽附習易明亡不復應試

孫承明 字天行杰子錢塘廩習易

葉中隆 字錦生陽春子仁和附

五年壬申學道黃 諱鳴俊福建人考進十名

張宗城 字子維名鼐子府學廩習易後更名潛夫嘗與張奠夫纂江城文獻至明末止有傳子維先生作留春十二律自序云屈平有言目極千里傷春心是以子安有春思之賦太白興餘春之惜情之所鍾撫窮賤而悲歲月也友人戴易感風景之不殊痛河山之忽異爰成送春詩十二章繼作後送春如其數高譚胸懷頗洩憤懣張子㮚宇宙獨用之心受天地不平之氣以爲送也不如留也因和韵作留春詩猶皮日休之爲反招魂云

汪光宿 字粹生號千巖山陰附

傅善則 字恕求鼎子府學附

何　淵字子飛府學附習易　　韓亦魏諱士琦號琢菴府學附

曹士球字君來惟才長子府學附習詩　　孫　黯字含章府學附習易後爲僧號羽文或贊曰張從赤松君隱釋氏有托而逃各

胡世俊字進之本姓程餘姚附習易　　行其是

邢錫祺字爾介大忠三子嵊縣附習春秋　　傅爾星字居之山陰附習易入監隨江撫授監紀通判

六年癸酉學道黎諱元寬江西人考進八名外省一名

劉玉鑌景坤三子字鏡中山陰附習易　　傅以臨字二咸應鳳次子山陰附習易入監

程應昱字琢成山陰附習易　　陳應登字君祿山陰附習易入監

何　溶本姓章字元璋會稽附習禮　　劉玉珂字叔容府學附習易

劉芳芝字楷生芳模胞弟府學附習易　　程應期字君求順天府學附改回山陰習易

曹士琮字君宗復心孫府學附習詩惟才姪

八年乙亥學道劉諱鱗長福建人考進三名

王　列字薦伯山陰附習易　　張自簡字敬可應鰲子山陰增習易從學於念臺

曹士球字君求號東序惟才次子會稽附習詩

十年丁丑考進五名

王自超號茂遠會稽廪詳文甲

李謙行字止庵會稽附習易戊子年斃於海或贊曰房奮連恥義士所爲喪元在壑千

邢錫祜字篤生大忠四子錢塘附習易

苦同悲

徐善啓字子發九疇子會稽附習易

孫鯉字子聞山陰附習易

十一年戊寅學道許諱豸福建人考進一名

潘尚志字靜之本姓張錢塘附改回府學習易

十二年乙卯考進五名

傅霖雨公崇文子府學附

王命鈺字式如山陰附習易品行粹然嘗自擬靖節人亦許之

滕達字耋子府學附詳文甲

張泌本姓傅字服也後復姓改名謙應鳳少子府學附

傅以泰字惟一以履子蓋頂叔名而進者會稽社轉附習易

十三年庚辰考進四名

傅以晉字康侯應麟子府學附習易

葉以經字震爲兆隆子會稽附習易後棄衿佩隱田間程既曉白黃長公震助之芸潄

李文錦字絅文山陰廪習易

而葉爲口授經史大義爲忘年交

單鶴翥本姓程字鳴九會稽附習易品行卓然晚年修間務全書用力甚勤但輕信訛傳載入莫龍之名以滋衆惑則失之疎耳

十五年壬午學道王諱應華廣東人考進二名

劉澄炤 台州府寧海學附習易　　仇兆麟 號宿也敬園子寧波府學附改回紹府習詩

十六年癸未學道莊　考進六名

陳士章 字且含號玉士工詩文善教誨名士多出其門嘗註勸善書數卷行世所著有耕餘集藏於家

靳文元 字貞啓性友愛視兄子俊猶己子田產財物悉以托之不問出入漸致消耗或勸之分析輒怒曰皆吾之財何與乃事而嘵嘵不已乎卒善視之

韓翊瓏 字惕生原名昌復會稽龔夫門人　　曹蘭 字子芳士琮長子

張文煒 字闇之懋義子　　韓之良 會稽

清順治七年庚寅學道張諱安茂考進二名

張之[illegible] 字岳申號散儒宗城子十四歲入山陰縣庠習詩向惕齋嘗從學舉子業爲人仁厚坦率富而不驕敏而不矜晚歲久處清窮之境亦未見其戚戚也

邢錫禧 字自求號晉公大忠少子山陰附戊戌貢會賢友善所交皆知名士康熙己酉卒史載言信伯作詩哭之

九年壬辰學道谷諱應泰

谷公校會稽儒童點名至王自趦疑其爲茂遠弟也問之趦本茂遠族弟詭以同胞對公拱手起立云本道也是讀令兄先生文僥倖的推重如此案發自趦有名

傅師 字子範應驥子隨父任入昌化學改入紹府學　　傅宗 字德孚國才曾孫隨叔祖任入昌化學改紹府詳文科

十二年乙未丙申學道王諱康侯

以後文武並錄以上武生不載不可勝載也自茲以後入泮者寥寥乃始文武並列盛衰升降之際其可慨也夫

程鑑字啓元府學武

十四五年戊戌己亥學道胡諱尙衡

程淇字伯源府學武善治家同爨四十餘口分給服物小大均一家庭無間言子棟字東木工詩有句云野烏啼破三更月海鶴拏空一片秋都人傳誦

康熙元二年壬寅癸卯學道李諱如桂

三四五年甲辰乙巳丙午學道金諱鏡福建人

七年戊申學道崔諱宗泰考台州病卒未至紹

八年己酉學道劉諱元琬

十年辛亥學道陸諱舜江南人

鄭岳字次公號受菴台州貢任訓導後陞蕭山教諭與同人讌集有不拳不令不大杯三約識者深嘆其雅

十三年甲寅學道祖諱澤全

十五年丙辰學道程諱汝璞江南人

彭允枚字子楨山陰武

十六年丁巳

邢振綸字伯經大忠孫錫禧子嵊縣增習易入監

陳尚褰字天佩號二瞡仁和附習詩先生善詩文與名士黃儀甫逵相酬唱爲莫逆交

十八年己未學道劉諱霦

邢岱字岱青錫祺子府學武　陳積字景徐府學附習易

劉　字子群

二十一年壬戌學道楊諱引祚湖廣人

陳和字宗洛一字介菴號息齋山陰增習詩修三江所誌先生有句云每思於物有濟惟求此心所安此二語實自其胸坎中流出殆所謂志於仁而無惡者乎傳裳曰孔子一生不輕以仁許人以仁道至大不易當也如宗洛者觀其立心處事粗粗一箇仁字足以當之向璿亦以爲然

王霖本姓程字繼雯府學武詳武甲

二十二年學道張諱衡

二十四年乙丑學院王諱掞江南人

彭永模字子掞山陰武

二十七年戊辰學院周諱清源

彭汝霖本姓張伯樞昝孫懋義孫字又良號覺頑山陰武先生嘗言文集誌書皆不可輕信須詳考而細別之如邢淇瞻卜居郡城之昌安門與念臺居相近而蹤跡甚疎邢之子孫恥之其山居別業有名三益亟者文人題咏頗多時浼名筆作記而嫁名念臺載入郡志是寧足信耶先生嘗見程翁鳴九所纂閒務全書內有莫龍姓名喟然嘆曰著

書立說所以昭示後世而乃輕信如此乎

三十年辛未學院鄭諱開極福建人

程述沈本姓傅原名烔字伯昭崇義曾孫山陰武

三十三年甲戌學院顏諱光斅山東人

三十四年乙亥

傅培實字遜敏師孫府學附習易向暘齋二十一歲時嘗同讀書於西樓

三十六年乙丑學院張諱希良湖廣之

三十七年戊寅

沈鳳翔字羽先會稽附習詩

三十九年庚辰學院姜諱橚北直　進一名

董允全字晉錫會稽附習詩　案姓宋　向　珣字蘊青廷勳孫大興廩貢內廷教習

四十二年癸未學院文諱志鯨

程良本字曾學王霖子山陰武　彭　輝字亦先永模子會稽武詳武科

四十三年甲申學院靳諱讓

陳　昌本姓劉字端木仁和附

周尙文字丹儀會稽附自幼勤學好問於博奕玩好泊然無所愛嘗與陳和向璿講學文閣年六十而興不衰日課詩文自娛

四十五年學院彭諱始摶

四十八年己丑學院吳諱垣河南人

黃艮輔字序言山陰附習禮

蔣　琳本姓王字憲魏命鈺孫山陰附習詩

四十九年庚寅

張　捷字月三一字商獻之蕃子山陰附習禮

五十一年壬辰學院宋諱至河南人

五十三年甲午學院汪諱漨湖廣人

五十七年戊戌學院汪留任

李化鵬字北溟一字次辰山陰附習詩善病拾藻數年即謝棄舉子業有句云太傅感深阡陌後徵君意在菊花前

五十八年己亥

周可立字彥登尙文子山陰附習詩原名銓壬子入籍廣東南海縣

六十年辛丑學院馬諱豫

雍正元年癸卯學院何諱世璂山東人

二年甲辰學院彭諱維新湖廣人

五年丁未六年戊申學院王諱蘭生直隸人

沈葆元字辛才鳳翔子山陰附習詩

八年庚戌學院顧諱仔江南人

向弘運字純夫府學廪習書純夫自幼不就外傅稟承祖父木菴先生家訓蚤擅文譽

十年壬子學院李諱青直福建人廣東籍二名

王佐本姓張字成夫宗城曾孫入籍廣州府番禺縣學　張鑑本姓周字可三尙文次子入籍廣州府南海縣學

十一年癸丑學院帥諱念祖江西人

劉彪字炳文昌子府學武　劉兆麟字伊瞻昌子會稽

程良本字曾學王霖子山陰武爲人質直明爽臨事善斷而歸於忠嘗嘆歉歲蠲免錢糧每爲官吏侵蝕災民不得實惠惟本年緩征而蠲免次年之糧則貪汚無所舞弊而朝廷之實惠流矣識者以爲至論

輓章晉侯辭

大齊誰百歲蠅營忙戴月撇我萬古身荒却千秋業曠宇搆層籠坦途番百折維昆藝其田芸

苗莠自鋤力穡美種與歲歉良農拙鹽車蹶太行上駟伍駑劣浪跡逐飄篷查梨遭豺蝎邀天得瓦全隻胤阻糾結向北盼飛鴻化蝶栩栩絕茲已反其眞天衢今乃涉瞑睫放雙拳授我長生訣生以不生生任他劫復劫玉樓本荒唐何事相傳說

夕陽促駕不留行囘首方離年少場書殉五車終屬朽玉埋七寸弗爲髒君子有終鮮矣克至斯不變矯哉强樂丘豈是商量處春草萋萋夜月長　張志淸公白

懷馬天御陳且含諸子

莫道稽山遠情深便可期懷君千里夢知我一聯詩老健輕風雪途窮感歲時相逢曾話舊樽酒慰相思　姚士宣寶菴

和且含陳二兄寒夜聞風雨聲原韻

寒風無力掃彤雲帶雨敲窗夜更勤敗葉蕭蕭空院落棲烏楚楚漏聲分懷君起舞師劉子愧我臨池學右軍擬對梅花吟白雪虛齋恍惚暗香聞　姚士宣

夏日復思避暑國淸禪院不果因懷故友靳子貞啓感懷

無珠避暑向禪房泉石淸幽逸興颺三笑欲追陶令躅半參還遜小蘇長沿溪修竹呈佳韻玄墓閒花出異香遙憶當年華表鶴蒼茫雲樹隔斜陽　姚士宣

贈世弟周彦登銓　黄艮輔

銓也眞無敵工文復善詩動有驚人句拈來絶妙辭雷霆劈鬼斧花月爽神思生兒才若此吾亦羡吾師

寄張月三　辛亥五月初三　向璿

來時向對話扁舟今日君歸我獨留如到寒家呼弱子爲言病後莫添愁映日榴花檻外妍客中五月尚衣綿不知藥物今須否屈指歸期更十天

賀沈辛才入泮　向璿

二十年前與爾翁一湖烟雨一江風而今喜見箕裘續往事依稀昨夢中之子江城秀名蜚英少時瀾翻文似海瀟灑骨多姿不墜先人業新邀國士知明年當此際應折桂林枝

寄士運兒　向璿

慎勿輕貧賤天將玉汝成從來豪傑士多以憂患生努力勤探討隨時理性情彩衣時一着代我作啼聲

贈王玉夫三十初度序　向璿

余與王君玉夫居同里學同師而生又同年故相知爲最深特君智而余則愚君才而余則拙君爲人魁岸奇特而余更拘牽執滯是則其不同者今年嘉平七日爲君三十之辰去賤辰僅兩閱月余因館於外村且胃疾作不獲登堂奉觴心殊歉然既而思曰今世士大夫類以言相贈若予與君相知之深又非泛泛者比誠不可以無言乃敍吾兩人之同不同如此雖然其同者不必言其不同者余固不敢自安而君抑豈遂止於是乎昔夫子以天縱之聖自十五志學至於三十而立進而四十五十六十以至七十始從心所欲不踰矩中間功候次第歷歷不爽況若吾輩者甯堪坐消此歲月而不思所振起耶今余與君俱三十君之立不立非余所能知而余則僅有其志君倘不以爲迂而同勉焉異日者或得與君同臻乎聖賢之域斯幸矣然異日之同不同固未可必而要於今之志卜之也余雖不敏敢不竭歷以從歸遂書此以贈　時康熙辛卯臘月

贈周彥登之山左序　乙未

向　璿

周子彥登余友丹儀先生令子也質敏而氣豪少年即富於學鄉先輩俱樂與之游且豫卜其爲遠大器今年春以家勢頗艱將辭其親以遠游齊魯丹儀先生請予一言爲之規余謂以彥登之才其於當世之務固宜所向無不如意第才高者每視人多不足而易至於驕驕則人多

忌之而或不免於齟齬程伯子曰富貴驕人固不可學問驕人害亦不細誠至言也驕之反爲謙謙則非特甚宜於人而已則受益故聖人於易獨謙卦贊之最詳彥登平日得於庭訓者甚深甯不知此而余猶諄諄於是者正欲彥登深思而自得之也抑是行也甚非得已而尊大人之所以期之者甚遠且大此尤彥登之所默喻者更宜常存諸心而弗忘也余與丹儀先生爲莫逆交故不嫌迂直而書此以規之

書張月三手錄陸稼書先生策後　向璿

自論才者以權術爲尙而理學之儒遂無以自見於天下間有其人輒羣起而迂之曰是不足以應當世之務者不知苟舍中正而言權術則雖伊周孔孟授以事而責之效亦惟有束手而退耳今以伊周孔孟爲無才而不足以應務是豈果不可以應務哉特用違其才耳當湖先生固當今理學之儒也兩任邑宰一試御史凡其著於政績形之章奏何一非本諸正心誠意之學者宜其與世相齟齬巳然而小民愛之士夫敬之天子信之後人思之即是以觀誰謂非儒者之無裨於用哉今讀其諸策無不光明正大鑿鑿可見之施行而獨自權術者視之則未免失之疏耳吾友張子月三見而悅之手錄而口熟焉吾由是知其所存之正而所養之熟矣豈彼權術之士所可同日而語哉雖然吾更有以語月三者甚無以世之齟齬而輒自易其所守

也爰書此於卷末而歸之

鯤鵬水擊三千里賦　陳尙扆天佩

維天地之大闢兮伊海晏而河清羌日星之呈耀兮且霞蔚而雲蒸麟游囿兮芝草秀鳳儀庭兮梧桐生睹萬物之咸若洵氣運之和平彼夫遼哉北溟兮誰與問津中有巨魚兮伏鬐潛鱗不知幾歷春秋兮居鮫室而凝神倏壯志以圖南兮爰敬謝乎波臣離洪濤兮浩淼躍海窟兮翻身附兩翼兮質化舍故我兮更新昔爲鯤兮鱗之族今爲鵬兮羽之隣由是翅鼓風發吭引雷鳴百谷駭怖川后震驚凌萬頃兮山立超汪洋兮高騰水變色兮百態浪鼓勢兮千層流一激而欲瀉波忽伏兮旋興縱高矚兮小海嶠舉雙足兮撼滄溟欲扶搖於九萬寧區區乎三千之程爾乃渡天漢翔碧空集衡岳瞻西東嫉鴟鴞兮肆毒悲鸚鵡兮樊籠羞卑棲兮燕雀擬比翼兮飛鴻倘鸞鳳而枳棘雖百里兮途窮囘翔諦視喬木敷榮竦龍門之百尺欣一旦而遭逢游寥廓戴帡幪奮靈羽附飄風聯鵷鷺兮頡頏偕鸞鷟兮騫翀賓羽儀乎玉宇亦壯色乎丹楓當其沉淪海若友侶魚蝦幽懷未展悲憤交加翹首天衢兮浮雲蔽翳翔碧落兮暮烟遮幸甄陶乎造物得變化而升遐垂雲兮張翼振采兮飛霞辭一枝兮高舉聳千仞兮爭誇此誠不世出之盛遇能不感泣而咨嗟若夫愼飲啄惜羽翰出羅網避矰彈心澄兮熟慮目瞭兮靜觀視

紛華之啖熱與海水而同寒脫此中之擾擾必觸處而難安苟時翔而時集亦何患世路之多艱

江城文獻

張宗城編

文科 張宗城曰江城爲郡治尾閭出沒於潮汐往來之中湯信國未城以前邈矣無得而考有明三百年以迄於今登茲選者十有餘人顧彈丸黑子戶僅數百而詩書絃誦元魁相繼公卿間興猗歟盛哉地之靈歟人之傑歟惡可以不誌

嘉靖二十五年丙午科中式一名

邢舜祥 字時鳳嵊縣廩由歲貢中五十六名公車北上見嚴黨不平憤恨成疾而卒

隆慶元年丁卯科中式一名

傅國才 字汝濟號蒙山中七十三名任廣東肇慶府推陞池州府同知轉福建鹽運司運同致政後見所築居第高大不悅曰吾家本寒素可效他人作富貴相耶子孫雖甚愛每食蟚蠐不過兩隻其他稱是讀書之暇或於農圃涉趣一日同年郡別駕來訪適在家園耨草急披公服出迎不及盥以手取茶指爪間尚帶泥痕別駕笑問具答所以乃嘆服而去其清謹勤儉如此

萬曆二十五年丁酉科中式一名

王舜鼎 字仔肩號墨池晚稱無遮居士甲午選貢太學中順天第八名詳文甲

萬曆二十八年庚子科中式一名 府志作丙子誤

彭若昌本姓章字智甫號璇陽中五十名詳文甲

萬歷四十年壬子科中式三名

傅應鳳字儀庭號乾明國才次子中四十三名初任南陽鎮平縣降蘇州府知事起陝西西安府澄城縣陞淮安府同和卒於任

邢大忠字仲安號淇瞻晚稱個閒老人中五十名詳文甲

孫　杰字覺魯號萬我中十名詳文甲

時墨池王公官京師三人公車北上往見之王閱其卷謂人曰孫君當即墊去位亦顯達邢君亦當登第傅君恐只以孝廉終耳已而果然人服其鑑

天啓七年丁卯科中式一名

曹惟才解元字無奇號秋水詳文甲

崇禎六年癸酉科中式一名

王　亹初名資治字予安別號石衲舜鼎親姪中一名

崇禎十二年己卯科中式一名

王自超字茂遠亹子中九名詳文甲

清順治五年戊子科順天中式一名

程應道字康侯中　名

順治十四年丁酉科中式三名

滕達字蜚之中名詳文甲

李元坤字順施中名廣東雷州府同知康熙辛酉分校文武兩闈所著有靜遠堂詩集

傅應驥字良生國才四子初以歲貢任昌化訓導中二十五名後授衢州府教授未任卒

順治十七年庚子科中式二名

傅宗字德孚國才仔孫中四十一名任山西平陽府稷山縣良生傅公延蕭山來成夫先生於家訓諸子德孚亦受業焉是年登科久許不到館先生責之曰若是其滿乎亦終於此而已矣

傅爾中字謝侯後家住魯墟府志載其有義行

文甲

萬歷二十六年戊戌科會試

王舜鼎中名殿試二甲名累仕至工部尚書卒於官贈太子太保謚恭簡年六十七子賚贇蔭至工部員外

三十二年甲辰科會試

彭若昌中四十三名殿試二甲四十四名題請復章姓任刑部雲南司主事同籍病卒年四十六

四十一年癸丑科會試

孫杰字竟魯號萬我登萬歷壬子鄉榜癸丑進士初任四川漵州府富順縣行取授禮科給事轉刑科右給外轉江西分守饒南九道參議告歸天啓初起補大理寺丞轉少卿工部左右侍郎陞尚書三殿功成加太子太保晉少保賜蟒玉萬我生平極端介及登顯秩乃不免爲楊公漣所糾士論惜之然亦深自悔恨媿戚邢淇瞻欲因萬我內附萬我曰此實苦海予不能脫汝乃求入耶歿年六十

天啓二年壬戌科會試

邢大忠中七十二名殿試三甲一百八十八名初授行人司兩差取吏部驗封司主事轉稽勳考功文選主事丁內艱歸左遷江西南瑞兵備僉事陞四川川北道參議轉廣東韶南道副使陞廣東按察轉左右布政年七十二卒

崇禎四年辛未科會試

曹惟才中七十二名殿試三甲　名觀政吏部初任福建興化府推考滿丁內艱回行取進京授兵垣後唐藩加尚寶卿年七十卒

十六年癸未科會試

王自超字茂遠豐子自幼聰穎絕人年十二學使劉公鱗長取冠九學外人以其縉紳子孫議論騰沸公揭其陳文子有馬十乘原卷於學雖老宿見之無不嘆服由是名震一時每成一藝都人士咸傳誦之自超亦恃才放縱時臥子陳公爲郡司李季試自超文立就歸自喜褰裳而私焉忘其爲內宅門也公怒痛加戒飭取其卷細閱之批曰妖浮抑置二等此亦足爲恃才狂放之戒崇禎壬午舉於鄉癸未成進士授庶常即與闈選序第一及闖賊陷都城爲賊所繫脫逃歸乃入山爲僧自名夕可順治丁亥六月卒年二十八所著有柳潭集陽羨徐鱗徵爲之墓誌銘

清順治十八年辛丑科會試

滕達　字蜚之順治丁酉舉人辛丑進士殿試三甲四名例選推官因缺裁改授山東濟南府歷城令先是三江曹翁某夢神人以飛黃騰達匾額送其家喜甚謂必舉貴子矣已而生女後數年入郡見所揭縣試案內有滕達姓名心異之俄有童子來看案豐姿俊雅問其姓名正滕達也因招爲贅壻即補郡庠後滕以進士入仕曹氏受花封焉

三益函記

凡地之益於人而可記者或止於一邱一壑一亭一榭或宜於春而不宜於秋宜於寒而不宜於暑而不必其皆備即備矣或疊石爲山引泉治沼或蹄帆數千里外之物以點綴其中而不出於天工夫由前言之則其益缺陷而未備由後言之則其益勞費而匪眞是均不足以記也蕺麓三益函者昔日個閒邪先生之所築也枕山聽泉居然天巧且地不越里許而千態萬狀無所不備其僅以三益名者亦括其指而概言之則其益可得而略陳之矣乃若冬春有喬木之益松臺有歲寒之益荷河有不染之益樓舫有彼岸之益蘭居有自芳之益別業有稽古之益今是有知非之益高醒有明覺之益寺鐘有醒迷之益譙鼓有警惰之益凡此函中大概而觸目隨時無一非益人性情者洵益之無弗備而無弗眞者也是詎可以無記哉使無令嗣晉公永其傳爲記以著其益則其益未公也無子修徐子寓其中爲記以樂其益則其益未廣也無信伯史予吾之陳子諸人爲記以分其益則其益未暢也乃今則公也廣且暢也尤益之綦備而綦眞者也是誠不可以無記也　松林戴日旦子晟氏撰　日旦乃南枝先生峨仲諱易

之姪也記中臚列作記諸賢姓名甚詳而未嘗言及念臺則府志所載劉記明係贋筆近得此文益嘆張翁汝霖之言信而有徵矣

武科 張宗城編　張宗城曰彤弓鹿鳴並歌於詩文武迭用古之制也而我江城人才輩起家騎射戶韜鈐每發榜輒什居三四何其盛歟迄於歷啓文章蔚興武事稍不及前抑盛衰固有數乎今國家於文武賓興之禮不甚軒輊江城多士聞風激厲鼓掌而談孫吳其堪備干城之選者奚可勝計豈古今人不相及歟予日望之矣

嘉靖十三年甲午科中式一名

張　哲 號守齋初試道取文庠八邑首名今中武科

十六年丁酉科中式一名

張元直 號海洲煥五世孫有膽勇精騎射以文庠生登嘉靖丁酉武科是年倭賊犯明州直奉海憲檄督兵進剿于戴𨞧胡陳地方遇敵親斬三級遂獲全勝撫按記其功授四川嘉定州判

張　輪 號大峯　張　哲 再中

二十三年丙午科中式二名

張　輪 再中　葉司衡

二十八年己酉科中式二名

張　輪 三中　葉司衡 再中

三十一年壬子科中式三名

張　輪四中嘉靖癸丑四十九名進士官把總　程　權號達泉

孟文子號從野

三十四年乙卯科中式二名

葉司衡三中　吳　緒本姓韓號魯齋

三十七年戊午科中式四名

董　琦號愛江百戶　葉保衡號見南司衡胞弟

程　法號南浦　王　化號槐峯

四十年辛酉科中式五名

葉逢春號進山　韓　沛號太華吳緒從叔祖

葉持衡司衡同胞　吳　紳號心齋緒同胞詳武甲

孟文子再中嘉靖壬戌進士

四十三年甲子科中式九名

葉鳳春再中　孫　嵩號宗山萬曆丁丑三十八名授所鎮撫

曹大晉 號一江工詩與隱士劉少白齊名唐公荆川嘗贈以絶句云春雨蘭陵江草生江流却與道心清門前車馬日來往閒坐江城說子平

葉保衡 再中　韓沛 字志東 再中

吳紳 再中　程大業 號仰川

周子英 號懷東　韓梯 號心銘 沛從姪

隆慶元年丁卯科中式六名

韓沛 三中　吳紳 三中萬歷丁丑四名官參將

葉忠 號宗江 授所鎮撫　傅欽 號望嚴

韓范 號寓安 沛從弟　韓梯 再中

四年庚午科中式九名

張應奇 號雲臺中武魁元直姪千戶　曹大晉 再中

葉保衡 三中　葉忠 再中

羅琦　張應第 號雲岡 應奇弟

葉同春 號可山　程萬里 號繼明

葉司衡 廣西榜四中

萬歷元年癸酉科中式四名

傅國教 號斗南國才胞弟　　張應試 號雲衢中二名應奇弟

李天常 號雲峯官至都司詳忠烈傳　　王有功

四年丙子科中式六名

孫佐良 千戶彬之裔　　張應奇 再中

韓　範 再中　　孫　嵩 再中

王有功 再中　　董　鉞 號愛源

七年己卯科中式十名

劉　熙 號光宇郡文庠生因臨場困於錄科遺才告考俱不見收乃慷慨歌曰再不傍貴兒走再不下牛兒口且挽我寶雕弓取金印大如斗遂棄文就武萬歷乙卯舉於鄉乙未登進士官至狼山總兵未任卒熙才氣過人果遂其志

王有功 三中　　李景隆 號見蘭

孫可教 號海蒙萬歷丙戌進士授所鎮撫千戶彬五世孫　　葉有蔭 號承宇逢春子

張　汀 號匯江　　孟良弼 號養浩文子子

金　臺　　李天常 再中

王有大號太和有功從弟任薊鎮千總

十年壬午科中式四名

陶明宰號裕玄千戶徵朝鮮陣亡　張應試再中

李　銳號和鳴萬歷乙未進士官止把總　葉有蔭再中

十三年乙酉科中式七名

曹復心號新陽文庠生以子惟才貴贈太常寺少卿　張應奇三中

葉得春號臨江詳進士　陶明宰再中

孫可教再中　李天常北直三中

韓輔國號希哲范之子

十六年戊子科中式五名

葉得春再中　劉　祫號孚岳詳進士

彭守微號念劬萬歷丁未進士官把總　程銘宗號心著大業子

韓文煥北直解元號仰斗輔國從姪

十九年辛卯科中式三名

章得威號敬所　張孚號振宇百戶
張名揚應奇子

二十二年甲午科中式十二名今遺二名俟查入

傅崇義解元號鼎和欽之子詳進士　葉陽春號拙存得春胞弟
張名世號今我應奇子文庠生中七名詳進士　李光霖號得陽銳次子
張應世三中臨水山領兵把總　孫敏功
曹復光號東武大晉子　孟良弼再中
王承烈號啓圖千戶承勳弟　汪應璧號玄臺

二十五年丁酉科中式八名

葉陽春再中　曹復光再中
張大詔號鳳臺　何炳燵號北鑰
李光霽號惺存銳長子　張望東號泰嶽
王承烈再中　李世第號麟嶼

二十八年庚子科中式十一名

傅崇義再中天啓壬戌進士官海道中軍　吳夢周號崑岳

王家宰號潛虛　孟良弼三中

汪應璧再中　劉煒號泰宇熙胞弟

邢大有號屺瞻大忠胞兄萬歷辛丑進士官都司　韓文蔚號振黎輔國從姪台州備倭

劉元佐號華亭百戶　章得成

葉重華號巨源逢春子進士

三十一年癸卯科中式八名

劉標解元號禹璧　王承烈三中

徐九疇號霖寰萬歷甲辰進士官把總　王家宰再中

吳夢周再中　韓文蔚再中

汪應璧三中　李尚賓號宇芳鎮撫

李光霖縣志

三十四年丙午科中式四名

劉標再中萬歷丁未九名官中軍把總　王家宰三中

韓文蔚 三中　吳夢周 三中

三十七年己酉科中式六名

葉正華 號贊玄　楊獻清 號璧水天啓己丑進士

孫志學 號左屏孫彬六世孫詳武甲　王復亨 改名業亨號振先萬歷己未進士官參將

仇震 號鼎英杭州指揮應襲　劉應龍 號玄洲標胞弟

四十年壬子科中式七名

王命錫 號萬懷　邢應元 號啓禎

程振宗 號濟明　傅崇義 三中

孫志學 再中萬歷己未進士官都司　李光霽 再中

汪國鼎 號九州

四十三年乙卯科中式五名

邢應元 再中　王命錫 再中天啓乙丑進士

張弘緒 號惺我百戶　張國士 號羽明孚之子百戶

孫天啓 解元

四十七年戊午科中式一名

李光霽縣志

天啓四年甲子科中式一名

董喆號若愚鉞之子天啓乙丑進士官蘇州撫院中軍

七年丁卯科中式三名

李華　劉元佐子

韓鳳翀字凌若號于天文蔚親姪崇禎丁丑會試是科初定殿試之例中三甲官參將韓氏譜云歷任福建上杭總兵

崇禎三年庚午科中式四名

傅觀　向廷勳號聞箴百戶應襲

劉科　董繩武

六年癸酉科中式一名

王世遇號德符貴州籍

九年丙子科中式二名

張治世號弘我應試子北直中官昌國衛把總　彭仲昌號永文守徵子北直天津衛武學教

十二年己卯科中式一名

孫　彪號司斧，湖廣籍，順治乙未會試中第六名，守欽州守備，缺裁候補，病卒

十五年壬午科中式一名

王萬傑號君璽

清順治十七年庚子科中式一名

李元豐號茂先，元坤胞兄

康熙二十三年甲子科中式一名

王　霖本姓程，字繼雯，丁丑會試中八十九名，殿試二甲七名，考授守備，未任卒

四十七年戊子科中式一名

彭　煇字亦先

武甲

張　輪嘉靖癸丑中四十九名，官把總

孟文子壬戌中三十九名，授所鎮撫

韓　沛隆慶辛未中第七名，歷陞參將

葉　忠中十一名，授所鎮撫

董　威郡志失載

吳　紳萬曆丁丑中第四名，官至參將，郡志失載

孫　嵩三十八名授所鎮撫　孫可教丙戌四十二名授所鎮撫

葉得春己丑　劉　裕

張應奇壬辰由副千戶掌所印解任登第歷陞都司資性明敏博綜典籍頗矜傲爲衆所忌

劉　熙乙未中八名歷官狼山總兵未任卒　李　鋭官止把總

張名世歷官總兵瀋陽陣亡有傳　邢大有辛丑　欽依守備官止都司

葉重華　徐九疇甲辰　官止把總

劉　標丁未中第九名官中軍把總　彭守微官止把總

仇　震庚戌　歷陞京營參將　孫志學己未歷官貴州都司

孫天啓　王業亭原名復亨附新建籍改今名歷官參將

傅崇義天啓壬戌官海道中軍　楊獻清乙丑未任卒

董　喆蘇州撫院中軍　王命錫命鈺兄　欽授貴州長寧守備

韓鳳翀崇禎丁丑是科初定殿試之例中三甲歷陞參將卒於任

清順治十二年乙未　孫彪中第六名官欽州守備缺裁候補病卒

康熙三十六年丁丑　王霖本姓程中八十九名殿試二甲七名候選守備未任卒

李　銳字和鳴始祖百戶以開國功食米三江七傳而昭信校尉世榮慷慨仗義生銳銳登科第官南畿三江會口游兵都司嚴戢兵丁愛護百姓輕裘緩帶爲太平儒將子光霨霖孫元豐俱雋武闈孫元坤登順治丁酉文科　文獻云官止把總與郡志不同未知孰是

孫　彪美丰儀精武藝殿試已擬狀元把都公索費三千兩不應故予劣馬三上三墮乃僅中二甲第六

鄉賢　陳和

生成進士死入鄉賢此昔人所期而難必者然予博考志乘大抵死入鄉賢者多生成進士即或不然必其子若孫有成進士者求其以處士而得祀鄉賢則不數數覯焉甚矣名位之重而科第之足以顯親揚名也然士誠德業茂著言行著述足以垂世立教則奕世而後豈無有發潛德之幽光者江城宇侗張先生以處士崇祀鄉賢今稽考郡邑志書其姓氏行述缺焉有間豈後之修志者逸其人耶即今考之家乘僅得其傳略并劉蕺山先生祭文一首謹錄入以誌文獻之道自宇侗先生外不乏名賢但未入祀廟庭故立理學一門以附鄉賢之後使鄉賢理學二而一至若忠烈孝友貞節義行分類而列載之至於儒林藝文亦道之所寄也而聖賢之所重也亦爲附載如左

張聞貞名伯樞字愼甫號宇侗爲紹府學諸生屢冠多士自幼卽潛心理學慨然以明道覺世自任家奇窘益勵淸節祖守齋諱哲以文學改就武科淹貫經史爲江城理學名族故淵源有自聞貞纘承先緒所著四書五經解尤湛深易學與易亭劉元丙先生深相契合多所發明而蕺山劉先生則又其素稱知己者也是時二公名重海內文貞以節介自高多所推引俱却弗就惟遇闡揚幽隱風勵名節事則切切言之其生平學業大約以堅苦而幾於自得以實踐而著爲文詞不求聞達粹然儒者之高蹈歟崇禎庚辰卒年八十蕺山先生率諸生哭奠私諡曰聞貞閩郡紳衿請諸督學許公豸崇祀鄉賢子懋義字足和能世其學

劉念臺先生率諸生哭奠文嗚呼三代以前士多尙行而後詞章三代以後士或尙言儒術時昌及其弊也以文滅質與質偕亡聖遠言湮大道淪喪邪說披猖士生其間家置一喙如鼓如簧不有哲人尊經翼聖曷挽佷佷猗歟先生英姿卓立惇毅剛方沉酣典籍夙稱名家藻麗擅長擁皐譚易師嚴道尊朋來遐方爰乃詩書春秋戴禮因略致詳進之四書凡所折衷布帛稻粱非聖不讀非學不講夢寐羹牆九經卒業伯仲之間康成紫陽詎云訓詁實資羽翼斯文孔揚平生大業盡在編摩入室升堂嗚呼老矣壯而不試白賁孔彰士命千秋區區靑紫曷足短長矧其今日道表千載長夜茫茫得我先生如炳以燭日入之光功存世道

吾黨小子庶幾裁狂再窺先生實踐闇修玉資金相非徒言之實允蹈斯爲表爲坊行年八十雙目已廢默誦不忘眞積既久一旦豁然覿體承當古云朝聞又云聞之先生彿彷嗚呼可矣人誰無死腐草流芳彼後死者悠悠天壤孰爲棟梁瞻望几筵言採江籬以酎一觴靈其恍爾莫往莫來鸞馭徜徉尚饗

王舜鼎字仔肩號墨池萬歷戊戌進士授刑部郎中深究律例曰律死書也而道主生刑法也而道主慈濫獄枉斷由不識律耳於是合古律例申明獄政刑戒等書纂其要名宣慈錄時與法曹訊事皆引輕例給事曹學程當刑力救之得免尋遷兵部郎覈軍伍册斥絕餽遺未嘗私一弁擢四川參政會旱災倣常平法以行賑濟又治兵綿左署臬篆爲臺使者所倚重凡大議大役必咨决焉代臬司入覲舉卓異廷勞賜金纍陞工部尚書以勞瘁卒於京邸所遺敝篋書數卷而已遣官營葬賜謚恭簡祀鄉賢

章若昌字智甫號璇陽三歲失父紿彭某氏無子撫以爲嗣因姓彭勤苦力學暑夜蚊盛則納足甕中讀書至夜半不輟聞海門周先生講學剡溪從之游稱高第嘗館於金庭朱相公家師道尊嚴爲公敬憚萬歷庚子舉於鄉甲辰成進士題請復姓任刑部雲南司主事同籍病卒年四十四子靜觀山陰諸生黃翊山遺囑有曰璇陽先生家貧少孤卒能勤學力行置

身理學前輩推重如此

傅鼎字震伯號廷岳國才姪孫山陰諸生萬歷間墨池王公琁陽章公相與講明良知宗旨而聞貞張子爲之冠鼎與志同道合尤相友善居常好靜坐胸襟洒落有春風沂水之趣所著書因遭兵火散亡其村居自述詩云生來苦不足身世兩無依僅存骨瘠立非復膏粱肥病婦舂粟起稚兒忽啼飢濕烟遶屋生摘薪向東籬飯熟日已昃失飪良勝無有客敝蹝至攜之過村墟趺坐入黃葉新詩葉上題悠悠世路寬閒吟聊自怡氣格不規撫陶而自與陶合卽此可見其安貧樂道之概而詩之似陶與否非所以論先生之大者也

張應鰲字奠夫號凝菴山陰諸生先受業於張聞貞後從念臺劉公學及門中最爲器重嘗曰及門之中不失吾學之正者奠夫一人出入兩都無不隨侍在南都常命作中興金鑑欲上不果甲申公絕粒空庵應鰲猶侍左右咸謂事或可爲幸爲國自愛應鰲大聲曰人臣分義自當一决公韙其言攜手决曰學問未成全賴諸子屬望肫切公既薨同人請主城南證人書院講席歷三十餘年所計四百餘會會有記祁寒暑雨未之或輟年逾八旬瓶無脫粟宴如也老成典型遐邇景仰或作詩稱之云云　父九十歲翁蕺山贊其象曰勗哉後之人弓冶可憑曰一爲要學聖之程　子自簡字敬可山陰諸生亦從學於念臺嘗曰簡弱冠幸

獲耳承緒論六十年來夢寐飲泣民生於三其敢或忘

傳善典字堯卿廷岳長子受業於聞貞張先生先生愛其篤實妻之以女善典承父師之學

著大易述以發明之

向璿字荆山號惕齋噓雲子山陰監天姿粹美學行純正居敬窮理一以米子爲師所著有

志學錄九卷雍正辛亥五月卒年五十一學者稱正學先生陳和曰卒之前午予往造焉執

予手言曰與先生交三十餘年今已矣不可爲矣繾綣不忍別至夜人定後果卒越數日爲

文以哭之

忠烈　陳和

儒者遭遇隆盛河海晏清一德都俞從容朝廟遐哉尙矣不幸而爲批鱗折檻以至勤勞王事

致命捐軀豈得已哉然非見理之精守道之確者豈易言成仁取義哉願爲良臣不願爲忠臣

盡如斯言則疾風板蕩誰處其難任其責耶志忠烈

張煥祥之姪雲之子也襲正百戶軍政考選出海偵探於黑水洋遇賊陣亡謚忠節

張元直號海洲煥五世孫有膽勇精騎射以文庠生登嘉靖丁酉武科是年倭賊登犯明州元

直奉海憲檄督兵進剿於戴嶼胡陳地方遇敵親斬三級遂獲全勝撫按紀其功授四川嘉定

判官　陳和曰按後段克敵斬寇事縣志誤載邢廷文名下志以傳信豈可舛誤以滋後人之疑今於邢廷文名下節取此段不致有冒功攘善之嫌

陶明宰字裕玄副千戶春之後也萬歷壬午乙酉兩中武舉少有勇略以忠義自許襲爵萬歷二十年援朝鮮陣亡臨死曰非爾賊不足以殺身非殺身不足以成仁奉旨贈指揮世襲紹衛

張名世字今我百戶祥八世嫡孫也生於隆慶丁卯幼讀書穎悟習春秋髫年入泮屢試不利乃棄文就武萬歷甲午中武科第七名乙未登進士歷官雲南參將以平阿克功爲忌者所誣賞不行革職囚刑部十餘年熊公廷弼在獄時聞名世講易相契成知己及起爲經略特薦授總兵天啓元年辛酉統浙兵援瀋陽因川兵敗敵得專力攻浙營名世曰吾世受國恩且以纍囚起爲上將何用生爲自辰至酉力戰死之幼子征遼守備萬祉從死焉巡按張銓以聞詔復原職加贈三級贈中軍都督府都督加襲正千戶誥詞有勇可冠軍忠期許國之句長子萬禩襲爵名世有女名妙圓通經書諳韜略聞父兄戰沒痛甚不忍獨生吞金而死

李天常號雲峰萬歷癸酉己卯乙酉三登武科官雲南都司天啓二年與賊奮勇大戰被執或勸之降天常罵賊不屈奪賊刀殺數人爲賊所害奉旨贈世襲千戶崇禎間特旨着本籍建祠致祭以表忠魂惜乎其後無人此典不行事見紀事本末六十九卷天啓二年七月貴州水西土司

安邦彦叛圍普安安南雲南都司李天常帥兵四千救之賊將羅應奎僞降誘至疊水舖伏發全軍皆沒

翊山黃公 傳載別集

向廷臣百戶忠之七世孫也祖高卒父啓文早死廷臣襲爵崇禎十七年遵化陣亡

二老者失其姓名國初薙髮令至江城二老者獨不屈曰頭可斷髮不可薙主者念其老將死也義而聽之

黃鼎元字臚先號翊山生而魁梧穎異孝友性成雖青氈薄俸奉養極滋味及其沒也哀毀骨立喪祭盡禮弟明宇多病公親調湯藥數年無間後游京師所得館穀悉寄與弟歷游燕趙韓魏者二十餘年其地理形勢悉識之胸中崇禎七年赴山西北樓副將李公秉春幕八月各路戒嚴敵兵萬餘兩路並進直抵城下秉春曰三里孤城內無糧餉而兵不滿千計將安出公曰彼衆我寡戰必無功惟有劫營可以圖存至於糧餉速傳集紳衿商賈諭以利害若城一破盡非已有不如借充兵餉事平申奏給還諒必允借倘叨天幸闔城之福也即不成戰死沙場不猶愈束手就戮乎秉春曰善但先生不授職難以統領官兵屈權委守備以便行事公從之初公十歲時隨伯兄宇石肄業後梅村遇一道士執公手問曰孺子讀何書公以某書對道士曰

讀此無益我有一書讀之可以揚名顯親因出一帙與公後入幕贊畫軍機始知道士所授乃奇書也至是依書造轉線萬敵木炮數十位每位入火藥四十五斤鐵炸炮九個於戰守兵內挑得敢死士三百名八月十二日夜會天大雨敵皆潛臥帳房公身先士卒深入敵營布列成陣分兵環於敵營之東西南三面各用火炮火箭打入敵營點着轉線衆炮齊發城上兵民鳴金喊應聲震天地敵大亂自相踐死十七八連夜奔逃大同川訖公料其必將復來又於險要處設伏以待殪其梟帥陣奪馬共五百三十七匹牛七十一頭露布奏捷時提督山西諸路監軍太監劉允中正以大兵敗走北樓蕞爾孤城反建奇勳老羞怒疏參秉春冒功一面差拿秉春自以功高受辱憤懣氣阨而死公挺身走擊登聞鼓代爲辨白因俱下刑部獄三法司會審以允中喪師失守妬害功臣依律應死議覆奉旨允中着即處斬秉春贈都督同知子輔明予山東沂水縣世襲百戶黃鼎元不自居功且代主將辨寃忠義可嘉着即釋放仍以近邊處所速行補用本年十二月補宣府鎮朔將軍標下中軍領兵一千崇禎八年更改營制中軍有兵馬錢糧專責不便領兵應將標下一千兵馬撥入左右二營大抵皆出文官之意九年七月敵犯宣府各營分調出征中營因無兵獨留守城洋河大戰我師敗績敵遂四面攻城公用火器擊敗敵衆明年敍功陞萬全衛操捕司在任三年勤苦備至屢擒劇盜兩定兵變崇禎十四年

二月流賊張獻忠侵漢江特陞湖廣掌印都指揮使司加都督銜一級抵任閱城城垣坍塌不完查驗軍器又悉腐爛公詣巡撫謀所以禦之之策條畫甚悉時宋一鶴爲湖撫係一榜出身聞公論大爲不然且作色曰湖廣乃腹内承平之地非邊關比貴閫當以牧民爲主何必紛紛多事公起對曰張獻忠現在侵掠止隔漢江一帶耳如此尚言承平不知何如始爲隉杌宋曰長江天塹豈能飛渡公曰眞書生之見也遂出宋大怒謂布按曰黄都閫出言無狀得無病狂喪心乎公聞之嘆曰事不可爲矣夜半忽起佯狂喊殺語言無敍次日兩司申報宋即以公病出疏十五年七月離任九月武昌陷屠戮無孑遺公歸里杜門絶客不復言時事矣向瓚曰公以書生立戰功受知當宁歷登顯秩後不竟其志奉身而退其才猷之奇傑立身之剛正見幾之明決不愧古名臣至所論著皆明白洞達窮源竟委非淺人所能窺其萬一苟出其深謀遠計足爲朝廷豎大功立大業爲久安長治之規豈區區解圍克敵小試云爾哉

孫拳副千戸福之子洪武間陣亡子彬方五歲即食錦衣衛千戸俸

孝友　陳和

堯舜之道孝弟而已矣豈强人以所難而邈乎其不可及哉極其量至於通神明光四表配天享帝剖玉分茅而道其常即一飲食一嗜好推情任愛率其天性之誠行其當盡之道則父樂

有是子兄樂有是弟卽可爲孝子悌弟亦可爲仁人義士矣集孝友

曹復心字新陽大有子也天性孝友祖遺田數千畝再傳而六房共爨頗艱於食或勸分析復心曰不然吾家彷彿鄭氏義門彼合六七百口閱三世不異者是何家法吾家業已同居三世豈當吾世而二三乎會有叔行五者以樗蒲私鬻公產族論不平嗾鳴於官復心泣曰爲此者吾同氣也何忍以此傷天性况有力者旣以物成劵吾貧無以償又何說焉衆咸服其能體祖母憐少子之心至於重然諾愼取與西鄰之少婦拒之如仇道上之遺金坐視其主種種盛德未易更僕數中萬歷乙酉武科第四而本懷未展强仕仍補邑庠年四十三卒崇禎間以子惟才貴贈文林郞

李光霽字惺存萬歷間再舉武闈父銳居官狷介僅置產數十畝光霽弟光霖中年早卒當易簀以子女指示流淚嗚咽不能言光霽悟其意卽曰我父所遺之產悉以付姪至姪與姪女之事我當力任弟無憂光霖乃瞑目光霽果以田如數付姪宗黨俱稱爲孝友歷署海甯與嘉與之乍浦定海之石浦〔有脫字〕偕士卒同甘苦咸以佛子呼之去則泣送境外佇望以返因軍功進封昭勇將軍姓好學韞櫝典籍浙撫陸公完孝每詢以奥篇隱帙了辨如响語人曰此邵武書廚也生三子長朱熾諸生次元豐順治庚子武科季元坤順治丁酉舉人任雷州同知

王克仙天性孝友父巳老而祖母猶在堂甘旨奉養不遺餘力二大人喪葬甫畢妹倩死即迎妹及其子女歸養數年妹又死撫其子女益篤長則以業業之擇壻壻之不使死者有遺憾也崇禎辛未年六十矣而孝友不衰弟病劇皇皇失措及卒慟哭以慰其母曰遺婦遺孤某在即如弟在吾母無以爲念養育教訓卒能不愧其言黄翊山特重之與爲莫逆交姪緯如姪孫廷俊皆以孝友承其家云

靳朝元字貞明文元字貞啓兄弟友愛家貧朝元教弟肫切躬自力作以給文元讀書文閣每夜半必往視察風雨無間見燈明聲朗則喜偶或不聞書聲則問曰何不讀書答曰弟方靜坐看書體認則巳若火滅必厲聲呵責文元感激力學卒游庠泮朝元卒文元出遊幕府積修置產悉付姪俊掌管不問出入及歸里俊負欠纍纍俱爲清償絕無咎吝戚友猶微導其分析以遺己子者即艴然不悅曰兄子即吾子也彼費吾貲何與親友事而代爲顧慮乎卒善視之鄉黨稱爲兩難

王志義字我心號如蘭有大次子少失怙恃性友愛待異母弟妹如同胞至老無間程士枚常稱其與言終日從無一惡念善詩文江南督學梁公鱃院朱公咸重之無子以姪世德爲之後

周耀祖字明暘母李氏生耀祖方九日而父二濂卒茹荼集蓼以至成立耀祖家貧力作以養

其母每出歸必持果物以獻一日早出已行數里風露侵體因念母寒急反加衾乃去其志性肫篤乃如此母節子孝宜後嗣之繁昌也

韓彥字俊升父亦魏名琦爲山陰名諸生教授鄉里督課嚴切彥奉庭訓循規矩無失尺寸父晚歲得瘋痺臥床第者數年彥日夜侍左右藥必親調飲食必親視起居抑搔以至嘗糞刲股人世所難爲者無不身爲之然未嘗語人故人亦未之知也親既亡雖至數十年久寢寐中猶喃喃呼父母不置其天性眞摯如此家故貧親沒後徧走齊魯燕趙閱歷辛苦以持身嚴介不能刓方同俗所如多不偶僅以舌耕糊口又嘗得危疾屢瀕於死後以敘勞銓部授廣東三水司巡司時年幾五十尙未娶也伯兄早卒遺侄四人貧弱不能自存親友中有以無後爲大勸其婚娶者彥縷縷數百言自道其不可婚娶之故謂無後爲大無父之後爲大耳吾父有後而吾可以無憾矣吾一娶而諸姪無以自養吾已將老子未可必得舍目前既有之猶子而冀倖於未然之數非計也遂決意不娶而以淸苦節儉之餘資爲其姪次第婚娶以三姪孝先爲己後向荊山爲之傳　彥有句云未見鬚眉忘却老每逢棋酒不知愁雍正癸卯年卒年七十有八

陳尙宸字天佩號二耕寄籍仁和爲仁和諸生父懷琳有疾刲股以療終身奉父訓祭祀必誠

敬生平勤學好古奬進後學游其門者多所成就少時與同邑黄儀甫逵友善儀甫遺有詩集代爲剞劂行世晚好禪悦
傳志遠字翼倫號心岫晚號幻僧生平倜儻有才略事父登吉備極孝養妻許氏亦克盡婦道後父患驚悸臥病數載子媳暨諸孫日夜輪侍卒無倦容第五子文元年甫十二割股以療祖疾人莫不稱羨謂有是父始有此子後居憂凡衾斂等具不計家業竭力供辦雖過情踰分不惜也葬後廬墓次食飲必上有小白鳥咿嚶跳躍於几案左右以手掬之略無驚怖之狀見者以爲異徵墓前一木一石必躬親蒔植甃疊堅固得所然後已終喪後或三日或五日或遇風雨必詣墓所省視常語人曰吾在一日則盡一日之事身後不及計也生平善詩歌歷游燕趙秦晉間與諸名士詩筒往來無間所著有瓦舫詩集又善篆刻典雅高古卓然可傳惟喜與文士鐫贈貴顯輩求之不可得也
程登泰字魯望號剛軒自幼端重跬步不苟雖暑月必衣冠隨其母至山東父任所孝養備至父寢疾盡夜不少息湯藥必躬親父卒哀毀骨立終喪不飲酒食肉扶柩歸里途中柩不得入城舍宿原野登泰臥柩側夜有狼至睢盱徙倚登泰弗懼也狼亦逡巡而去後柩自陸登舟役夫稍不戒備柩失水登泰疾呼躍水中不知其水之深也衆役急救之奄奄一息矣少甦即急

問曰柩無恙乎其至性肫切如此歸葬後受業向荆山門下篤學不倦有所聞輙劄記積久成帙荆山摘其要者十餘則編入志學錄中家益貧出外村教授童子遇果餌佳者必以遺母偶不能致卽涕淚不下咽後其母每述其事輙嗚咽不能已也先時在父任時以父疾憂勞喀血每間作貧不克醫療至庚子大作而事不可爲矣時年二十七宗黨咸惜之其篤志力行師荆山爲之傳又哭以詩曰疾裏惟知心主敬貧中祇以道爲憂其志學之功可想見矣未娶無子以兄子廷柏爲嗣

李元豐字茂先光霽仲子性至孝處遼海時遭困瀕殆在難不忘其親緘百金以寄又以父嗜飲別裹杖頭致之父母歡形於面後歸里十年侍母晨昏不少離孝養備至其遇兄朱熾弟元坤易衣同帳均產共爨友愛甚篤猶子及期婚娶授田以佐其食用姊因亂僑居剡水迎而歸之性慷慨喜任俠有告以急者睨囊中蚨隨手散盡善排解居人有以兄弟婚姻搆訟者出一言卽消釋其在粤也値嶺表初定縣令以由單踰期上應處分語當路曰當此軍興旁午宰百里者供芻糧無稍暇一由單遂以詿誤歸之何以勸勞吏且地方新附官不宜數易除一官經萬里至其境亦良苦於是免議其經國之謨任人之略處事之智於此可見而官粤者則不知邀寬恤之奚自也子廷基國學生

王霖本姓程應鳳孫少從學於鄉賢魯椎園先生康熙甲子舉於鄉丁丑成進士候選守備未任而卒天性孝友事父母能以色養昆季之間訢訢如也弱冠丁外艱晝夜號哭耳爲之聾庚午會試於京師聞伯兄淇訃復以悲慟太過得目疾猶洒淚不輟同舍咸爲之感動爲人英發而沉實抱遠志好讀書自經史以至百家方技莫不情研熟玩期於有用工書法大書小楷皆純運腕臂折矩周規點畫不苟望而知爲端人正士不特長於韜略已也人皆以大器稱之而天奪之遽未及建功於國惜哉子良本山陰庠生黄艮輔贊曰猗歟先生孝親敬兄内培其根博學多藝外煥其文何以擬之松栢有心竹箭有筠雖賷志以沒所蓄未展而所以立身揚名者固亦足以表見於後世而庇廕其子孫

韓鍔字旂章之良子國學生天性友愛待庶弟建章及其妻女諸所體恤極其深摯耄而不衰妹適嚴姓生子大成方在襁褓而妹死大成呱呱而泣諸姑及叔姒皆弗顧也鍔妻王氏體夫心抱歸鞠育歷盡艱辛得以成立鍔年八十餘卒無子以從兄綱之孫濟周承重凡生事葬祭大成亦盡心焉

義行

周禮三物六行掌於司徒孝友而外若睦婣若任恤亦皆並重爲王國所尊禮然必仁心義聞

被於姻戚宗黨實至名歸者足以當之而煦煦之仁壺飧之德勉强以市恩者非所貴也採之鄉評載其行事使邦族之遠皆若而人焉則陳仲弓郭有道不得專美於前矣志義行

曹大有號野臣博學嗜古諸子百家皆通貫尤善占卜如權會風角玄象不輕言言則必中至岐黃之術虎頭之技字法於晉詩法於唐色色絕人而最高在操行剛方事母極孝晨昏定省數十年如一日近雖里閈必出告反面甘旨雖纖悉必獻焉待弟大晉以尊人先背寓愛於嚴自立身以至操觚一不當不免杖撻弟亦心服不抗也嘉靖間游學金陵誠意伯石圃劉公世延以本所姚千戶薦聘訓公子鳳麓鳳林劉於世勳中稱岸然不可一世者大有以布衣自重誠心以動之正論以折之劉大敬服遂爲莫逆交既而劉以鯁直忤分宜誣罪下詔獄知不易雪禍莫可已乃取先世鐵券及諸册籍密寄大有處劉氏支庶垂涎伯爵覔鐵券諸册不得意大有藏之咸來迫勒大有辮髮自經死因此遂散事漸得白遂復爵劉感甚手書囑子孫曰曹劉世好無絕也其所以造劉氏者求之古人豈多覯哉弟大晉子復心姪復光皆登武科孫惟才天啓丁卯解元崇禎辛未進士

王樂教好善循理以教子爲樂因號樂教聞姚江名士黃環山先生諱天行者學問深邃品行端方敦聘以教其子待師極忠誠恭敬迥異恆俗師亦盡心啓迪數年而學成有賣田百畝教

子一經之語長子舜鼎登進士官至尚書次子早殁而其子壐孫自超俱登科第

邪廷文字仰城家貧孝養爲人古處誠樸教子極嚴二子大有大忠讀書駝峯老庵月夜常往伺察聞書聲則喜而歸不令二子知也偶一夕至庵寂然問其住僧則曰下山觀劇耳怒甚啓其户將書籍被褥持歸二子徬徨失措次早歸家廷文厲責不許復入山二子泣跪負罪母爲勸解纔稍和釋數日後仍遣入山肄業每月必於風雨泥濘之日負糧以餉其子人問其故廷文曰彼具人心視父如此勞瘁其能漠然無動乎其用意激厲如此後二子俱登進士大忠事親亦孝

傅國才字汝濟號蒙山隆慶丁卯舉人任廣東肇慶府推官陞池州府同知轉福建鹽運司運同致政後見所築居第高大大不悦曰吾家本寒素可效他人作富貴相耶子孫雖甚愛每食髫㠋不過兩隻讀書之暇或於農圃涉趣一日同年郡别駕來訪適在家園耨草急被公服出迎不及盥手取茶指間尚帶泥痕别駕笑問具答所以乃嘆服而去其清謹勤儉蓋如此

林翁某延師教二子師過嚴以戒尺撻其長子悞中顋立殞命師皇遽失措不知所出翁至乃慰之曰吾兒之死命耳先生之意豈有他哉仍留以教次子師感激益盡心啓迪卒成名士爲

甯波府教諭

清

陳懷忠字心赤生平樂善好施至老不倦凡遇橋梁道路及修葺菴院等事無不踴躍首事捐資鄉黨遠近無問賢愚咸嘖嘖稱善人長者性至孝父早卒年十八棄舉業謀治生理奉其母徐推情仁愛凡出外遠行或一月或半月參食之類必計日預備姊孀居養膳終其身嫁甥女如己出娶丁氏性慈厚與姑同處凡食飲衣服並無私蓄故其姑不知有嫠居之苦也鄉黨中有爭競曲直者樂爲解紛咸推爲陳仲公云善灸術有求治者能立起錮疾不受謝康熙戊午胃痛臥病半月餘絕粒食延醫俱云不起戒其後事忽於五更夢寐恍惚中似有人呼其名謂之曰陳某上帝以汝修橋砌路有功增壽一紀適有友人王姓者自正陽歸攜藥數十粒如芥子大約重分許以其藥必汛利不敢服時病劇不能忍乃如其言服之少頃即霍然若失漸進粥飲調養數十日而愈即備禮托王友求其方製藥施送濟世已已三月臥病豫知不起飭家人曰吾已符前夢十二年一紀之數不可爲矣凡親舊契券或焚或還或結一一分撥至六月下旬卒子嘉裕

黄震字長公一字百里晚號冠叟自幼聰敏讀書過目不忘父翊山係清白吏回籍後遭兵荒窘益甚無力卒業躬耕養親時高士葉以經垂衿佩隱田間震與友人程曉助之耘溉而葉爲

口授經書大義乃出爲童子師既又受業於蕭山來恆廬先生蕃蕃乃蕺山高弟行方學富質疑講貫多所啓發自此遂博習羣書凡天文地理兵陣曆律醫卜之類無不淹貫藴奥康熙丙寅司馬梅羹滕公奉命督饒権聘與俱往至南昌三藩反不得進總制董衛國問計於滕滕曰予書生不知兵幕友黄某將門子也盍問諸董即具禮幣待以上賓虚己訪之因上勦撫略其言曰云云灑灑千餘言悉中機宜董嘉納之後寓居京師不隨衆奔逐常掩關靜坐讀書作文取材秦漢簡嚴縝密而有豪宕之氣當代偉人如京江張公曲沃衛公輩皆推重爲文字友然深自韜晦恂恂若不及也生平重行誼輕財禮事父母愛敬兼至居憂蔬食三年奉祭祀極誠慤哀慕朝夕必衣冠詣祖堂焚香致敬至老不輟待從兄惠泉如同胞兄卒撫其子女教養婚嫁一如己出弱冠親迎舅欲賣膳田置奩具震聞之曰以奩故使老人失所資養其可乎且予而才何事此予不才亦終盡又何事此終止之族弟三進病亡京師子貧甚不能奔喪爲措資斧使至京扶櫬歸又嘗於旅次聞夫婦哭甚哀詢之乃將鬻女以償債者震惻然如數贈之不告姓名而去康熙庚寅卒年七十七子良輔山陰諸生

韓鋼字錬伯爲人端方尚古道任揚州經歷公事畢即掩關靜養讀書揚郡素多徽籍富商吏勸持刺一拜每節可得供給費若干鋼不可俸食而外泊如也居常念人品之壞由於蒙養勿

端輯古來孝弟忠信禮義廉恥等事分爲八卷名曰聖功集呂見五廷雲先生爲之序刋布以惠後學蚤喪偶人勸之續娶則曰人無子則嗣續爲重吾已有子矣何娶爲卒不聽從姪某在都以官事行文本籍捕拿嫂年老難以出官鋼卽鬻己產代爲揩覆得以無事絕無怨言亦無德色其生平義行蓋如此

陳嘉裕字德優平生純質自然樂安淡泊家政不一累胸臆居常齋蔬談佛老結方外交靜坐參悟有得則急書之然多不可解嘗自云弗爲俗人知也親族有負欠者代爲完償掣契券不以告人自處不尙儀節而情意懇惻絕非徑直居父喪徬徨哀毁柩前旋走數晝夜目幾喪明惟敦篤至性一切世務泊如也嘗自題小像云自笑此老性拗非俗非僧非道喜者僻處幽居不愛繁華熱鬧閒時靜坐凝神倦去安眠睡覺不知何所而終直到無極大笑六十外一意養氣修眞自號靑陽道人嘗言予有敎外別傳自額上髮際至頂有靑黑圓點七如荳大每指示人以爲驗又另繪小像依像自題云當陽紅日照白鶴舞松梢杖掛葫蘆藥盤盛閬苑桃山中傍石坐聖地長靈苗揮塵微塵淨虛空放白毫語言瀟洒絕無煙火氣蓋寒山白玉蟾流也臨謝世預書遺言無疾而卒子積和俱名諸生

向噓雲字伯虬號木菴幼禀節母童嚴訓鮮過舉十餘歲受業於堯卿先生多所領悟家貧不

獲專攻舉業走京師名公卿咸重之有所得輒遺母孝養三十年爲宗黨所羨子璿初講學時儕輩笑毀交集噓雲獨踴躍鼓舞曰汝爲庸人則予爲庸人父汝果爲賢人則予乃賢人父矣汝其勉之璿卒以成德晚年家居教授澹泊自甘常曰學問將勝我者比則知不足境遇將不如我者比則無不足間作八股文字示諸生曰予拋棄舉業數十餘年今爲之猶覺不失繩準孫宏運自幼不就外傅洎成童以上卽擅文名乃祖提命之力居多焉所著有金臺漫興詩集黃良輔爲之序

傅業震字振之善典孫歷世理學業震因鼎革兵燹失業家窘甚藉力作謀生然恆不慊於心晚得子宗道雖甚愛之而教督勤懇不少寬假數歲遣從學於周淳齋先生每晨必潔治飲食奉之束修則日積青蚨先期獻之終始一致每夕必令子講其所誦稍不貫則嚴加詰責子亦端重勤學卒紹書香

上董衛國勦撫略

黃震長公

明公具不世之才抱撝謙之德名重寰宇威震章江以之討賊直如發蒙振落耳然猶不自用必博採芻蕘卽如震之不肖且辱下問況賢於震者乎此天下之士所以皆願肝披瀝膽於明公之前也孔子曰不在其位不謀其政震乃毛褐之士而覊旅之人也安敢妄言國家事雖然

魯仲連一東海之匹夫耳尙爲戰國諸侯排難解紛況以明公之賢奉天子命討逆安民又何
敢默默以負明問乎請以管見爲明公借箸細陳之竊按豫省雖當吳楚閩粵之衝然常山玉
山障其東長沙郴州藩其西鄱湖大江控其北閩江梅嶺鍵其南此四塞之地而金湯千里者
也自吳逆竊據長沙楚之郴州衡州永州零陵皆與袁州接壤而江西之西徼斯警矣江南之
徽屬不戒奸民一呼羣寇蜂起忿其蔓延流毒廣信而江西之東徼亦警矣其南則吉安府也
土寇久據以致隔絕近者如斯則贑州南安可不問也惟北一面號爲稍安而湖東湖西伏莽
土寇聚散倏忽出沒不常南康饒州適當其衝似亦未可高枕也南昌省中雖云無恙然逼近
西山相距四五十里即爲賊藪嗚呼四境狼烟中有伏莽倘吉安之賊順流而下湖中土寇泝
洄而上山賊中出我兵坐守孤城豈不殆哉此震之所以日夜徬徨而拊膺長嘆者也若各路
盡設重兵則通省之官兵有限以有限之官兵分布七十二邑五里一人自救不暇安望其斬
馘獻俘保固地方也哉一旦告急勢必內請京兵夫兵詭道也貴奇而尙速未聞賊已臨境方
請兵於數千里之外會議徵調給糧養馬曠日持久而能成其功者古云救兵如救火譬火已
燎原始奔波於數千里之外雖决至東海之波尙何益哉而議者曰盜起由於奸民非重戮不
足以立威夫威固今日之必不可少者但當示威於謀逆之吳耿不當示威於被脅之愚民軍

興以來各路軍需往來轉運何非民力不幸陷賊若又殺其父兄掠其妻女彼蚩蚩之民有不盻然而懟我者乎將見盜賊日增何威之立耶是故知形勢緩急者始可以言兵明威外撫內之道者乃可以爲將今日所謂緊要之地而必需重兵者有三袁州逼近長沙而袁仰蟠龍等山層巒疊嶺若斷若連綿綿入楚治平之日時或藏奸今與吳逆爲隣保無奸宄出入倘賊人登高一呼土寇羣起附合則瑞州臨江俱爲搖動而恢復長沙之王師又生東顧之憂矣宜急發重兵鎮守以示形勢者一也贛州與福建廣東接壤閩江當前連州跨境商民雜居薰蕕莫辨若不鎮以重兵恐吳耿二賊潛通勾連吉安賊衆西取袁州則吳耿合一而袁州吉安贛州南安非我有也急宜分屯據險以備不虞者二也吉安稱荊楚咽喉不可久爲賊據者也當其進守贛州之大兵并力環攻然聞吉安之賊半係失妻散子之民與投誠屯墾之弁逃旗叛主之奴也相聚爲盜刼掠偷生自知不赦投之吉賊固守孤城恫疑虛喝若攻之愈急則守之益堅不若撫外而孤內申明紀律首禁奸掠招撫逃民使歸就業兵不擾民民不苦兵兵民安外心附矣外附而內益孤則我可一鼓而下矣斬其巨魁撫其餘衆分兵守隘與贛州袁州相爲犄角以制吳耿者三也如吳逆出寇荊州則袁州大兵進屯長沙以分其勢耿賊若寇衢州則贛州大兵直取汀漳以撓其後而吉安之重兵左右應援以助贛袁之聲勢如此則根本已固

而進勦之功不難成矣若夫南康饒州之土寇無非濱湖被難之窮民有司莫恤以至爲寇譬之小兒方以得飴爲喜若過而奪之未有不驚號而狂吼倒地咆哮者矣雖痛加鞭撻莫之能禁慈母至而慰之則欣然而起攜裾而隨此時一二賢有司足以定之耳故曰知形勢緩急者始可以言兵明威外撫內之道者乃可以爲將也震謹繪圖以獻願明公留意焉

與曾子瑞親家書　黃震

聞老親家欲負三尺劍觀光上國以游大人之門壯矣弟何敢遏但不知老親家能盡其古而工今日之所尚否耳夫古稱剛直不撓今則爲狂而無禮古之慷慨之士今則爲險惡小人至於溫厚愼密則又爲膽細無才是皆深惡痛絕而不容於大人之門者也今所尚者肩欲其聳氣欲其下而項膝之骨則欲其蔑如也斯謂之謙光有禮每侍顯者之側必俯躬流盼潛察左右之意然後從而逢迎見喜亦喜因怒而怒奢則益奢嗇則愈嗇非經非傳曲引附合斯謂之老成練達顛倒是非雌黃其說首搖鼻哂驚叫咄嗟故作盡痒之狀以警顯者之耳目示其衆不可一日無我也斯謂之才幹閒假優孟衣冠竊效顯者體度仰面突腹足高氣揚施施然若沐猴之冠及至見利雖乞兒所不屑取者亦務得而不顧斯謂之當世豪傑一遇顯者之奴隸驚趨深揖故遲遲不忍起起而把臂稱歡彼雖不甚睬我則益加囁嚅以媚之斯謂之熟於時

務弟因不諳時尚故落落都門者二十年矣老親家其能之乎長安塵土高千尺何似山窗月一輪幸老親家裁之

答潘右文書　黄震

朔風乍起旅客先寒季子敝裘已償當爐酒債小窗兀坐齒戛戛然正作蘇卿牧羝海濱之狀忽接台翰開函朗誦脣吻生香若持温玉大珠不覺陡然挾纊至稱弟流覽山川文章大進足下可謂善戲謔也者又使弟惶汗濡背矣及聞足下久爲二豎所苦不勝驚愕思足下平居善飯時所食不及廉將軍案頭遺糝今復乃爾孱軀得無如籬畔黄花乎奈弟遠隔千里不能效七啓七發大言炎炎小言詹詹使足下一笑霍然是悵弟老矣戇劣益甚不能爲高髻細腰以媚當世計惟返棹山陰年雖邁尚能荷鋤側室齊女也頗善織苟勤儉猶得免於飢寒秋成場畢擁爐煨芋濁酒自勞醉聽交交弄機聲亦足娛老何用俯仰長安同羣猱爭食乎足下解人諒不以小人胡盧我也

答周遜之書　黄震

此皆長疋半額弟獨多此鬢眉是以到處落落不如侏儒飽欲死自知不合時宜故寂處一室或竟日不出卽出亦止徙倚小園中聽鶯簧蛙鼓怡然自適一聞人聲不覺心怖而老年台教

從市井小兒游心知愛我奈懶巳成癖何

聖功集序

從來作聖之功基於童蒙則養之以正實父兄責也自父兄之敎不先而子弟之率不謹所謂讀書上進者不過博習詞章以獵取科第弟子曰苟能是是亦足矣卽父兄亦曰苟能是是亦足矣而孝弟忠信禮義廉恥八字闕焉不講毋惑乎習俗日偷人心日壞究之身陷匪僻而家聲旋隳也夫子曰入則孝出則弟主忠信管子曰禮義廉恥國之四維本之不端而日事枝葉亦何異翦綵爲花而望其久長不變乎余幼奉先君子及伯兄家訓未嘗不日夜警省而事與境違捫心多疚愧無以自立於天壤間此甲戌初度自訟所爲作也今閱姻家錬伯韓君聖功八集臚事既詳且確繁簡得中而疏更提撕慨嘆不減棒喝余益爲之泚汗則養正之功豈特童蒙爲急哉卽壯行及耄耋均當奉爲蓍蔡方今聖天子昌明文敎特允臺臣請以小學課童子試俾知古人芳言懿行口誦心維借功名一念以動其天良行見比戶皆孝子弟弟而忠君信友夙夜不棄出入禮門率由義路寡廉鮮恥之事斷斷有所不爲風俗淳龐人心樸茂一變陂邪而復皇古可旦夕俟之則此聖功八集將藉手以獻於史館頒行郡縣家喻戶曉於以化民成俗功豈在小學後哉韓君至性過人平昔力行不倦故足迹所至輒搜羅聞見以彙輯成

書吾願世之爲父兄者各珍之爲家訓可也泚汗之餘爰滌筆吮墨以識其簡端　康熙四十一年歲次壬午孟夏呂廷雲見五氏撰

聖功集跋

古昔聖賢之教人也始於小學復進之以大學蓋小學之立教明倫敬身卽大學格致誠正修之始基而大學之格致誠正修卽小學立教明倫敬身之成功也然則聖人之道有一不自小學中來者哉此韓叅軍聖功集之所由著也慨自世不古處鮮敦實行人昧其原羣趨於末所謂孝也弟也忠信也禮義與廉恥也何有哉夫木必有根水必有源根源不培不濬而欲枝之茂流之長難矣韓君養正之功上以佐聖朝譽髦之至意下以覺奕世人心於無窮匪淺鮮矣余反覆翻閱而不覺撫卷三嘆曰嘉言孔彰善行眉列以此爲振聾也可以此爲醒聵也可以之爲立教明倫敬身也亦無不可他日格致誠正以修身而推之家而推之國而推之天下孰不一以貫之則是斯集也所謂小學者在是所謂大學者亦在是其有關於世道豈小補之哉

楚溆袁天寵輔菴跋

邯鄲步稿序

黃長公先生本姚江人也自先生之祖父乃分族於茲遂與余同里焉先生自少游京師予甫

壯先生甫歸居相近也得以朝夕繼見者前後約十餘年先生固彬雅人也見予則尤爲加禮予雖傲慢縱恣然見先生則不敢不敬比年來先生既歿而予又得與先生之子序言交序言弱冠能文早已蜚聲黌序而予則一生落魄視舉世既絕少可與言之人而世亦多鄙而棄之惟序言則猶踵先生遺風而不我遐棄或於輔仁講學之會而相邀以析疑或於燕閒無事之時而過我而問難予既身爲老圃長棄詩書自問無復文人之度而序言則每以文見請予謝不敏而序言弗之許也予謝益堅而序言請益力一日前席而言曰予先君固未嘗以文自命即世亦未有以文人目之者然而遺稿具在命予小子藏之笥中而不敢輕以示人久矣今若先生者正予先君之所亟欲就正者也先生豈有意乎予於是敬請而讀之則愈讀而愈不能已流連往復不覺憮然而嘆曰有是哉此先生之蘊也予何乃於今日而始見之夫文章之道微矣凡有意而爲之者必非文之至孟子曰予豈好辨哉予不得已也韓昌黎亦曰有不得已者而後言是故知不得已之哀者其知文章之道乎今觀先生是集大都皆素有所蓄積於胸中而偶有感發卽爲登記是故或爲書辭或爲記序或爲傳說或爲策略其爲帙既無多而又絕無編次有意爲之者果如是乎夫惟無意而爲之其必有所不得已於中而後爲之可知也故於今披閱之下猶見其襟懷之高曠經濟之弘深恍然瀟洒之情與挺然獨立之槩而先生

固不自知也至其筆情之變換體勢之雄奇則亦左亦遷亦莊亦老蓋食古而能化者自唐宋諸大家以下舉不足以犯其毫端其亦可無近習卑靡之態矣獨予則猶不能無憾者則以一十餘年之間進退周旋之際耳之所聞目之所見明明有如是之文而竟寂寂人間而終以沒世先生雖善岐藏哉何予竟如聾如瞶也夫生不同時者既常抱千古之恨居非其地者又每多曠隔之憂今則大雅當前而竟於覿面失之則甚矣知己之難逢而斯文之顯晦誠有時也抑予又思之文章者士君子表見之一節耳今予既於序言而得先生之文序言又即於先生之文而得所請於予之文則於文章固已知之矣雖然予與先生所以交相敬禮者豈直文章已哉豈直於文章而始知之已哉　時康熙癸巳又五月初二日覺頑張汝霖序

邯鄲步稿序

三江地濱大海蕞爾雉堞有明以來士之好讀書勵氣節策名立勳者繩繩不絶自前甲申乙酉之後海氛蹂躪世家大族星散四方絃而誦者寥寥矣黄子序言潛心理學善屬文日與同知相砥礪引進後起而風氣漸興丙申小春持其尊人長公先生邯鄲步一卷謁予而問序焉予謝不敏而黄子請之再四因爲稽其譜系先生祖貫姚江遷居江城者自其大父環山公始姚江距三江百里素號大邑爲人文淵藪理學勳名甲於宇内而黄氏表表稱著環山公移居

三江淵源有自宜其一傳而翊山公立奇功於閫外再傳而長公先生播令譽於寰中三傳而序言又樹幟士林騰驤藝苑也及捧稿而讀之淵深弘博恐不能表彰先生於萬一欲有所言而未果藏稿篋中閱一載餘戊戌正月坐雨小窗追思序言懃懇命序之意必不可違因取稿而反覆披玩其簡牘則纏綿愷摯睍睆嚶鳴也其傳序則排奡雄健變幻龍躍也其說文及南游雜記則恢諧綜博又突過柳州眉山至讀其勦撫一略不禁拍案大驚曰此豈老先生常談殆孔明景略之流亞歟先生之才如此其大非博涉六經諸史陰陽術數之書閱歷名山大川關塞邊徼之境安能洞悉機宜指畫形勢悉著之勦撫之一略哉嘗寸臠而全鼎可知先生之經濟宏才其類如此矣向使先生不自韜晦知遇殿庭何難運籌專閫建不世之勳垂名竹帛而顧勉膺當事之聘爲之指陳方略旋即避踪而當事者陰行其言而顯以爲己功勦撫之略壅於上聞良可悲也余卒讀其稿其高視濶步追踪聖賢已造堂奥曷爲以邯鄲步名蓋先生步趨往哲不廢半途而則效之勤猶恐不及其望道未見之思乎是稿也家學所在序言既克守先人手澤又思所以表彰之先生可謂有子矣遂走筆爲序不自知其文之戇也　時康熙戊戌正月下浣二畊陳尚扆拜撰

向木菴先生詩集序

艮輔十有六歲先大人卜居城南遂得與木菴向先生爲比鄰往還無虛日一日先生同西涯傅公來訪且以所著金臺漫興相示先大人每讀一首輒擊節稱賞謂情眞氣渾得詩家元聲西涯公以爲知言先大人亦出邯鄲步稿呈政西涯公目昏不能閱先生爲朗聲誦之公且聽且贊謂古健雄傑是秦漢以上文字非時流所能擬也讀罷置酒綴斟細談竟日而去不數年先大人與西涯公相繼謝世思我父而不見見父之執如見父焉今年秋杪先生袖詩稿過艮輔齋頭命之曰汝其爲吾序之艮輔捧讀數周覺悱惻之意沁入心脾雄渾之概撲人眉宇益嘆先大人所稱不虛因迴想十年前事恍然在目一一可憶爲述斯語以誌今昔之慨若云知先生之詩而爲之序余小子其何敢　康熙巳亥黄艮輔拜

儒林　和　陳

儒之道大非明體達用學貫今古者不足以當之前之理學孝友忠烈義行何莫非儒而不係之以儒者以其人之所重之在乎彼也顧自漢唐以來必盡如董江都韓昌黎濂洛關閩諸君子則天壤內得名爲儒者幾人哉果其生平立品有合於聖賢之道克濟乎當世之用則君子有取焉不得置諸儒林之外非徒善善欲長云爾也志儒林

明曹大晉號一江大有弟登嘉靖甲子隆慶庚午武科善吟詠與隱士劉少白齊名唐荆州嘗

贈以詩曰春雨蘭陵春草生江流却與道心淸門前車馬日來往閑坐江城說子平

曹惟才字無奇號秋水復心子二十年諸生自愛其鼎天啓丁卯鄉試一名鴻寶倪公見其卷不滿意曰使予爲主司此生得雋且不能冠元耶及崇禎辛未會試秋水有名正出公房公頗羞之殿試三甲初任福建興化府推官有惠政丁内艱回服闋行取進京授兵垣後唐藩加尙寶卿年七十卒

葉以經字震爲棄衿佩隱田間程旣白曉黃長公震助之芸溉而葉爲口授經義爲忘年交

王命鈺字式如山陰諸生品行温雅高潔嘗以靖節自擬孫菽琳字盡魏山陰諸生工書法不幸早歿

程鶴翥字鳴九明末棄諸生高蹈尙志晚年纂閘務全書用力勞瘁但輕信訛傳載入莫龍姓名以滋衆惑爲少疎耳

丁甲字幹一三江南門外三都二圖人也明季處士著有天文書十四卷宏博精細一代著作手也子孫式微惜未鐫刻行世

張宗城字子維號月瓢樵者晚號潛夫府學廪生所交悉當世名雋如張凝菴以一代大儒戴南枝以一時高隱皆與相好莫逆嘗與凝菴纂江城文獻自明而止南枝作前後送春詩各十

二章宗城以爲送不如留作留春詩十二律曾熙稱其旨意深遠以沉鬱悲壯之氣兼風流藴藉之姿得少陵三昧然其高情壯志超邁今古世人特知其詩而已

章溶字元瑋會稽庠生有步淵明止酒詩

清姚士宣字公茂號實菴九十五歲翁養元子也孝本天性待兄弟極友愛撫猶子如己出教養婚娶費多金不惜也少好學與陳且含靳貞啓韓爲韓李順施輩課業雲樓數奇試輒刖中間遨遊四方凡七十縣幕惟以平反寬恤爲事晚更工詩矢口而成自然合律名其詩集曰自適吟西河毛太史大可爲序而傳之年九十有八而執禮愈恭康熙丙戌歲山陰邑侯楊公爲械扁其堂曰百齡人瑞江城同學作百齡詩以紀之

傅宗字德甫號西涯國才曾孫順治庚子舉於鄉任山西稷山縣工書法惟以詩酒爲事不久以事歸生平吟咏甚多不自收集俱散失嘗用東坡韻作迴文詩云潮生夜雨急盆傾隔岸孤帆片月明橋引水村荒徑斷檻臨花砌石池清迢迢迥閣星侵曉靄靄垂雲樹拂晴遙望極天秋雁過碧潭深處浴鳧輕即此一臠可知全鼎矣

張之蕃字嶽申號散樗宗城子年十四入山陰縣庠爲人仁厚坦易胸中洞然無城府富而不驕敏而不矜晚歲久處清窘之境亦未見其戚戚也康熙十三年征耿逆時江城爲往來經由

不免過兵之擾各戶多奔竄逃匿益觸其怒先生獨攝衣冠迎之待以賓禮卒喜曰我輩亦爲國平難耳人乃待我如寇盜因激怒苛求若盡見禮如張先生我輩尙敢求備乎揖謝而去人以爲儒者之勇向璿弱冠時嘗從學舉子業

張汝霖字又良別號覺頑聞貞先生曾孫也生而英敏容貌魁岸奇傑舉止昂昂若自得讀書過目輒不忘然略觀大意不屑屑於章句訓詁視先世儒賢無甚當其意者與人語議論風生亹亹不倦偶或上下古今籌當世得失瞪目攘臂聲如巨鐘座客驚愕弗顧也屢就童子試不得志偶試武乃與焉然非其志也故益自放浪傲睨儕輩不可一世見富豪往往疾走避去意有不合卽掉頭弗與語每作一藝無不拍案稱絕搆人或指其瑕疵卽瞋目怒所爲詩歌亦自寫其肺腑工拙弗計也一日過向荆山齋頭索筆硯將錄其近作以示自詡當與西銘並傳未及書而客至乃擲筆仰天歎曰一文之傳亦有命耶遂別去不旬日而赴召玉樓矣時年五十有七陳息齋和曰又良與予同受業於魯椎園夫子門下家故貧爲人疎賞豪曠不可以繩墨拘酒後高唱聲聞數里與同學傅伯照稱莫逆俱善奕抗衡高下紛拏叫呼似有必不能容者予戲之曰此誠所謂湯武征誅一局棋耶居常學習岐黃每用峻補之劑自謂妙絕當世世不之信而自信愈眞卒以此自戕其命卒前數日書其近作示予卽所自詡與西銘並傳者謹錄

之以誌亡友得意之筆其言曰終日戴天天非高也終日履地地非厚也日月星辰吾耳目也山川河岳吾肢體也統之者何氣則一也主之者何心則同也散而觀之誠汗漫也約而取之仍淵穆也措之宇內其皆宜也返之吾身無不備也與並其能齊其德也又曰維天有文文之本也維地有理理之原也仰觀俯察啓顓蒙也乘化以遊蠕而動也分量雖殊一太極也吾率吾眞弗能加也吾盡吾誠無所歉也乾坤闔闢呼與吸也覆焉載焉此而在也

傳炯字伯照改名逃沉入山陰武庠曾祖崇義以萬歷甲午解元登天啓壬戌武甲炯自幼聰穎善古作同學以小文長目之然性粗率嗜酒故鮮所遇合少受業於魯樞園元炅嘗自題詩云此心在何處幽獨宜自知白鑼寒爐鐵紅顏青塚泥兩端常淡淡萬境悉怡怡極路憑微渺欽哉不可歧樞園見之疑其贋作曰此宋儒道學詩小子何能爲耶凡所著作多不存稿又嘗應學院古學試有登秦望摹古篆碑詩一首附載以見吉光片羽云祖龍西來壓王氣遵海直登滄海峯丞相李斯善文字頌秦絕業碑何豐此石到今千百載令人憑弔生秋風一世兩世千萬世勾嶁氣概渾如是秦山望後屬車囘上東門外空流涕李斯巳矣秦亦灰空留片石老蒼苔惟有文章入太古登臨不忍字淹埋手披荒草看碑字倒薜橫枝形古異風削雨剝半銷殘霧障塵昏難辨記目力還資手力强搔爬抉剔顯奇章雖然斷續流蝌蚪勝似鐘文早墜亡

讀罷茫然如未解過秦三論秦碑矮帝王豈必去文章仁義施之廊廟宰始皇當日若眞雄書不焚來諫即從但使李斯操筆札不教督責啓靑宮便有茂陵封禪稿何妨傳勒會稽東（此段黃木齋先生本刪）

傳棠字尙木應驥孫生平非程朱之書不讀沉潛反覆得其精義貫通經史尤長於春秋綱目同學有疑義相質無不窮源竟委娓娓言之又嘗繙衍璿璣圖數十則繕寫成册不輕示人識者賞其工妙晚得瘋疾臥床第者數年日飴薄糜以資養猶津津於程朱諸書不輟云同學陳和題其小像云寰中何處覓知音流水高山寄意深（尙木自題有志在高山流水之句）抱璞祇應供自賞寥寥千載伯牙琴

李時龍字魚君山陰監工詩文幼時嘗從弘覺禪師高弟子遊兼通釋典才辨敏給與人言議論奪席雖善辨者莫之或過亦一時豪雋也向荊山幼時崇信姚江偶與談禪循其說而求之不免相近自是加意程朱始知程朱之學顚撲不破也

周尙赤字漢符號曉村尙文弟性孤介臨財一文不欺千金可托善吟咏嘉興楊聞臣智以工詩知名於江湖間嘗同寓洹陽縣署以中秋前五夜命題尙赤詩有乍開秦鏡曉半啓楚弓弦之句楊深服之所著有自怡詩草黃艮輔贈以詩曰先生饒古趣默默含深情得句自怡悅閒

雲遶筆生

張宗城留春十二律

縷縷垂楊曲港西觀瀾亭畔自扶藜爲翁泛泛蒲塘暖雉子班班麥隴齊爲愛有腰羞督吏却慙無舌問山妻何時挈伴深林去閒把桑柑聽鳥啼

春波橋外波如織故國山川惆客心寂寞伯圖空論古間關時事正悲今碧燐夜泣孤村暗綠樹宵寒舊雨深惆悵半生同夢幻欲尋長者給孤金

隔岸野棠花正開爲憐景物看花來晴舒蝶翅枝間過風送鶯聲柳底回翠羽小姬歌一曲白銀大瓮酒千杯韶光轉眼三春盡不惜樽前唱落梅

三月風光照眼新攜筇閒看曲江春柳絲拂拂飛黃鳥花氣醺醺藉翠茵可奈山空啼木客至今露冷泣金人春來到處桃花水若個漁郎問避秦

好春半去典鷫裘杯酒留春未可留避世不堪棲豹谷問津何處有漁舟陶潛醉臥柴桑裏庾亮宵登明月樓老子淸狂與不減鶯花無奈入邊愁

荒城流水咽潺湲燕子南來雁北還風雨萬家生計拙江湖千里鬢毛斑最憐綿上悲新火獨向瀼西憶舊山我比放翁應更放且攜斗酒聽緡蠻

獨酌東皐酒半醺吟春無賴自書裙野棠匝地穿香逕海鶴摩空入暮雲江夏肯容禰處士魏其不負灌將軍生平意氣非杯酒白首相看淚雨紛

柳姑祠上草芊芊掉臂行吟綠水邊耐可尋芳三月盡每思痛飲百花前長楸古墓飛蝴蝶寒食東風響杜鵑露電光陰千仞外擬留坏土葬文泉

刺桐花下倒金巵誰唱銅鞮春日遲對客漫開青白眼咏懷唯有短長詩思歸陶令辭彭澤爛醉山公愛習池可待秋風怨蕭瑟莫教好景席間移

江上風柔浴綵鴛路傍花發臥文園休歌郢曲驕吳伎且讀些辭弔楚魂人笑能詩貧杜甫誰留善飲醉淳髡愁看岸柳纖纖舞喜見山鶯的的翻

東風紫陌百花香猩色新醅泛玉觴堤柳澹描谿女黛海棠濃豔美人妝笑呼紅袖催鸚鵡醉擁珊鞭戲驌驦爲報南隣戴隱士幾回乘興賦滄浪

歲歲東風楊子書又逢初度意何如一窗綠雪鳴鶺鴒半榻青湘隱蠹魚老去埋名蓬戶靜年來善病酒杯疎傷心誰似三閭子江上棲棲賦卜居

魯熙月飄詩評

詩中諸體惟五七律易近習氣刻意字句者傷於寂專工聲調者病乎靡此雲間竟陵均有失

也况律體有以一字累通篇一音礙全句者由其不知大體而惟求工句字便入廉纖一路故善律作意起結不專頸項求工如崔顥黄鶴李白鸚鵡是也然唐七律多宗少陵惟少陵能集諸賢之長而諸賢體格詞氣未若少陵之備耳月公留春十二律旨意深遠以沉鬱悲壯之氣兼風流蘊藉之姿已得少陵三昧矣復從晉兄處得戴南枝送春諸作鍊詞鑄格又復與杜陵無分别古之臨摹右軍者多矣若褚河南米海岳一以態勝一以骨奇筆致不同俱不失爲右軍者惟兩公原爲唐宋右軍彷彿右軍其似右軍處固佳即不似右軍處亦佳其似而不似更佳所云恨古人不見我也吾於張戴二君之似杜律也亦云

張宗城詞草小序

託情閨閣屬意離懷詞家古則也然狎昵燕私英雄氣短吾謂鐵綽板銅琵琶殊勝曉風殘月也予素不善詞生平所作寥寥近讀杜陵唱和聊復效嚬夫杜陵豈僅蟻視唐宋且欲直追正始渢渢乎三百遺音也予又何敢望其肩背蘇子瞻有言郡有詞人而不知軾之過也今杜陵留越三載方以風雅之道倡明後學而無所感發興起將謂秦無人也况予與杜陵又所稱相知之素哉請以質之

蔣平階月瓢詞草評

詞本樂府之餘宋人乃有草堂詩餘之選後人遂訛之以爲詩餘非也詞體以花間爲宗宋人亦有數家可採然風格下矣月公托體草堂極悲壯之致與會飇舉左拍飛卿右把端巳其去太白也三舍　平階號大鴻雲間人所著有杜陵唱和

閘務全書序

吏治之道由來尚矣求其深切民依因地制宜害去而利興爲一方計久遠者治固不易言吏亦不數覯若吾越刺史篤齋湯公非其人歟越州蓋澤國也勢最窪潮汐騰嚙傾注內地爲山會蕭三邑巨患厥初無論矣即漢唐宋元以迄明興田禾强半不登民厲征輸廬舍恆難保其飄沒天不棄越篤生異人得公來守是邦權其利害存其利在水者去其害在水者爰相地脈之高下源委之會歸去郡治三十里許按經星建閘號曰應宿嗣是而捍禦有備旱則閉以蓄之田足於灌溉澇則啓以洩之稼不致浸滛三邑之民安居樂業而輸將自亟昔之穿渠引洮深切民依者功何讓哉余弱冠時憩游其所泥首湯祠竊尸祝焉恐後無繼則閘久而漸敝民復危矣詎意叨公冥庇事合機緣承乏閩浙因慨然興嘆謂夙昔所心期者今則可以贖吾願爲梓里計也捐俸營繕雖王事鞅掌未遑躬任厥勞而解橐之餘亦得彌縫其什一然微名宿儒生窮原竟委勒之簡編後有同志末由循其矩矱而遵行之程子鳴九余女兄倩也留神經

濟老而彌篤廣搜博採酌古準今彙爲一册名曰閘務全書地形水勢瞭若指掌洵後人之金鑑哉竊念創始者篤齋湯公繼往者蕭余二前輩余則踵而新之我嗚九則又統集成績垂諸永久授諸鋟梓庶幾前賢之偉緒不至湮沒不彰焉而從來吏治之道亦班班可睹矣是爲序

康熙歲在癸亥嘉平月眷弟姚啓聖熙止氏頓首漫題

閘務全書序

士君子盡心利濟使海内人少他不得則天地亦少他不得蓋世界原自缺陷人心本自圓滿吾人當以圓滿之人心補滿缺陷之世界無論或出或處或創或繼或述皆可以大公無我之心存萬物一體之念而經綸叅贊出其中焉天下大勢西北高而東南下神禹奠之鑿龍門闢伊闕以成决排疏瀹之功東南大勢荆揚高而吳越最下東漢會稽郡守馬臻唐武肅王錢鏐奠之築南北堤營捍海塘以興灌溉漁鹽之利若吾越大勢三江爲尾閭而山會蕭之水歸之浙江曹娥錢清之江又會焉故三邑頻多水患潦則苦浸旱則苦涸田卒汙萊民號飢溺者匪伊朝夕明時嘉靖間湯公紹恩自德安來守越思所以奠之建應宿大閘二十八洞築護閘塘及要關兩涯以節宣三邑之水使海潮鹹水不能入内河淡水不易涸以廣豐阜饒沃之土越民永賴焉然權其大概大率五十年水石衝囓不得不修踵公後者當道則有郡守蕭公薦紳

則有修撰余公俱以明時後先遞修宿閘迄今皇清閩督姚公獨捐俸數千金力爲修治又郡守胡公祖蒞吾越下車問民疾苦知一郡之豐凶係閘板之啓閉而啓閉之緩急又係築閘之工食戊午朝廷以兵餉亟需裁其半於是板築費缺啓閉愆時紹民歲歲苦飢矣公蹙然憫之暨山蕭兩邑共捐田三十畝以租米給板環塘閘銀悉給爲工食垂於永久若此數公皆以大公無我心存萬物一體念爲社稷蒼生福可稱邦家之光矣然前人創之後人不能繼即或能繼之而其所以創與繼後人或不能述當其時焦心勞思每深經營慘淡之苦一有不當非徒無益而害則隨之何所視法以永越民萬世之利而保百年不壞之功此程君鳴九閘務全書之所由昉也程君爲會邑諸生博學善文數奇不遇多究心經濟之務三江其土著也故能備考閘政之巓末詳悉規制利害審形勢酌權宜洞察隱微盡發秘奧立言示人其亦以大公無我心存萬物一體念後之良二千石賢有司洎鄉先生一覽瞭然豐功偉業便可立就其功與創繼者等昔神禹治水八年使無禹貢一篇則治水之道不詳若湯公與諸公之建修諸務使無善書一錄則節水之計罔據豈非皆天地間不可少之人以補世界之缺陷者哉昔人有曰莫爲之前雖美不彰莫爲之後雖盛不傳是書也梓而行之列之府志板藏湯祠仁人之言其利溥哉余樂得而讀之是爲序　康熙甲子陽月鑑水同學弟魯元炅棐園拜撰

姚公懋自適吟序

公懋遊四方所至輒爲詩謂之自適夫人乘下澤結緹胡之纓往來緘縮索主婦飯彫袒綻以寄其骯髒此眞不得志於時所爲而以爲自適固已奇矣且夫詩非怡悅事龐眉嘔心與飯顆山下之子冥心勞神致瘦形於色此固太甚然天下豈無推敲終日而究未安者故以前言之則其性達以後言之則其才曠公懋豈易及哉傳曰詩以道性情性情者自適之謂也詩無性情爲之不病而呻吟故以公懋所遭棲遲道路未必皆適志之事而流連咏嘆致足自娱此其中有性情焉性情堅而詩自佳幼入里塾讀古人之書畏苦煩厭如犴狴桎梏横窒於胸既長而脱梏斷絏快若掉臂恍然見古人之書有如是者而於是目明而心開文境超超然如五達之衢天下未有不自適而可以言文者也然則公懋之詩可知也　時康熙甲子嘉平月西河弟毛奇齡題於長安邸舍

自適吟跋

予聾於詩者也聾於詩而敢漫言詩乎雖然嘗聞先達有云詩貴淡遠不貴富麗淡遠則性情出而含蓄多富麗則雕琢工而性情屈雖有風雲月露之致而太羹玄酒之眞失矣故三百篇强半出於孤臣孽子征夫嫠婦信口歌吟歷千載而不磨者以其元音元韻一發乎性情之眞

耳予讀公懋姚老先生之詩其言淡其意遠而命其篇曰自適蓋深得三百篇之旨故敬述先達之言而爲之跋云　姚江黃震長公氏跋

自適吟後跋

里中姚公懋先生今年九十有八矣其形神則甚充腴也其步履則甚輕捷也其起居飲食則甚康強也璿心異之不知何以能然也吾夫子嘗曰仁者壽先生其殆仁者歟夫仁者不憂安土而樂天先生其樂天者歟及讀先生自適吟而後今乃釋然也所謂自適吟者足乎中而無待於外也蓋人之境遇何常時而富貴時而貧賤時而安樂時而困頓舉凡一切可喜可悲可驚可愕之事一生之中更變迭換雜然相投不知其幾而非中有所得者安能處之如一而不爲其所動耶先生百年中其所處者豈盡適意之境其所見之吟咏者豈盡適意之時而乃一歸諸自適是非其足於中者有以大異於人而能若是乎抑今之談詩者工聲調琢字句務求知於當世眞所謂吟成五個字用盡一生心者其不自適也大矣先生獨能不屑屑於此其詩之孰工孰拙雖予所不敢知而其立心已絕不相侔矣是豈有待於外者耶璿以後進晚出與先生年相去幾七十載先生不鄙時時過之璿每接其年論丰采和平愷弟心儀已久今讀先生詩而愈知先生之所得因先生之所得而并知先生之所以壽然則是吟也乃先生英華之

所流露而其出也有本寧僅得以辭章目之歟遂敬爲跋於其後而書之　同里晚學向璿頓首拜題

賀姚公懋先生百歲壽　李時龍

七十古稀言誰始是言撰是杜陵子百歲先生今見之杜老無乃虛語耳才人年少鯽魚多耆舊風流今已矣先生步履如雲飛綠絲紺瞳復兒齒酒闌嚄唶志未灰跌宕文場猶心喜五兩衝泥赴雞豚角觝飛觴醉不已雪花塞戶甑無烟晝日垂簾門如水滿眼繁華爝火光低頭縮項飽書史春花秋月遣殘年一編吟向斜陽裏三萬六千須臾間器之詩句破慳頑吾生俯仰無不足此身何事巢神山

寓賢　陳和

古云人傑地靈秀氣所鍾固能使此邦人文蔚起矣而當世高賢足跡所至地亦因之生色則地之靈又未嘗不有賴乎彼都人士也然說者又謂里名勝母孝子不入使地非其地所謂伊人肯鬱鬱久淹此乎孔子三至衞曾子居武城必其地有足取者在矣志寓賢

黄天行字子乾號環山餘姚庠生學問深邃品行端方隆萬間封翁黄樂教敦品以教其子因遷居焉萬歷戊申卒年七十葬月瓢之左麓穴即門人恭簡公所贈也崇禎朝以子鼎元貴贈

龍虎將軍上護軍湖廣全省掌印都指揮使配張氏夫人

王一純號三峨會稽𠊱浦人萬歷中館於蒙山傅公家教誨諄懇多所成就如傅廷岳之理學黄翊山之忠勳其餘登科入泮以文知名如傅景蒙乾明劉貞躍劉寧一傅履坦姚貞元韓寰中及馬山之周安宇許家渡之許章卿等皆萃門下蓋極一時之盛云　徐渭以才自命於儕輩少許可獨心折先生曰山會只兩秀才三峨與我耳　誠意伯劉冲和其父鳳麓公以世講之誼託冲和於曹新陽冲和年纔十四負笈相從於江城者數年洎襲爵敦請至府執禮愈恭長跪請教不輟也非尊師重道其能貴而不挾如是乎冲和名蓋臣孔昭父也

張再良字祖房豫章人從學於聞貞先生與山陰徐之達張其蘊徐邦達等同訂易解

劉汋字伯繩念臺公子也隱居不仕學者稱貞孝先生張聞貞講道三江公遣汋來受學校正經解與有力焉

清

來蓄字成夫蕭山諸生師事蕺山劉子篤學力行與張奠夫齊名性至孝順治間舉五經博士不赴隱居教授以終其身所著有恆廬集良生傅公聘訓其子師及姪孫宗庚子宗舉於鄉拜謁燕會許久不到館蓄召責之曰若是其滿乎亦終於此而已矣良生嘗有同年丁姓兄弟慕

其名來訪避入駝峯不與一見方嚴如此　後菴僧不知其姓名容貌秀偉善詩文畫倣梅道人深儒理而不談禪往往閉門哭泣江城士大夫知其隱者也皆禮遇焉

魯元炅字子晉號樨園生平篤實誠懇學問淵博一言一行皆可爲世模楷康熙丙辰陳懷忠延之以教兩孫積和凡七載課督嚴切附學者甚衆多成名士嘗謂聖賢之書惟學道者能身體力踐而中人以下則絕不知奉行惟禍福之說稍足動之耳於是取感應篇諸善本手自輯錄課誦之餘爲弟子講說其剞劂之費於束修中竭蹶銖累且普勸童子勷助庚申歲書成付梓時子德升久困童子試即於是歲十二月入泮辛酉中經魁壬戌成進士入館選先是德升赴考之夕炅在館夢與諸生講吾道一貫章覺寤自述其夢解曰參也魯吾道一貫意者道考有望乎後果以案首受知文宗然亦不意其自此勢如破竹一以貫之也其積德累行感冥冥者固自有在然感應篇甫成而德升之科第功名遂相輻輳感應之神速如此享壽七旬贈文林郎壬申歲三學公請入祀鄉賢

貞節孝養　　陳和

夫婦爲人倫之始居常則舉案齊眉遇變則投崖斷臂是誠足以風勵帝閫扶持風教者也江城僻處海濱自有明以來婦女之柏舟矢志者不知凡幾因窮於耳目不能備紀茲取其見聞

之所及近而有據者以增梓里之光當與忠烈諸君子並傳不朽矣至於奉甘旨事舅姑苦勤澹泊竭力盡誠孝養一則亦婦道所首重也雖夷險順逆遇各不同而植節貞恆心無二致蓋未有節而不孝亦未有孝而不能節也爲並載之使芳躅懿徽得以風示鄉里云志貞節孝養

彭王氏適儒士彭敏早卒青年守志成化二年奉旨建坊旌獎〔坊用木歲久爲風雨所頹先數夕里人聞鬼聲響坊下羣犬皆吠子孫不預爲修葺以致頹敗豈幽貞魂魄有不慊於心者乎〕

王慕貞三江所王子淸女幼喜誦讀許字郡城劉志學劉故蕩子未室而客燕私一燕婦十餘年不返屢移書令氏他適父母欲從之氏堅執不可後夫客死時貞年三十五矣父母議更字貞泣曰貞既策名劉氏即爲劉氏鬼耳我夫雖死聞有姑在姑雙目俱瞽隻居山谷中以貸乞度日世豈有聘媳二十餘年而不得媳一日之養者乎吾將歸養吾姑母不能强送之歸既拜其姑績紡採汲諸苦備歷見者莫不嘆息淚下致格里中悍婦孝養七年姑沒守墓半載忽有微疾即沐浴焚香端坐而化年四十二沒時正夏氏尸香徹數里者累日縣令楊親往祭奠後鹽院傳發銀建祠同沈烈婦祀享里人劉宗周爲之記

王舜鼎妻

曹復心妻李氏有淑德復心三世同居頗艱於食氏旦夕紡績以佐之絕無間言中年夫沒事

姑更謹數十年不少懈自生養以及葬祭皆身任之不以派叔也崇禎癸酉子惟才官莆潭氏戒之曰吾平生好施汝妄受一文甯弗施吾平日戒殺汝妄撻一人卽犯殺汝其念之生受花封享年八十有四

張名世女通經書諳韜略聞父兄瀋陽戰沒慟甚不忍獨生吞金而死

黃名世妻袁氏郡城大樹下人名世九歲入會稽邑庠氏父奇其才以氏妻之氏與夫相敬如賓居常無惰容褻語明末大兵渡江土寇充斥焚刼蹂躪氏恐被汚辱抱幼女投井死陳尚扆爲之贊贊曰至大至剛天地之氣健順雖殊稟受不異卓哉黃母秉心獨摯命也不辰干戈遭際强暴未臨兇威聲勢氏也聞之戰戰危懼思患預防全身自誓曰及其鋒難以猝避設或牽袂亦須斷臂總一捐生先事爲智顧憐幼女傷心洒泪井冽寒泉抱同捐棄立節眞奇剛常攸繫氣塞兩間配乎道義世弗知之光幽魂滯七十餘年褒嘉未至維史與乘缺焉弗誌追以贊之用俟崇賁渺渺貞魂芬芳九地

庠生周二濂妻李氏誕子耀祖方九日而二濂卒無產業親族可倚人咸勸之嫁曰區區血嬰甯足恃耶氏毅然正色曰天苟佑周氏兒必無恙勤苦數十年俾得成立及沒孫尚文尚赤已數齡曾元輩森森竹立矣

程鈺妻傅氏漵州府通判雲史胞妹也性端淑年十七歸鈺舉案雍肅有古名媛風于歸後翁臥病床褥勢危迫氏晝夜侍左右勞勩躬親刲股作羹以進病愈復享大年後數載姑趙病劇奉侍一如其翁至勢不可爲爲嘗糞哀泣籲天至性篤孝如此又兩佃戶負逋實多一以妻一以子造門惡詈氏素性寬慈善言解慰更助以錢米佃無詞以歸歸後暴死佃妻感氏惠亦不復有根究氏樂善好施出之自然而收效甚速舉丈夫子六俱蜚聲士林四子王霖登丁丑進士

儒士向廷謨妻童氏年三十廷謨沒子噓雲纔七十日氏抗志守節仰事繼姑傅於奇貧極窘中能得其歡心常謂人曰幸得寡媳孝敬雖吾所生弗如也教育孤子極嚴厲一日以事出歸稍遲痛責之子亦凜凜受教卒成耆德向瑢即氏孫也

黃震妻董氏明萬全衛都指揮使陞淮安總兵會稽董鴻盤諱世儀女也震父翊山嘗官萬全與董同寅燕集時震甫八歲儀節都雅應對明敏有成人度董心器之遂許字焉氏在室以孝聞于歸後事其姑劉夫人孝謹盡道劉性嚴毅鮮當意者氏先意承志無不得其歡心劉常患足病艱步履震教授在外氏身任其勞朝夕背負出入扶持抑搔省視寒煖飢飽無不備至夜臥姑側靜候安否五六起以爲常姑病劇不能起床褥則長跪榻前進藥飲惟謹每赴館必泣

告母曰兒遠授生徒不獲左右躬親藥餌依依不忍去母曰汝第往婦在如汝在也竭力孝養十數年如一日無一事偶拂姑意者沒後喪葬如禮凡得一果一物必祭而後嘗然生平未嘗一字自以爲孝鄉邦難之生一子六歲而殤力勸置簉室娶李氏凡有娠衣裳襁褓之類必躬爲預備以遺之樛木逮下之惠又如此康熙乙亥卒年五十有九子艮輔爲山陰諸生

陳章氏適儒士陳嘉生二子嘉早卒氏年二十兵燹之後室廬俱燼家無升斗之儲親戚咸勸之嫁氏含淚嗚咽言曰予命薄才拙若再嫁而仍受貧苦不如不嫁而餓死之爲愈也矢志彌堅將次子出繼宋姓與其庶姑氏協志苦守比子長以無業亦不能存活飢寒荼苦者幾四十年絕無怨悔卒時年六十餘矣長子卒次子歸宗嗣續焉

傅雲章妻朱氏北直朱敬之次女也雲章挾策北遊敬之見而愛之遂以女歸焉氏與雲章居京師共甘淡泊而朝夕惓惓者惟以迎養舅姑爲念越明年生子于德甫六月而雲章沒氏年止十九耳撫棺慟哭水漿不入口者數日又念守志無有不依舅姑之理南北相隔三千餘里艱於資斧不克歸葬常呼天號泣淚枯血繼時雲章契友翁泰安在都謁選聞之高其節慨然任麥舟之助而敬之夫婦以久居薊北且年邁不忍令遠去勸阻再四氏以義不可留竟扶櫬南歸事舅姑曲盡恩禮有疾藥必親嘗衣不解帶姑疾劇刲股以療既沒衾斂勉措從厚至教

育孤兒則寓嚴於慈訓誨諄諄以至成立卒年五十有一康熙丙申歲郡守王公以巽給扁旌獎　陳氏湯川太學生陳銘勳女適儒士傅汝馮卽節孝傅母之次孫也結褵一載餘夫病卒氏卽不事鉛華矢志守節　黃氏庠生艮輔女性貞靜幼秉父訓許字傅汝城爲室亦節孝傅母之第三孫也未婚而卒氏聞訃洗妝撤瑱皇皇不欲生間有媒氏至則怒詈不食洎汝城之葬已十換蓂莢矣氏白其父欲造門守節父難之凜凜義形於色曰女子從一禮也何論已嫁未嫁且父爲女許壻止一許詎可再許父成其志語其翁啓人爲擇日過門送夫歸窆哭甚哀宗黨俱哀歎之陳息齋口占一絕云巾幗誰言浩氣無未調琴瑟淚先枯夜臺此際應相許一片冰心在玉壺

韓氏名蕙姑庠生韓翊龍女也適儒士鄭嘉　不數年夫卒氏矢志貞潔別置一室招其族中伯姒之母駱相與同居晨夕相依焚香梵貝足不踰戶至老而卒

韓氏鍊伯鋼之女也母章氏早卒氏性婉順年十五歸庠生陳尙扆雖少能知大體事其姑孝養周至與其伯姒處數十年從無忤言忤色無人知之夫知之而已撫其子女俱各知禮成立嘗曰吾幸不爲庸人婦尙何多求年踰七旬卒

附賢淑

張宗城原配傅氏性仁厚明末與里人同舟避亂傅良生之子師方在襁褓以無乳啼不止舟中人咸惡之將投諸水其母不能禁氏獨惻然曰同船合命彼嬰兒何知乃逃死而置之死乎前抱持之且納乳於其口中始得脱今師孫子林立皆氏所留也

林羽伯女聰慧知書贅郡城羅淇爲壻羅性豪邁好馳馬試劍不屑屑於書史女曰學武而不通文翰與行伍等耳曷足貴乎晨夕勸之誦讀與之講解羅乃發憤淬礪中康熙己未狀元官至協鎮

三江所志跋

乾隆庚辰新秋余以候補令署紹郡南塘海防通判抵任三江所聞所有志心不然之三江隸山陰僅枰間一子地耳奚以志歲暮晤經生傅君月樵詢之果有志舉稿相示乃不覺睪然高望曰有是哉是烏可無志古稱不朽曰立德立功立言豈令名之謂謂其德其功其言之不朽也然其德其功其言不朽而名自不朽吾聞其語矣其人雖通都大邑殆未易覯閱三江所志何大有人在耶張宇倜潛心經學與易亭蕺山諸公友介節自持不徒爲訓詁言王恭簡勳名事業自是文成一流人物若惕齋先生生文成之鄉學文成之學而先迷後得主確然以居敬窮理反躬實踐爲程朱衍正傳程朱之學孔孟之學也國朝稼書先生外一人而已其他孝友忠烈義行儒林類足以廉頑立懦爲末世師說者謂會稽山之靈磅礴奥折東西兩江界其外錢江注其中千巖萬壑吐納三江人之傑實地之靈也果爾則山川不改後之人甯遂異於昔所云哉夫盛衰不以科名膴仕論前明時三江科目爲盛武榜更夥今之傳者亦無幾人且有位陟權要而比之匪人爲千古笑者士苟有志惟當爲其不朽者而已意爲不朽則近名亦爲其不可朽者而已讀斯志也雖百世之下必有聞風而興起者矣　辛巳元日山左昌邑孫爾周懷東氏書於三江官署

三江所志勘誤表

序第一頁前幅第六行　辛酉壬戌　誤壬戌癸酉
又　第十一行　亦可誤可亦
又　第十三行　眞如　陳本作眞有如
後幅第一行　勸善懲惡下　陳本有而是書也
又　第三行　而字下　陳本有使江城人不忘其所自
志第一頁前幅第四行　問學　誤學問
又　第十三行　私謚文貞　文誤聞
後幅第一行　晝誤書後倣此　紬繹　紬誤抽
又　第三行　切貼　誤貼切
又　第五行　世教　教誤節
又　第六行　大有賴焉　焉誤也
又　第十二行　幽光者下落乎字
第二頁前幅第十二三行　陳本懼在憒後

又 又 第十四行 忒煞無端 煞誤然

後幅第四行 無往不在 往誤在

又 又 第十四行 文貞 文誤聞

第三頁前幅第六行 應鰲 鰲誤鼇 文貞 文誤聞

又 又 第八行 兩應鰲 鰲皆誤鼇

又 又 第十行 三十餘年 陳本三作二

後幅第四行 文貞 文誤聞

又 又 第十二行 遂愆然 遂誤逐

第四頁前幅第六行 見人之惡 見陳本作聞

又 又 雖微必隱 微陳本作小

又 又 第七行 規勸肫懇 懇陳本作切

又 又 又 當下自省 自省陳本作有信從之意

又 又 第十一行 出塵之致 致誤趣

又 又 第十四行 天壽平格 天誤夭

又　後幅第四行　必无之无　无誤旡後倣此

第五頁前幅第二行　剖析　析誤晰

又　又　第五行　觀彖以總六爻之全　彖誤象

又　又　第六行　觀彖　彖誤象

又　又　第七行　觀彖　彖誤象　觀畫　畫誤卦

又　又　第八行　一脈相通　通陳本作傳

又　又　第十行　有菑有畬　菑誤蓄

又　後幅第二行　粗畢　畢陳本作完

又　又　第三行　拼究竟性命　拼誤並

又　又　第八行　兩心質證　證誤正

又　又　第九行　强聖人之言從己　落人之二字

又　又　第十行　觀彖　疏彖　兩彖字皆誤象

又　又　又　八字　兩字皆衍

又　又　第十三行　兩觀彖　彖字皆誤象

又　又　第十四行　知此二句　落此字
第六頁前幅第二行　以此二字衍
又　又　又　亦虛之義　亦誤六
又　又　第六行　無處非學　落處非二字
又　又　第七行　以開卷的易作印證　落易字
又　又　又　故冊下子字衍
又　又　第十行　所以必證者　必誤不
又　又　第十一行　須即引歸　須誤次
又　後幅第一行　近日二字衍
又　又　又　貫通融洽　陳本作融會貫通
又　又　第五行　四彖字皆誤象
又　又　第六行　之兩語　陳本作兩說　印誤叩
又　又　第八行　於師襄　落於字
又　又　又　輙疑鬼疑神　輙誤輟　所見爲誤見所謂

又　又　第十一行　元炳　炳誤丙
又　又　第十二行　白首　首誤叟
又　又　第十三行　觀玩而會　落而字　劉元炳　炳誤丙
又　又　第十四行　象誤象　下落觀象如觀畫五字
第七頁前幅第一行　氏字衍
又　又　第二行　閉門合轍　閉誤出
又　又　第五行　非以易傳我　傳誤博
又　又　第八行　陳仲醇曰　曰誤玉
又　後幅第三行　實有易心也　也誤焉
又　又　第四行　有字衍
第八頁前幅第四行　穆然二字衍
又　又　第十三行　就誤售
又　後幅第二行　雖字衍
又　又　第四行　定力上加有字　能無惕然巳耶　無陳本作不

又　又　第六行　予取茲言　予誤序
又　又　第七行　不師而嚴　嚴陳本作礪
又　又　第八行　其永佩茲言　永誤承
又　又　第九行　各申以語　申陳本作諗
又　又　第十二行　焉往而非學也　落學字
又　又　又　子何往而不覺乎　陳本無
第九頁前幅第二行　惟覺耳　下落曰字
又　又　第四行　焉往而非學　落學字　何言　何誤可
又　又　第六行　眞誤稱
又　又　第九行　所字衍
又　又　第十二行　以晝無定情也　落情字
又　後幅第一行　炳炳乎津津乎兩句　陳本上下互易
又　又　第二行　乾誤潛
又　又　第五行　祕密之機　之誤玄

又　又　第七行　先生二字衍　下微矣二字重出
第十頁前幅第七行　莊蘺誤江籬　酹誤酧
又　第八行　麓誤椒
又　又　第十行　情眞　眞誤空
又　又　第十一行　不遇　不誤弗　八月下落之字
又　又　第十二行　山色靜　靜誤近
又　後幅第八行　古樹　古誤大
又　又　第十三行　德誤從　先生二字衍
第十一頁前幅第二行　高第　第陳本作弟
又　後幅第四行　報功祠下應直接後山上有觀瀾亭云云　誤分另行
又　又　第十行　碧凌二字倒置
又　又　第十四行　附三江八景　落三江兩字
第十二頁前幅第十四行　送駕誤宋家
又　後幅第一行　送駕誤宋家

又　又　第十一行　送駕誤宋家
第十三頁前幅第二行　送駕誤宋家
又　後幅第二行　同知劉　知誤志
又　又　第六行　劉復查　復誤浚
又　又　第九行　吳詳批　詳誤祥
第十四頁前幅第六行　邢邦柱　邢誤刑
又　又　第八行　同知馬　知誤志
又　後幅第二行　倘地方　地誤他
又　又　第三行　舍其本務　本誤力
又　又　第五行　紹興下衛字衍
又　又　第十行　磐石　磐誤盤
又　又　第十三行　已經奏明　奏誤查
第十五頁前幅第七行　域中　域誤城
又　又　第十行　下亙字衍

又	後幅第一行	李益謙記之	之誤云
又	又　第三行	沙堋	堋誤崩
又	又　第六行	鬧務全書落全字	
第十六頁前幅第八行		經漊閘	經誤涇
又	又　第十一行	西四洞	四誤曰
又	後幅第一行	老閘上　落老字	
又	又　第三行	陳本無語極工緻四字	
又	又　第六行	萬頃	頃誤頓
第十七頁前幅第四行		三十畝	三誤四
又	又　第八行	膏壤	壤誤圩
又	後幅第一行	則水下落牌字	
又	又　第四行	綏邦	綏誤海
又	又　第十四行	瀉滷	瀉誤瀉
第十八頁後幅第六行		誠偉矣哉	偉誤危

又　又　第七行　山會蕭三縣　誤山陰會稽蕭山
又　又　第十行　自瀦山出　落山字
又　又　第十四行　數字衍
第十九頁前幅第五行　鬧字衍
又　又　第十四行　經淒　經誤涇
又　後幅第三行　瀉滷　瀉誤潟
又　又　第六行　我藝黍稷　黍誤參
又　又　第十一行　紹恩二字衍
第二十頁前幅第五行　乘小艇　乘誤拏
又　又　第十二行　亂誤罪
又　後幅第三行　則無生矣　則誤猶　也誤矣
又　又　第六行　焉誤也
又　又　第七行　直頌也歟哉　陳本無直字
第二十一頁前幅第九行　草塘　塘誤蕩

又　又第十行　三江所落所字
又　又第十三行　無旱潦　落潦字
又　後幅第十一行　隘陿　隘誤陊
又　又第十二行　令誤今
第二十二頁前幅第三行　桔槹　槹誤桿
又　又第十一行　黃絅壬戌下落進士二字
又　後幅第五行　水益駃　駃誤駛
又　又第十三行　惟力是視　視誤觀
又　又第十四行　顧念　顧誤願
第二十三頁前幅第五行　築塘　塘誤堤
又　又第十三行　障水之板　障誤潭
又　後幅第七行　舊制　制誤式
又　又第十行　督工徒　督誤董
又　又第十四行　田七畝　七陳本作一

第二十四頁前幅第一行　陳本無單港二字

又　又　第六行　陳本無一科二字

又　又　第七行　陳本無俞公德政碑全文

又　又　第十一行　陳本無楊應藻與張凝菴書全文

又　後幅第十二行　陳本無陳和莫龍辨全文

第二十六頁前幅　王十朋陡亹詩季本應宿閘詩陳和辨莫龍詩陳本均無

又　後幅第一行　鷹鰲　鰲誤鼇

又　又　第二行　綽有四焉　四誤匹

又　又　第五行　而趨二字衍

又　又　第八行　此誠養福　誠誤城

又　又　第十一行　老鸛亭　鸛陳本作鶴

又　又　第十二行　以籌衣食　籌誤辦

又　又　第十四行　舉業二字誤倒置

第二十七頁前幅第二行　衿誤矜

又　又又　陳本無少亦不下五六人句
又　後幅第十三行　出於女壻　落於字
第二十八頁前幅第一行　如蚊力　蚊誤蛟
又　後幅第二行　歟陳本作乎
又　又第四行　鰻綫下宜空一格
又　又第六行　鬧洞蟹下宜空一格　味字上陳本有其字
又　又第七行　鱸魚下宜空一格
又　又第八行　鯆魚下宜空一格
又　又第十一行　鯔魚下宜空一格
又　又第十四行　髫越蟹下宜空一格
第二十九頁前幅第二行　一望茫然　然誤茫
又　又第三行　冬月上不宜空
又　又第八行　網罟　罟字宜提高一格
又　後幅第六行　陳本無掣字

第三十頁前幅第一行　佈田　田誤佃
又　又　第二行　召佃下落收租二字
第三十一頁前幅第三行　六字兩字衍　廳鰲　鰲誤鰲
又　又　第五行　改建樓　陳本樓作閣
又　又　第九行　陳本無沛人二字
又　後幅第一行　也字衍
又　又　第九行　鎮城菴右　右誤古
又　又　第十行　天后宫　后誤妃
又　又　第十三行　天后宫　后誤妃
第三十二頁前幅第五行　祝字衍
又　又　第六行　感人協應有　陳本無此五字
又　又　第七行　人有以經商　人下落有字
又　又　第十二行　崇禎六年四字　陳本無
又　又　第十三行　以敬顔其門額　顔誤題

又　又　第十四行　必早至　陳本無必字

又　後幅第一行　饅首　饅誤鰻

又　又　第六行　力字下落爭字　天后宮　后誤妃

又　又　第七行　日瑞　瑞誤端

又　又　第八九行　下六賢内三字衍

第三十三頁前幅第五行　閩浙總督　閩浙二字誤倒置

又　又　第六行〔乙丑捐俸置田爲每年繕修補閘板鐵鐶之費郡守李公鐸於康熙〕

陳本闕此二十六字

又　又　第九行　膏腴　腴誤腴　姓名　名誤氏

又　後幅第三行　南門外　外誤村

又　又　第四行　東南城近村　近誤外　諸字衍

又　又　第九行　湯和下落之字

又　又　第十二行　躬誤恭　徧誤偏

又　又　第十四行　請予記之　記誤紀

第三十四頁前幅第四行　愛此　愛誤受
又　又　第六行　猶傳　猶誤有
又　後幅第四行　起登萊　萊誤業
又　又　第九行　庭責　責誤叱
又　又　第十行　窮壤　壤誤鄉
又　又　第十一行　療下落藥字　學久廢　學誤樂
又　又　第十三行　不侵陳本作悉除　蒸誤丞
第三十五頁前幅第一行　枕藉　藉誤籍
又　又　第四行　潼川州　陳本作潼州府
又　又　第十二行　無恐　恐誤怨
又　又　第十三行　山東左布政司　落左字
又　又　第十四行　遷誤選　閒務全書　落全字
又　後幅第三行　省試第一省誤鄉
又　又　第六行　毀淫書　書誤祀

又　又　第八行　蕺麓　蕺誤戢

第三十六頁前幅第一行　乘小艇　乘誤拏

又　又　第二行　凡予直　凡誤工　肖像　肖誤肯

又　後幅第三行　范溹　溹誤涑　甲申　申誤戌

又　又　第九行　張任學前應將第三十七頁之馬如蛟傳移載於此馬傳廉而

明　明誤敏　張傳留孺　孺陳本作儒

第三十七頁前幅第三四行　孫轔劉一匯傳前後互易

又　又　第十二行　感德立碑　德誤泣

又　後幅第六行　平海　平誤十

又　又　第七行　易曰　落曰字

又　又　第十四行　霪潦　潦誤滂

第三十八頁前幅第十行　府志上落按字

又　又　第十二行　嘉靖二年　陳本作三年

又　又　第十三行　赫靈斯震　震誤振

又 後幅第九行 號裕玄雋乃 裕下落玄字 雋下落乃字
又 又 第十一行 揚州 揚誤楊
第三十九頁前幅第六行 征蠻功 征誤徵 落功字
第四十頁前幅第八行 服便衣 誤衣服便
又 又 第九行 黄袱 袱誤服
第四十一頁前幅第二行 按此四字疑誤 之誤字作訊非
又 又 第三行 十數名 落數字
又 後幅第十行 遣子汭 汭誤炳
第四十三頁前幅第一行 章名鼐注删元直孫有傳五字
又 又 第十一行 良樞 良誤艮
又 後幅第二行 傅善典注廷岳長子 落廷岳二字
又 又 又 陳本無愼甫張先生子壻七字
又 又 第三行 程應選注 落習易二字
又 又 第五行 傅應驥注 恚曰 恚誤慚

第四十四頁前幅第四行　傅爾星註居之陳本作君之疑誤

又　又　何溶註陳本後尚附有先生步淵明止酒詩詩云酒止麴蘖歡何必先生止先生若止酒寓意寧止此酒若止先生豈止一酒已方其未止時眞趣自嘉止時然而止之仰止羲皇紀琴止酒之韻詩止酒之泚籬菊止蒼顏孤松止醉几酒非止爲酒止見何所起何酒何爲止於此止酒矣但得止中趣何止窺涯涘

第四十四頁前幅第十行　曹士琮注字君宗字誤宇

又　第十三行　曹士球注習詩　陳本作習易

又　後幅第二行　李謙行注　千古　古誤苦

又　第三行　孫鯉注　習易陳本作習詩

又　第五行　潘尙志注　改回紹府學　落紹字

又　第六行　己卯　己誤乙

又　第七行　傅霖注　雨公上落字字

又　第八行　行滕達注　字蜚之　之誤子

又　第十二行　李文錦注字絅文　字誤宇

第四十五頁前幅第五行　韓翃瓏注會稽附落附字

又　第六行　韓之良注會稽附落附字

又　第八行　張之蕃注清窘窘誤窮

又　第九行　邢錫禧注山陰附下落習易二字

又　第十二行　傳宗後陳本即接以後文武並錄云云

又　第十三行　十一二年乙未丙申應作十二三年陳本此行全無

又　後幅第一行　陳本全無

又　第二行　十五六年戊戌己亥誤作十四五年

又　第三行　程淇注字東木字誤字

又　第三四五六　以上四行陳本全無

又　第十行　陳本全無

又　第十一行　程陳本誤作鄭

又　第十四行　邢振綸注字伯經陳本作經伯

第四十六頁前幅第六行　陳和注陳本無山陰增習詩五字三江所誌陳本作志書胸坎

陳本作胸次　孔子下陳本無一生二字
又　又　第八九兩行　陳本互易
又　又　第十一行　山陰武　陳本作附
又　又　第十三行　彭汝霖注陳本無懋義孫三字
又　又　第十四行　三益函　函誤亟
又　又　又　陳本無先生翁所喟然六字
又　後幅第一行　立說陳本作者無昭字世下有也字
又　又　第七行　湖廣人　人誤之
第四十七頁前幅第二行　周尙文注文昌閣落昌字
又　又　第三行　陳本全無
又　又　第六行　陳本全無
又　又　第八九兩行　陳本全無
又　又　第十二十四兩行　陳本全無
又　後幅第一二兩行　陳本全無

又　又　第三行　陳本無五丁未三字
又　又　第十行　劉彪　彪陳本作鑣　武陳本作附
又　又　第十一行　字曾學　字誤宇
第四十八頁前幅第一行　良農出　出誤拙　蓬誤篷
又　又　第一行　死誤斯
又　又　第八行　實菴　實誤寶
又　後幅第十一行　寄示運兒　示誤士
第四十九頁前幅第八行　僅有其志　陳本無其字
又　後幅第三行　己亦受益　亦誤則
又　又　第五行　所默喻者　陳本無者字
又　又　第十行　誰謂儒者　儒上衍非字
第五十頁前幅第七行　超汪洋兮雲騰　雲誤高
又　後幅第七行　邢舜祥及第九行傳國才中式年分考府志選舉原本不誤陳

本互易先後反誤

又　又　第九行　傅國才注肇慶府推官落官字

又　又　第十行　䰇蜞　蜞誤蠐

第五十一頁前幅第三行　傅應鳳注同知　知誤和

又　又　第四五行　孫杰邢大忠連註陳本前後互易

又　後幅第六行　傅宗注　許久誤久許

又　又　第十一行　王舜鼎注　少保少誤太

第五十二頁前幅第二行　楊公璉　璉誤連

又　又　然亦未嘗不深自悔恨　落未嘗不三字

又　又　第三行　歿年六十上有何不思之甚也

又　又　第八行　推官落官字

又　又　第十行　議論騰湧　騰湧陳本作紛紛

又　後幅第一行　滕達注陳本無順治丁酉舉人辛丑進士十字應從之

又　又　第二行　入郡城落城字試案下無內字贅壻下有是年二字郡庠下有數年二字後滕達落達字曹氏受花封爲陳本作曹氏於此受花封也

又　又　第三行　三益函記全文陳本移在鯤鵬水擊三千里賦後應從之
又　又　第八行　括其指　指陳本作志
又　又　第十二行　求其傳爲記　求誤永　無子修徐子　無誤奀
又　又　第十三行　信伯史子　子誤予
第五十三頁前幅　二十五年丙午　五誤三
又　後幅第十四行　葉逢春　逢誤鳳
第五十四頁後幅第九行　劉熙註萬歷已卯　已誤乙
第五十五頁前幅第三行　征朝鮮　征誤徵
又　又　第四行　官至把總　至誤止
第五十六頁前幅第一行　壬戌戌陳本作午誤　崑巖　巖誤岳
又　又　第四行　振藜　藜誤黎
又　後幅第八行　程振宗　程陳本作吳
第五十七頁前幅第一行　四十六年戊午　六誤七
又　又　第十行　董繩武　董陳本作黃

又　後幅第二行　官欽州守備　官誤守
又　又　第十三行　歷任參將　任誤陞
第五十八頁後幅第一行　食采三江　采誤米
又　又　第九行　德業懋著　懋誤茂
又　又　第十二行　文獻之遺　遺誤道
又　又　第十三行　二而一之　落之字
又　又　又　亦道之所寄下衍也而兩字
第五十九頁前幅第一行　文貞　文誤聞
又　又　第三行　文貞　文誤聞
又　又　第五行首　落重沒二字
又　又　第六行　由實踐　由誤以　品行粹然眞儒者落品行眞三字
又　又　第七行　文貞　文誤聞
又　又　第十四行　道喪千載　喪誤表
又　後幅第一行　玉質金相　質誤貧

又　又第二行　又云聞知　知誤之
又　又第三行　言探茳蘺以酹一觴　茳蘺酹誤江籬酎
又　又第六行　道主慈愛　落愛字
又　又又　合古今律例　落今字
又　又第九行　京邸　邸誤師
第六十頁前幅第二行　國才姪孫　陳本無姪字
又　又第二行　文貞　文誤聞
又　又第四行　陳本無村居自述詩
又　又第八行　文貞　文誤聞
又　又第十一行　攜手訣曰　訣誤決
又　後幅第二行　文貞　文誤聞
又　又第四行　朱子　朱誤米
第六十一頁前幅第二行　節去此段　去誤取
又　又第十一行　痛甚二字　陳本無

第六十二頁前幅第一行　顯親揚名　誤揚名顯親
又　又第七行　老羞變怒　落變字
第六十三頁前幅第十三行　性好書　誤姓好學
又　又又　了辨如響　響誤响
又　後幅第六行　文昌閣　落昌字
第六十四頁前幅第一行　至性　至誤志
第六十五頁前幅第四行　每字衍
又　又第十三行　於是得免議　落得字
又　後幅第四行　精研熟玩　精誤情
又　後幅第四五行　陳本無大書小楷皆純運腕臂點畫不苟十三字　已也陳本作而已
又　又第十一行　從兄綱　綱陳本作剛
第六十六頁前幅第二行　載其行事　其誤之
又　又第八行　劉公以鯁直　落公字

又　後幅第四行　厲責不已　落不已二字
又　又　第八行　傳國才傳　陳本無
第六十七頁前幅第五行　嵾居　嵾誤嫯
又　又　第九行　藥必迅利　迅誤汛
又　又　第十四行　棄衿佩　棄誤垂
又　後幅第二行　博極羣書　極誤習
又　又　第四行　其字衍
又　又　第五行　言曰云云四字衍
又　又　第七行　輕財利　利誤禮
又　又　第十二行　庚寅卒　庚陳本作丙　艮誤良
又　又　第十三行　靜坐　坐誤養
第六十八頁前幅　德色　色誤邑
又　又　陳嘉裕傳　陳本無
又　後幅第十三行　披肝　誤肝披

第六十九頁後幅第八行　當與　與誤其
第七十頁前幅第十一行　示其家　家誤衆
又　又　第十四行　揖字下加一揖字
又　後幅第五行　火珠　火誤大
第七十一頁前幅第九行　而不疏　落不字
又　又　第十二行　夙夜不欺　欺誤棄
又　又　第十三行　詖邪　詖誤陂
又　又　又　以此化民　以此誤於以
又　後幅第十三行　邯鄲步稿序全篇陳本無
第七十二頁前幅第十一行　不得已之衷　衷誤哀
又　後幅第十二行　志誤知　邯鄲步下落稿字
第七十三頁前幅第四行　排纂雄健　健陳本作奇
又　又　第五行　先字衍
又　後幅第八行　黃艮輔拜下落撰字

又　又　第九行　陳和　誤和陳
又　第十四行　明字應另行
第七十四頁前幅第七行　孫菽琳　菽陳本作蔣
又　又　程鶴翥傳　陳本無
又　後幅第四行　清字應另行
又　又　第五行　韓爲韓下韓字疑有誤
又　又　第六行　七入縣幕　入誤十
又　又　第九行　德孚　孚誤甫
又　又　第十二行　即此一臠可知全鼎矣九字陳本無
第七十五頁前幅第四行　文貞　文誤聞
又　又　第十一行　疎爽　爽誤賞
又　後幅第十一行　二世　二誤兩
第七十六頁後幅第四行　閒把雙柑　雙誤桑
第七十七頁前幅第十一行　青緗　緗誤湘

又　後幅第五行　臨摹　摹誤摩
第七十八頁後幅第二行　繼往　繼陳本作紹
又　又　第三行　湮沒不彰焉　焉陳本作也
又　又　第十行　田卒汚萊　汚誤汙
第七十九頁後幅第二行　乘下澤之車　落之車二字
又　又　又　飯彤俎綻　陳本作煩彤組綻
第八十頁後幅第十三行　王樂教王誤黃　敦聘　聘誤品
又　又　第十四行　萬曆戊申　陳本作戊午　朝作間
第八十一頁前幅第一行　張夫人張下衍氏字
又　又　第八行　文貞　文誤聞
又　又　第九行　文貞　文誤聞
又　後幅第一行　後菴僧　宜另行起
又　又　第二行　閉門哭泣　閉誤開
又　又　第六行　同志二字　誤童子

第八十三頁前幅第一行　勤苦誤苦勤
又　又第三行　亦未有三字衍　不能節下加者字　云下落爾字
又　第四行　陳本無旌奬二字
又　第十三行　王舜鼎妻四字衍
又　後幅第五行　通經史　史誤書
又　第五行　與夫相敬如賓　與字上衍氏字
又　第十行　世弗之知　之知二字倒置
第八十三頁前幅第三行　奉事　事誤侍
又　第七行　儒士二字衍
又　第八行　姑嘗謂人曰　姑嘗二字誤常
又　第十二行　孝敬盡道　敬誤謹
又　第十四行　震每赴館　落震字
又　後幅第二行　數十誤十數
又　第一行　嘉早卒嘉下不空

第八十四頁前幅第二行　傅陳氏宜另行起
又　又　陳銘勳女　陳本無陳字　銘作名
又　又　第三行　傅黃氏應另行起　亦字衍
又　又　第十二行　忤色下陳本有姑後有疾痛不可忍氏親爲揾拭至有能爲人之必不能爲者氏二十一字而去無人二字
又　後幅第二行　乃逃生而置之死乎　生誤死
第八十五頁跋前幅第九行　東西兩江　江陳本作浙
此志曾侶仁君厚章藏有鈔本先假鈔付印其書作者不止一人故有重出之處今悉仍原書刊之以存其眞刊將竣始知陳君肇奎藏有令祖手鈔本亟商借閱文字間雖小有出入而大致悉同遂并資以校勘焉

安昌志目錄

高讓雲安昌志原稿不可覓韓啓鴻搜求頗久僅得序記書啓四首其古蹟人物則啓鴻所足成也啓鴻字小颿先世業農居膏澤後遷安昌祖輝祖父潮字秋颿會稽增生有晚香廬詩鈔啓鴻會稽附生畢業浙江自治研究所任安昌鎮議事會議長紹興

縣師範講習所教員安昌
學務委員現年七十歲

安昌志序

張世慶 春農

夫尚書載堯典不記荒邈之詞春秋始於隱公存其刪訂之實故書成越絕紙縷述其舊聞賦著會稽不僅資夫博採凡古今之作者具同異於見聞安昌市者山陰西北之偏隅也瀕海而居代奉魚鹽之賦彈丸所託夙傳弦誦之風軼騶同年博雅君子也桑梓敬恭文獻所證昭忠信於十室備輶軒於四方芥子須彌即小以見大魯魚亥豕訂僞而闕疑即抱殘守缺之餘寓微顯闡幽之義一臠嘗鼎供饜飫於無窮萬卷文楹悉搜羅於俄頃後之踵事增華者其以是爲嚆矢也乎是爲序此序乃徐午莊之伯侶珊所錄存

安昌記

高驤雲 逸帆

古有安昌國隸汝南郡漢張禹侯國也又有昌安縣隸高密國後漢鄧禹次子嗣侯國也山陰爲越郡附郭縣其北有昌安門又北三十里有安昌鄉西北五十里有安昌市因門而名者門以內有昌安坊昌安橋門以外有昌安塘昌安鋪因鄉而名者有安昌堰又有兩安昌寺一在昌安門內蕺山南麓一在安昌市之東偏凡邑中名昌安者五名安昌者五而安昌紀載尤雜不可無辨吳越備史載乾寧三年錢鏐攻昌安門是昌安之名始見於晚唐而宋人述之者也寶慶會稽續志載城北曰三江門康熙俞守郡志載昌安門即三江門是唐名昌安宋改三江

今復名昌安也元置昌安坊見僉志明洪武置昌安塘鋪見萬歷郡志此昌安名跡可攷者也宋置安昌鄉見俞志予嘗過羊山石佛寺見萬歷吳顯忠鐫壁云大唐中和間武肅王鏐以八都兵屯羊石寨平劉漢宏及獲董昌因名其鄉爲安昌是安昌鄉之名亦自晚唐始晚唐以前見著録者其蕺山之安昌寺乎元宗時博州孫逖寓越有立秋日題安昌寺北山亭詩（據全唐詩所載詩題如此今省府縣志並漏山字）安昌即戒珠寺本名唐大中六年始改戒珠見寶慶志吾家菊礀公翥題戒珠寺有安昌寺裏晚遊時之句亦一證也（戒珠寺本名安昌寺省志寺觀府志祠祀所載並同惟縣志寺觀作昌安寺孫逖詩題內安昌寺府志祠祀縣志藝文及全唐詩所載並同菊礀公詩內安昌寺省志寺觀府志祠祀並同惟省志藝文重載此詩及縣志藝文並作昌安寺此寺本王右軍捨宅其名安昌之始縣志無考予按天台志載定光禪師錫杖尚留在昌安即會稽隆安院也見神邕高僧傳云云今省府縣志戒珠下並載定光事而會稽無隆安院似昌安之先又名隆安其或書昌安或書安昌傳聞互異當再覓古本定之）安昌市之安昌寺初本名安昌院見浙江通志又名安康院見嘉泰會稽志今爲安康教寺見郡志邑志其創建在後唐長興元年各志並同寺中碑碣亦云然然則盛唐時安昌市尚無寺院孫逖詩當屬戒珠又一證也郡志安康寺條下誤收此詩遂有里人取詩中天路雲虹語額諸寺門以爲古蹟甚矣志乘載筆不可不慎也至安昌市之與安昌鄉更有當辨者山陰北境濱海四十餘里十餘里因山爲固餘三十里皆海塘塘以南爲鄉者二東安昌鄉西清風鄉其南環以江蓋西小江下流東趨三江口之故道也俞志載宋安昌鄉領里二齊賢（陸雨峯云）

即今下方橋尙有橋石題識東林元改爲四十四五兩都宋淸風鄉即唐移化鄉即今移風村領里二淸化即今安昌洛思李式膺云今大義村有前思後思即古洛思里元改爲四十六七兩都今安昌市乃在淸風鄉適中之地邑舊志載安康教寺在縣西北淸風鄉地名安昌是也初但有村落郡邑志並引闡務全書稱安昌村是也鄉大而村小鄉東而村西萬歷郡志載安昌市在府城西北三十里攷府城西北爲安昌市方位三十里則安昌鄉路程意當時市名初立鄉乃久著疑市在鄉故誤耳邑舊志載西北五十里有安昌市較郡志爲核而新志紉纂卷有渾書安昌者不辨爲鄉爲市有書安昌鎭者稱名失當更非載筆之體予聞之故老舊時白洋城巡司移駐安昌甚久乾隆年閒再移柯橋爲柯橋司俗亦稱柯鎭司知安昌稱鎭之誤必自有官始兩浙壇廟古蹟有防護錄藩司歲報禮工二部嘗見其書載陸孝子祠一在丈午村陸郎村一在四十六都一圖安康邑志亦引之攷四十六都一圖正安昌地今祠宇已非而旌孝坊屹然尙在安康之名或因寺而譌後此修志校而正之可矣凡志載鄉隅故蹟必其山川爲邑形勝人物爲邑冠冕不待方志表見而後方志必詳安昌北枕白洋山左塗山右白馬面臨江北河支港四達徒以潮汐出沒黿鼉同睹無世家右族高人畸士之遺蹟即求其成聚之始而殘編斷碣泯焉無紀邑新志載有前明鄭斗南者由浦江遷安昌謀諸衆捐地爲街捐蕩爲河於宏治二年開市以其時攷之成化守戴

公營築蔴溪壩截浦江上流又建扁拖諸閘捍潮瀕海鹵斥漸成樂土則市之開於宏治固宜嘉靖守湯公建應宿大閘於三江口爲越中溥利萬歷守蕭公復以安昌等村窪下添建山西閘濟之其明年郡志成安昌市遂著於錄然則一市之肇興視乎全邑之水利全邑之水利又視乎闔郡之建置蓋雖荒僻一隅而古賢守惠民寔政不猶可覽其全而感懷明德之遠哉雖然經制之善存乎有司民物之饒則因乎時地古稱龕赭爲海門今南塘迤北漲沙數十百里二山之間久成平陸卽安昌北境白洋山外木棉之利歲登數十萬而此數十萬木棉又必於市易粟與一切居處日用之資則市之懋遷有無又不啻數十萬後或江勢南趨滄桑復變通闤帶闠安知不仍返村墟之陋況今海氛未戢舟山陸沈居是里者宜如何綢繆未雨聯守望之固密中外之防使奸販潛蹤覬覦不作則洵乎安昌之爲安土耳予家市居垂二百年先人有言此地古名長樂村而志不載并書以存懷葛之始庚子八月稾

答張春農書

高驤雲

賜跋光寵至極近日清閒無事重理舊稿於鄉市分辨之處又得後解匪敢自是也質疑問難正乃請益之事前所呈是草稿今特謄清并祈加墨點勘使就繩削雲又有奉告者尊跋謂宋以前二鄉合一鄉明復合一此說似無所攷邑舊志安康寺在縣西清風鄉地名安昌云云按

其文義似不主分合言所謂舊志不過上次所修縣志耳溯查縣志自明中葉草創康熙以來遞有修補安康寺坐落不知何時纂入即使最早亦不過明季人諸未可跨元軼宋而遙證宋以前事也尊跋或以邑舊志爲吾邑列朝傳本致涉疑似以拙稿邊幅太拘特推擴以廣其意耶安昌向無記載不揣固陋妄欲有所徵信故曉曉於長者之前思得品題以告桑梓再見前示有修安昌志之舉雲所言祇詳地方未及人物先生爲吾鄉耆舊倘以著述餘閒作人物考爲之提以使雲得續尾之附一時閒興庶幾有託而傳乎文章公器不論世情辨雖不恭欲伸私見不得不和盤托出以便匠政耳

書謂縣志自明中葉草創按青籐道人佚書張太僕天復墓志銘云世爲山陰人華亭公出行學得公製大奇之置第一名峻起弟子從遊者滿門縣長吏委以志事山陰之有志自公始又云公生正德癸酉卒萬歷甲戌則縣志剏自明代中葉殊爲信而可徵丙子小雪啓鴻識

答高逸帆書　張世慶

讀安昌考後解二條以所跋安昌清風二鄉分合爲無考誠屬臆說今更有臆說焉尊作云東安昌鄉西清風鄉俞志載宋安昌鄉領里二齊賢東林元改爲四十四五兩都宋清風鄉即唐

移化鄉領里二清化洛思元改爲四十六七兩都鄙意以安昌鄉或即以安昌院得名而齊賢東林未詳其處若今安昌以西現有東林寺或即以是得名且四十四五兩都亦當在安昌以西則東有安昌何以稱焉宋清風鄉即唐移化鄉或即今之移風領里二爲清化洛思則現今社廟祝神疏文尚云清風鄉清化里安昌鎭居住其爲清風鄉領清化里之明證而復云安昌鎭者當是總括爲安昌鎭耳蓋社廟爲春秋報賽之區疏文雖俗僧爲之亦必有所受也至洛思峯在航塢山爲安昌之最西而四十六七兩都亦屬近西之地若欲定其安昌清風兩處即以現今之四十四五兩都爲安昌鄉四十六七兩都爲清風鄉但未知今之都圖是否即元之都圖耳倘都圖無從查核亦即以故老所傳洞橋以東爲東市洞橋以西爲西市東爲安昌鄉西爲清風鄉亦屬較爲直捷至稱鄉稱村稱鎭俱隨時而稱之自鄭斗南開市以來則當合兩鄉而稱市即文告亦爲安昌市矣以題爲安昌考故須側重安昌平提側落亦文法然也至擒董昌故事雖在安昌院以後但既有吴顯忠壁記頗可引以爲證古之一地而二名與異地而同名者亦有之無須以安昌院在先而黜壁記也至郭崇韜事蹟補記中考核甚明但捨宅之説誠有如補記所云諸孫避難入越追奉其祖亦未可知或其族人本在越未至代州因崇韜貴顯而託之亦未可知即安康寺係僧普安建而郭姓爲檀越護法亦可也倘撰是志未免枯

稍稍絢染如盧橘見於上林赤壁假於黃州亦文章設色之法耳鄙作跋語及往返問答之篇史局諸公互相辯難並有載入文集中者亦討論之道也來書過於謙抑耳并及之

安昌古蹟

清墩橋 詳邑乘

遺風百漊 非遺風有百漊其漊有百家耳俗諺以百漊遺風念佛橋對十里湖塘七尺廟顛工

陸孝子碑亭 尙質丈午村人碑亭在自安昌至白洋之馬路旁亭有聯云亭在安昌人稱孝子村尋丈午渡問陸郎見晚香廬清話

徐烺峯住宅 孫君申甫云即清光緒中之知恥書塾今之第一學校

高軼驄住宅 或云即今西橫湖之七間頭舊稱方裏頭是也

蔣鏡涵住宅 即三徑草堂手植老桂尙存周寄凡先生題蔣鏡涵先生肖像詩曰白髮侯芭雪滿顛淵源兩世溯髫年草堂舊築三三徑菊社新開九九天蓋周寄凡先生受業於張杏史先生張杏史先生受業於蔣鏡涵先生也

鄭斗南墓 在徐家漊底徐氏之帶湖樓側

楊璘墓 在安康寺側

國子監祭酒周文燭墓 在安康寺側

翼龍菴 詳邑乘

法源盦 在城隍殿水閣外位西辰山下本白洋朱氏之翠園精舍爲王文成講學處後舍爲菴文成手書寂照藏六兩額尚縣客座菴外漊內產菱相傳得辰山源頭活水故其味較勝每屆清秋至菴剝菱品茗頗多遊侶略見晚香廬清話

證心菴 在滕家漊底院宇軒敞而建築時期最後光緒中蓮根上人雲遊卓錫於菴與南麓贊翁談禪甚洽蓮師去後往返無非俗僧然以住持僧善居積頗以貲雄鳴一時惜變遷無常今亦衰落矣

安康古剎 五季郭崇韜後人舍宅爲寺初名安昌院郭氏居郭家漊漊有郭公橋寺之住持僧每歲首輒至郭氏拜崇韜靈座迄今猶然

西房

東社廟

西社廟

洞橋神武閣

城隍殿

其他如顧家池頭之某庵彭家橋之彭家庵湖村之萃聖庵羅家岸頭之羅家庵及孔家庵施家庵如意庵之類團瓢蘭若棋布星羅少位置之宜無焚修之寔皆碌碌不足掛齒矣

安昌人物

周定夫 明亡殉節詳邑乘

鄭斗南 明季盛陵鄭家漊人宏治二年開安昌市有傳

楊慶恩 道光壬寅官典史殉難

余學松 字聚賢生康熙五十三年卒嘉慶九年年九十一歲平家漊余家台門有九十齊眉匾額欵署嘉慶八年癸亥知紹興府事覺羅爲耆賓余學松龐孺人立

徐烺峯 同治元年壬戌死難有傳

許思湄 字葭村著秋水軒尺牘

姚潤 字雨薌邑庠生爲幕賓輯大清律例

陳樹棠 字又亭廪貢官金華訓導

楊希秉 字顯齋邑庠生書學顏魯公頗負時名同治甲子客乃兄鏡峯福建漳州府幕殉難

楊希曾 字鏡峯希秉之兄同治三年甲子幕遊福建漳州府殉難

楊麗金 字式卿希曾之女同治甲子隨侍福建漳州府幕殉節死極慘烈

金五姑 正之公季女咸豐十一年辛酉九月二十八日遇寇身撲園池殉節

婁浩 字景賢號嘯巖國學生官福州府知府咸豐七年三月邵武府城陷死之時署知府事也

徐春沅 字芝香咸豐五年仰承其父省安公遺志捐常稔之田三百九十畝剏建義倉

徐春棣 字雲巔爲芝香胞兄與弟同志亦捐田一百八畝共田四百九十八畝一作五百一畝詳見咸豐六年徐氏義倉記略

周寄凡題聯云誰非一脈周親給粟分財祇盡吾老老幼幼此是千秋義舉推恩廣德所望於繼繼繩繩叟蕭研題聯云倉與家廟相依疏不踰親賙卹先從宗族起學爲後人而設養猶兼教栽培須賴父兄賢陸善泉題聯云景前賢而愾斯倉歷刼猶存（洪楊刦後倉屋獨完）不負義人成義舉承先志以錫爾類沛恩無盡每過仁里仰仁風

許 字夢花山邑庠生著夢巢詩鈔

姚熊 字杏樵山邑庠生以隸書得名

馮世章 字蓀白以篆刻著名有小傳

安昌進士

李廷楷 字式膺道光庚子舉人乙巳進士歷仕江西安遠貴溪宜黃等縣知縣

（說明一）寒家五版橋老屋前業主王精玉先生傳係清初進士榜下知縣然年代湮遠榜名科分不得而詳矣

（說明二）凡進士舉人均根據於紹興縣館紀略（即前清山會邑館）五貢則根據於本人試卷然掛漏之多寔所難免

安昌舉人

楊璘 明憲宗文啓四年甲子科

楊際昌字魯蕃乾隆辛酉科著蘭室叢談等書

高鳳臺嘉慶丁卯科爲潘石舟先生門下士

蔣恒煜字鏡涵嘉慶三年戊午科

張世光字杏史道光辛巳恩科著四聲千字文爲蔣鏡涵先生門下弟子里人稱張十先生

婁埼嘉慶己卯科官訓導　婁氏明正德中自江西上饒遷安昌始祖名誠信

高驤雲字逸颿道光辛巳恩科歷署直隸密雲良鄉保定等縣知縣薊州後署房山縣知縣著述頗多

顧丙輝字葵園道光戊子科

顧言更名友仁順天道光甲午科仕江西雩都縣知縣咸豐六年洪楊兵至城陷殉難

潘恭祺榜名世英字馥山道光甲午科張杏史先生門下士詩采潘衍桐兩浙輶軒續錄

馬良駿號叔良同治庚午科　馬氏明季由西郭門外塞下村遷居安昌

婁奎垣後改金垣字秉衡順天同治庚午科爲婁浩長子襲雲騎尉官刑部額外主事以終

壽慶慈光緒丙子科

馬星聯光緒乙亥恩科

顧慶章光緒己卯科

徐澍咸光緒壬午科

楊福璋號霞生光緒壬午科楊氏安昌一世祖名演字毅軒福璋高祖際昌爲乾隆辛酉亞魁父大曾字鏡颿遊幕

朱賡亮光緒戊子科

張煦光緒己丑恩科　張景周字錦書爲張煦之祖翁由紹城移居安昌

顧慶敍光緒甲午科

戎念功光緒癸巳恩科

徐學楨光緒丁酉科

安昌副貢

方觀旭嘉慶戊辰恩科

婁成道光戊子科

馬良騂字肖梅同治乙丑科爲馬星聯之父

徐繼佩光緒辛卯科

安昌拔貢

潘汝燗字石舟乾隆己酉科由知縣陞廣西上思州知州

張世慶字春農嘉慶癸酉科爲張世光胞兄里人稱張九先生晚年遷居遺風以終

安昌優貢

周晉鑅字寄凡　一作以明經官常山訓導著有小寄廬詩

序

予弱冠時聞柯山沈君曙鐘名其人温柔敦厚有得於詩敎者也惜無從一見已而在紹城考舍遇之遂獲與之爲友每向余談及柯山勝境邀往遊者數次且因過訪曙鐘之便重到柯山不可勝計余嘗謂曙鐘曰吾越千峰細朶姑勿論金庭天姥之遠即近如雲門秦望禹穴蘭亭均奇秀甲天下而柯山實爭勝於其間余家與此山相去甚邇又得君爲東道主春則看湖南山之花夏則飲蝦蟆泉之水秋則放舟而泛鑑曲冬則踏雪而上棋枰凡巖崖澗壑庵寺橋梁探奇殆遍豈非快事第終不若君之生於是居於是涉歷於是取東山南湖之秀日置諸筆牀茶竈之前爲更快也曙鐘聞之欣然而笑曰有是哉子既愛此山如莫逆乞請撰一誌書以備掌故以當臥游何如余慨然允諾遇有暇日輒翻閱昔賢文集詩集採晉成編因尙未脫稿適患氣虛之疾藏稿篋中留以有待無何余饑驅外出與曙鐘別於是不得見柯山者約二十餘年迨游倦歸家聞曙鐘已捐館舍爲太息流涕久之思古人車過腹痛之語足跡不至柯山者又十餘年此編之在篋笥亦不忍再睹矣忽一日有柯山里人至追話曙鐘舊事幷以余曾著柯山遊覽之志曙鐘羣從子姪渴欲一見爲言遂檢尋破篋故紙幸存雖半被蟫蝕而字跡則

猶可辨余略爲增減復立鄉賢一門以曙鐘預其列庶幾無愧脱稿後命兒輩繕清寄至沈氏
曙鐘固不及見然余不忘夙諾尚可告古人於地下也余今年七十有三矣不知再得幾年活
此誌乃手鈔之帙亦未必長留天壤顧本非著作或存或亡可聽其自然而余猶若惓戀不舍
特書數百字於簡首者蓋憶柯山尤憶曙鐘則即以此一序代余嘆逝之篇思舊之作可乎咸
豐乙卯四月十六日梅隱周銘鼎自序

柯山小志卷上

山陰梅隱周銘鼎

勝覽

柯山

柯山出山陰縣西南三十五里橫亘里許不甚高峻自具一種秀麗磅礴之致山外羣峯林列南湖鏡涵下有溪水土名柯溪蓋因山而稱焉山產巖石工取之成石蕩十餘處巖壁孤峭潭影清冷望之窈然深曲繞山多花木竹石梵宇禪居堪爲憩息之所於避暑尤宜四五六月間遊踵相接餘三時亦多探訪者誠越州勝境當於千巖競秀中特放出一頭地矣山有八景曰東山春望南洋秋泛棋枰殘雪爐柱晴煙清潭看竹石室烹泉七巖觀魚五橋步月蓋以東山對南洋餘仿此余謂不若照張漢八景記（見卷中）依遊覽之次序改爲東山春望爐柱晴煙七巖觀魚清潭看竹石室烹泉南洋秋泛五橋步月棋枰殘雪則遊序合而春夏秋冬四時之氣順正不必斤斤以對偶爲工也

〔大清一統志〕柯山在山陰縣西南三十五里

〔浙江通志〕蔡邕經會稽高遷亭見椽竹可以爲笛取用之有異聲伏滔長笛賦序云柯亭之

觀以竹爲椽邑取爲笛其聲獨絶柯山得名以此

〔萬歷紹興府志〕柯山在府城西南三十五里山皆石其下有水曰柯水上有覽勝亭今廢東有石佛高十數丈

柯西石宕記　胡天游石筍山房集

觀於磵壑潭崖窈忽怪奇惟天自然者貴揃剔乎人勿尚也獨石宕之詭傚則非假於錢不可愈顯宕也者水之塹於石者也工人入山斤石市之石盡而泓然者現越宕以觀擅稱其東曰吼曰烏門其西曰柯柯爲峰岸斬矗峭其刻削之餘者或坳或突或整或狹或廉如刀或挂如鐘或窪如臼或裂如繪帛摺如扇曲牒繚引如屏扆或呀嘘空或吻啜淵皆襲宕蹲而鏡之其宕杅圓相方泂曲罄折大疇細盌洴如肥如若阻若通宕外有像一人立像高亘伏像羣羊寢訛像虵紓行去渡水已半皆斵劚之所棄焉中宕曰七星夾兩崖若線僅數十步而門窣然或宮之以居佛氏循而後穹谷傾陰中復含宕常爲石所咽不外顯水黝然倍寒宕右兩宕禪人屋而中分之南圜小邱接遠峯淪漪恬狎渺微汪汪北俯崩岸映叢篁風散日景搖翠暈光岌岌千仞焕盪跌墜若夫朝嵐倒暉樹羃靄糝浮屠紺赬隱耀紛駁漬黛削素閃秘迎背縣溜丁鳴飛響破谷千騁萬奏不可窮狀凡柯之一拳一阜一泓一坏薦目貽玩者罔不產於椎喙劚

喙劙鋟之下夫石始於山完然耳既而泐矣毀錯然變出其所無而成其所有爲者之勿輟也
嗟乎予益信夫用力衆而久且專之可以有功也乃如此

柯山道上 陸游劍南詩稿

道路如繩直郊園似砥平山爲翠螺湧橋作彩虹明午酌金丸橘晨炊玉粒秔江村好時節及
我疾初平

按此詩用韻兩押平字乃放翁晚年之筆偶不及檢耳

寄居柯山下憶戴少峨仲 來蕃北河集

一室宜憔悴諸公逢隱淪文章吾已老饑餓孰爲陳小墅多春雨疎鐘隔水垠戴逵家尚遠未
許共比鄰

舟中望柯山 朱彝尊曝書亭集

朝光麗華薄晴川蕩浮瀾檥楫臨江皋流目肆遐觀丹葩眩重谷素雲冒層巒我行既遲迴顧
影多所歡青林翳巖桂香風過崇蘭空亭邈孤高修竹自檀欒緬懷古之人知音良已難

柯山 同上

柯亭山下路修竹暮紛紛衆壑千尋暗雙崖一徑分沙光明草樹日氣冷江雲更憶中郎笛寥

冢不可問

自柯山步至石頭禪林同晴溪賦　商元相剡藤詩鈔

一路巉巖裏行吟到石頭巖花空自好飛翠入重樓人與僧俱淡山因僻易幽白雲無限意可許上歸舟

同王元召雨楓史少於金漢可游柯山分賦　同上

石佛

古佛原無意偶然石借形迦陵鳥自下不見打包僧

唤魚潭

絕壁藤蘿挂浮沉金色魚誰能知汝樂只有漆園書

棋盤石

翠竹蒼松路横峰側嶺間盤盤一片石此是爛柯山

柯山道中　王霖集陸放翁詩

初歸便擬築糟邱舊疾雖存亦小瘳俗事不教來眼境閒愁莫遣上眉頭載醪問字今冢落買酒看雲自獻酬天與詩人送詩本青林紅樹一川秋

尋柯山諸勝　商盤質園詩集

游山如讀書漸進宜不懈亦復如悟禪得意在言外僕本邱壑人芒鞋信所居羣峯理曉鬟綽約多恣態大米小米圖粉本辨芒昧脚下有煙嵐胸中無罣礙何須建采旄一覽九州大

春日諸公同遊柯西禪院效梅都官　胡天游石笥山房集續刻

聊因宿雨收共作東風意短艇桃花水輕山竹林寺鮮石乍依行松門藹交次環波分檻瑩密塢窺樓秘碉翟耿爭媒沙雛鴉斂翅觸篙蛾粉重到地蜂香碎劚徑迸煙前開園抽雪穗鳴鳩午樵出洗鉢春陰值戢戢結跏安款款英辭會既欣支竺好復取山王對靡靡雨應駸雲岑遠多寄詎定懷昔游昔游何所異

晚入柯西谷　同上

歸禽帶行容都喜罄聲中孤寺夕陽外千山盡向東暗泉分石路殘曉過溪風倘遇負苓者應知與古同

憶柯西讀書舊隱　同上

昔年柯西谷巖夏開僧寺選石逞幽眠分竹題新字昨歡良已暮芳景從來思池陰佳樹合湮溜孤花墜安知讀書處不污秋苔漬眷言二三子獨往欣間外何爲京縣居擾擾人間事

丙申九日同趙虞盛文熙韞山文照兄弟登高柯山燕飲終日 周大樞存吾春軒集

好山如名人，秀極照心目。雖無千仞高，磅礴意自足。峯轉路更幽，雲開嶺還複。霜氣變疏林，晚紅間危鑲。芳質鬱嶙峋，斧鑿轉繚曲。窅然得大穴，有僧倚茅屋。清泉十餘泓，寬者極百斛。蛟龍深或藏，魚蝦多可漉。東南入古刹，石佛涌丈六。經始紀赤烏，彷彿字可讀。西行愛小庵，千竿戛翠玉。絶頂望鏡湖，冰紈曳張幅。煙州錯其間，瑣碎共麗矚。方者侔削觚，員或類輪轂。長嘯逗林杪，驚鳴下鸑鷟。萬籟號天風，清音繞絲竹。二子俱拍手，呼僮酌醽醁。半醉脫帽舞，滿頭插黃鞠。日暮不肯歸，更深秉明燭。

和稚威憶柯西禪舍寄潘治三 同上

故山望京國，定是感離人。無限相思樹，汀州空復春。當時讀書處，翠壁陰修筠。芳樽耿餘戀，嚴宵清夢頻。殘雨滴林杪，飛花聚湖湑。無事曠佳期，擾擾風中塵。

讀書柯山精舍趙韞山張爾康各以詩寄贈次韻奉答二首 同上

不妨烟月即超然，曾讀南華第一篇。成佛未甘居謝後，論文那得在盧前。聽鐘梵寺千山裏，打槳南塘萬樹邊。肯作連宵風雨話，簷端只許白雲眠。右寄趙

涼風軟度碧梧陰，想見流塵淨不侵。人似空山明月上，詩成流水暮雲深。棲心十笏分金地，擁

鼻三時和梵音肯叩禪關陟松嶺遲君披髮作龍吟右寄張

四十初度同弇山先生遊柯山 王霖芝堂詩草

相約稽康餐石髓弟兄攜手爛柯山一塵不隔神仙窟瑤草琪花滿袖間

柯山 葉士南竹窗文餘

爛柯舊迹半荒蕪偶爾登臨入畫圖但覺雲光隨處散不疑仙客向來無盈盈蒼翠連梅市歷歷峯巒浸鑑湖完轉七巖風景異徘徊人比一松孤

登凝翠樓望柯嶺 韓溎越風選本

百尺高樓俯澗泂碧紗如霧障新螺濤聲在樹迎涼早翠色黏衣向晚多丹沼泉香曾洗硯棋枰苔沒問遺柯瑤臺仙去空留迹何處山樵出薜蘿嶺有石如枰相傳有仙人奕於此

遊柯山寓園七首今錄其四餘三首與柯山無涉不錄 忠雅堂集 蔣士銓

郭西廿五里檥棹柯山前仰矚普照寺一鏡天空縣岑樓嵌虛空石佛龕其間現此丈六身斧鑿誰雕鐫頑石具知覺託聯香火緣寺東聳雲根孤立不倚偏矗矗多羅幢百尺裁青蓮又若眞挂龍轉側鱗鬐旋俗名石香爐裊裊飛晴烟萬匠削不盡一柱空中全想彼斷鰲足立極撐青天古迹類如是何待鑿吾言山風欲動搖去去巖墻邊銘鼎按此首詠石佛寺爐柱

寺後卽柯山山石環兒孫石窠若蓮的九地通幽門積鐵互破碎或有屏幛存踗處匣僧宇豁處開城闍環以七星潭列宿誰敢捫失足苟一墮駭絕潛蛟吞巖頭祠文昌躔次居其尊閣道比飛棧上覆垂天雲按此首詠七星潭文昌閣

修篁綠叢叢門掩石竹居竹上鍥姓氏游者知誰與照影清水塘中有聽經魚學究領兒童正襟講唐虞狼籍堆殘編不識何代書據案欲與言窺恐驚樵漁老僧補破衲鍼折將何如按此首詠石竹居

祇園桑猗猗下覆清泰庵一二優婆夷種菜擕長鑱幼者鳴綵車解避遊人男掩面亦見佛殊費聖姊參七女尸陀林帝釋茫然三髑髏生何處欲與耆婆談按此首詠桑園庵

以上四詩雖各有所詠之地然未便分晰併錄於此

柯山 錢遵堯青齋詩存

中郎去後已無亭桑柘連村山色青薄暮湖南菱唱起數聲短笛出寒汀

柯山晚泊卽景 宗聖垣九曲山房詩鈔

巉嶢爲訪古柯亭十里層巒展畫屏雲入窪中浮大白山從燒後斂空青樹鱗石蘚成文字樵唱漁歌見性靈隔岸叢林清籟起數聲齋罄和風鈴

柯山周師濂竹生吟館詩草

矗立丹厓聳翠岑岧蕘梵宇出叢林五丁劈就僊人石三世裝成佛子金獨語房櫳虛谷應倒窺潭水夕陽沉不嫌著屐登臨到對此空山見道心

銘鼎按古今人遊柯山詩甚夥以上所鈔尚多遺漏俟補輯續登

石佛寺

石佛高五丈六尺唐以來創寺覆之明副使黃猷吉重建更名普照額爲擘窠大書卽其手筆相傳隋開皇間有石工發願爲此未成而逝以禪之子子復禪孫三世訖功或曰石工死而生生而死死而又生假胚此鄉者凡三世始成此佛第山陰有石佛二一羊山之靈鷲禪院一卽柯山未知孰是又明遺民王予安亹詩註云佛造於吳赤烏歲山陰縣舊志云建於晉永和年亦無定論疑以傳疑而已

〔紹興府志〕柯山寺在柯山下

〔山陰縣志〕柯山寺在縣西三十里晉永和年間敕建

〔山陰縣新志〕柯山産石爲民所採成嚴洞巧匠作爲佛唐以來創寺覆之明萬歷間副使黃猷吉重建更名普照寺國朝康熙五十七年邑人南陽知府沈淵捐千金葺之石佛高丈餘飾

以金

題柯山寺壁 朱彝尊曝書亭集

佛生乎西域猶夫人爾乃其徒以漢明帝夢見丈六金人遂謂佛身丈六入諸本行經暨阿育王傳若柯山石像長更倍之聖教序所云四八之相也蓋自象教既東浮屠專眩人耳目范金雕木慮有時而爍爭斷山骨峭云以予所聞石像高一丈六尺者北涼沮渠蒙遜所造也高一丈八尺者長安普賢寺涼州瑞象寺晉州靈石寺彭城宋王時也高三丈者宜州北山寺也坐軀五丈立形十丈者新昌石城寺也至於并州童子寺高一百七十尺北谷開化寺高二百尺漢嘉之象千尺黎暢又加大焉尤可詑異者矣梵夾因而傳會其辭稱毗婁尸佛長六十由旬迦尸棄長四十由旬毗舍婆佛長三十二由旬拘留孫佛拘舍牟尼佛俱長二十五由旬迦葉長一十六丈君子可欺以其方難罔以非其道也唐咸淳云高宗於上都龍門山陽塑佛像高八十五尺武后助脂粉錢二萬貫大足初后於白司馬阪造大像費錢一十七萬餘貫特出愚婦人之見而新昌石像錢武肅鏐賜錢八千萬貫造閣三層其孫俶增鑿二菩薩夾侍亦崇七丈昔賢有言此吳越五十五萬家之膏血不亦可傷也夫是日偕游者山陰祁理孫奕慶班孫奕喜敷孫奕儀誠孫奕明順治乙未暢月布衣秀水朱彝尊書

柯山寺 唐僧皎然杼山集

江郡當秋景期將道者同跡高憐竹寺夜靜賞蓮宮古磬淸霜下寒山曉月中詩情緣景發法性寄筌空翻譯推南本何人繼謝公

己亥元旦普照寺禮石佛 石佛相傳造於孫吳赤烏年王霳匪石堂集

城郭雖然是衣冠非昔年不堪逢正旦破衲禮金僊相好殊凡手光明照大千赤烏傳歲月豈以石能堅

遊柯山石佛寺 沈能越風選本

石上幽巖一徑斜巖邊高閣聳丹霞柯從瀾後留殘刼石巳刋時現寶華虛谷應聲傳妙籟澄潭倒影散空花冷冷梵繂諸天靜默對寒林數暮鴉

石佛寺 錢遵堯青齋詩存

石佛當年寺亭亭丈六身不知此腹裏容得幾多人

遊柯山石佛寺 宗聖垣九曲山房詩鈔

柯山蜿蜒山石活瘦蛟萬丈出復沒齒角利與風雲爭觸千天怒雷斧伐斷脊劈鱗分片段高爲壁壘從嵓窟中留直筍百十尋巨靈仙掌勢孤突出世自得天中天五體端然具佛骨何來

大匠神功施八處平滿精選推蓮臺九品現眞相金身丈六三倍之頂峯岳峙眉雪披面鏡月盈耳柱垂四大海水毛孔入十方世界輪掌持衣被百寶風不舉趺横七尺山不移道容岸立自堅定法眼下視仍慈悲覆以圓殿金碧爛高似浮圖接雲漢佛軀充棟祇齊腰穿殿加樓三級半稜石稜氣撑青空離封不比金與銅無生無化歷萬古象教獨拔恒沙中餘石列屏鋪几案菩提碎珠星月貫圍龕幽嵐足憩寂澄潭濕翠寄淨甃上方鐘鳴人影散夕陽西下林雀亂松梢佛髻懸琉璃夜放光明照彼岸

柯山石佛寺 邵飃鏡西閣詩選

佛是廣長舌如何石不言乍來香界淨只有澗聲喧篘色綠山徑藉花紅寺門橋東一泓水我自禮忠魂寺東寓園卽祁忠愍公殉節處

遊柯山石佛寺 周師濂竹生吟館詩草

羊山石佛石工琢如玉在中抱其璞柯山石佛石工斵如龍出水見其角我將羊山比焦山隱藏巖谷環林薄我將柯山比金山藻繪丹青現樓閣乃知造物鍾靈異吾鄉眞有好邱壑上有縹緲之石爐花雨香風九天落傍有巑岏之石城濺玉跳珠五丁鑿幽邃巖將蝙蝠尋清凉泉向蝦蟆酌我幸六十腰脚健到處相逢且行樂再尋竹院放生池人與鳶魚共飛躍

普照寺 陳燦梅峯吟草

祇園碧樹森一徑入幽深炎熱不到處清風吹我襟苔痕上佛足池水定禪心晚飯鐘魚動空山噪暮禽

柯山石佛寺 陳光緒拜石山巢詩鈔

舊居羊山南日聞鑿石響西北山幾平但留石佛像佛在石屋中拔地勢直上不止丈八身金光耀仙掌柯山亦復爾一邑竟有兩欲來苦無緣四尺徒夢想今居柯溪濱始得快瞻仰屋與羊山殊佛與羊山仿門前功德水各據千仭蕩蛟龍咸伏馴花木足供養名流來此間題詠留朱竹垞蔣心餘居然破碎巖時有客吟賞惜哉羊石山不見詩人往

爐柱

爐柱在柯山寺前高七丈許八景之二曰爐柱晴烟

爐柱晴烟 張漢

銅柱金莖浪得名孤標秀矗儼生成神工巨鼎何年鑿仙掌眞香盡日擎篆裊千層青靄合煙凝五色彩霞明巍峨古佛輝黃碧法供天教列化城

柯山港

在普照寺東舊名烏龍港以兩岸樹木叢茂如烏龍然故有此稱

文昌閣

閣在石佛寺西偏於巖石上建屋一椽祀文昌帝君像或云卽八卦臺見卷中張漢八景記又俗稱八角亭遺址

七星巖

巖在石佛寺之西取義七星者蓋石巖嵌空合斗之數故名以上本張漢八景記其外夾壁如門其內分列東西兩蕩皆爲放生處東蕩石壁刻天然廣廈四大字爲明兵部尚書吴環洲公兑手筆八景之三曰七巖觀魚以上所敘與張漢記小異據近日之形勢也

七巖觀魚 張思聰

八卦壇基排地局七星巖石象天文下臨潭水澄無極中有潛龍鴒不羣鑠烱層鱗浮曉日連翻長鬣動寒雲憑教一夕騰空起贏得凡魚蹩浪紋

七星巖 劉以緒黎炤堂詩集

百尺寒潭上層巖不易攀燃犀奇鬼出行雨古龍還入窗常如夜聞泉識在山高遷橋外指北斗落人間

七星巖 商盤質園詩集

北斗懸天上何年墜太淸探奇三度到冒險一身輕冷逼幽禽語危催警句成翻令游客意不復愛空明

七星巖 又

我聞北斗杓歷歷七星朗散落牛女墟羣峯儼垂象其下蟠蛟螭其上立罔兩云是神所爲鈹鑱門雄長臾區不可作誰能辨微茫一經入匽㕓如扇如盟盎白狐化爲姜熏蝶大如掌金輪不控地山靈盡來往世路多嶔崎悲哀動俯仰千金踏垂堂茲遊眞倜儻

柯山七星巖 傳勳沅莫菴詩選

通川抱孤岑絕壁揭星宿懸崖古松檜欲脫腹中留去聲窈窕巖罅從崩岩石骨瘦墮樵下斷澗伏流響暗竇細草含古香風篁晦靑晝厂宇從數合仰視若甕覆空穴來天風晴窗滴簷溜何年勞鬼斧來此斷靈鷲願攜一卷書閉開長枕漱

七星巖 吳壽昌虛白齋集

北斗七星明南巖一穴成寒蛟蟠不測仙鼠集無聲手澤磨崖靚崖勒天然廣廈四大字係先八世祖少保環州公所書情緣宿樹生下爲水宿從不見底旁有精舍予於庚午歲讀書其中洞天容再往端合謝塵纓

半山庵

柯山之半有庵名半山庵俗又呼嶺頭庵俯瞰南湖一帶晴波綺縠攙蕩几席湖中菱舫漁舠及來往艅艎葉葉而數昔人云人在鏡中舟行畫圖此則總覽其勝矣或云菴卽覽勝亭遺址

覽勝亭

〔紹興府志〕覽勝亭在柯山覽全湖之勝黃猷志柯山記云亭前則萬峰羅拱其上則重淵澄浸此於吾越當稱絶勝而方册不載焉

柯山覽勝亭懷古張倬毅齋集

維舟鑑水曲鑑水炤層巘蒲稗相因依鷗鳧戲平遠白雲天際來松壑怒濤捲一解塵垢嬰搊陟忘足疲昔賢有遺事亭子久蕪蘚叢桂煙未消疏篁露尤泫尙餘粉壁書俯仰若在眼富貴齊崧嶽愚哲信有辨萋迷謫僊莊惻愴羊公峴撫景情鬱紓寄年聊自遣尙想化鶴來乘流弄清涉

放生庵

唐是州郡皆承制置放生池一所元微之刺越州有題龜山放生池詩顔魯公有放生池碑宋天禧元年又爲江浙等諸州放生池廢者悉興之紹興十三年敕有司以時省視於是放生池

所在多有而好事者卽建庵其旁以求福柯西有放生菴一名淸泉菴庵在講堂顏曰石竹居沈有德題額侍講吳蓉塘先生讀書處庵後爲梵窩洞峭壁叢篁亦一勝地

潘園已廢其遺址卽今之石竹居

祁忠惠公彪佳越中園亭記云柯山石宕傳係范少伯築越城所鑿今有穴爲室者匯爲沼者惟淸水宕蓄巨魚數百頭游觀最盛潘完甯築室巖巔就山腹之半作樓如初月然

石竹居宗聖垣九曲山房詩鈔

數椽佛屋柯山下樹葉籔籔埋檐瓦柴門雙掩叩始開三字碑題名便雅苔皴石逕微庵小無鐘鼓丈室虛生白僧老佛亦古重扉洞豁別有天千竿萬竿之竹生翠煙雲飛不墜地人影蕭蕭然竹間有路隨水轉澄泓一碧若貓眼水底異草綠於染徑丈扶疏百葉展四壁巖壁高嶙嶙晴不見日無昏晨懸崖仙鼠倒挂幾千百投之以石鼓翅如車輪谷裂出甘泉淅洒晴天雨合作玉練垂漱風自掀舞磐磴松陰最澄處更遶巉巖開廣宇上有龍王祠下爲放生池巨鬣纖鱗紛可數荇藻如晝淸漣漪其水冷沁齒相將沈瓜李綆繩三十五丈不到底恐驚潛蛟睡龍亟呼止恰當六月消暑時滿身塵汗一濯之琉璃淨界仙風披快游獨得紀以詩此景幽絕無人知

清水潭

清水潭在放生菴側即放生池八景之五曰清潭看竹

清水塘 劉以緒藜焻堂詩集

夙愛坡老詩烟波洗紈綺朝歷湖南山暮從塘東水一勺弄潺湲聲出松陰裏旁有石數拳森然立奇鬼影落馮夷宮咫尺潛虬起平生邱壑心對此輒然喜誰唱滄浪歌清音滿人耳

清水潭 俗名龍王宕陳燦梅峯吟稿

神龍潛古潭窈黑環石竹夜半風雨生陰雷劈崖谷

清潭看竹 徐秉南葉香詩鈔

參差修竹碧雲停渺渺清潭幾度經風動林於頻滴翠波涵个字遠浮青是誰勁直淩霄漢更爾嬋娟映畫屏相對此君無俗態千竿疏影最瓏玲

大小桑園菴

兩庵俱在柯山之南中爲比邱尼所居遊人罕到近日大桑園庵已傾頽零落闢爲種植之地矣

新菴

在柯山之正南匾額新菴二字爲沈迹公書公工於八法著名當代在柯山所書則惟此處與蘿庵及淸水宕之觀魚樂三字耳按此額因太舊已有人易去

柯山小志卷中

勝覽

東山

山與柯山相連屬在柯山之西而自蔡家堰視之則東也故名又名鐵井俗呼作獅子山八景之一曰東山春望

東山春望 張思聰

風景千家春共妍襟開鐵井浩無邊朝曦遠樹苔疑點芳草晴原翠欲連巖壑滿堆羅錦繡江城一抹入雲烟憑誰剪取詩中畫分得東南半壁天

自長橋過東山有感 張閣

東山之下昔曾過今見薔薇感慨多一種淸馨可人意白雲明月任誰何

蝙蝠洞

蝙蝠洞在文昌閣西洞中蝙蝠以千計盛暑時倒懸壁上游人戲用爆竹擊之轟然飛出影蔽

天日旋復其故秋冬始藏

石室

石室在東山匠人鑿石其下而留其上形偃覆如巨室因名有泉最清冽俗名蝦蟆泉八景之五曰石室烹泉

蝦蟇泉

泉在石室下流涉而色白其源甚長至今不涸舊名蝦蟆取形似也泉旁祀天醫神最靈驗有中暑者取飲之立愈

石室烹泉 張漢

流泉清冽沁冰霜石罅幽探夏性涼萬斛不堪煎俗病一泓儘可漱詩腸雲澄陰洞藤蘿靜日冷懸厓竹樹蒼午睡恰驚松子落茶爐煙裊隔籬香

石室烹泉 徐秉楠葉香詩鈔

石室翛然遠市區尋間偶自擁茶爐靈泉汲處翻波瀫活火煎時泛蟹珠半壁風清嘗日鑄一甌香煖試雲腴借將仙境移凡骨茗飲何須羨酪奴

石林庵

一名祇園庵庵在山腰居石室之上庵後有洞曰祇園洞

石林山房秋夜贈亦超 周大樞存吾春軒集

與君俱寂寞遁跡到禪林細雨危崖暗秋風古壑澄茶煙縈草字竹響亂淸吟珍重才華寄相期長道心

劉伶偕阮籍把臂入青林山館秋聲蛩禪燈夜影澄同衾兼古佛得句互長吟只許明明月能知此際心

石林山房卽事胡稚威潘治三六韻

流水空山路裙腰綠草新尋僧過竹院揮麈見高人踠地王恭柳巡池柳惲蘋薇風吹白袷晴日岸烏巾小草書團扇青蒲臥軟裀酒酣躍雙足碎石蹋粼粼

緯絲潭

潭在石林庵後澄不可測俗謂以一緯絲投之始及其底故名泉黑色有毒不可飲

棋盤山

山又名象山在東山之西亦與柯山相連堪輿家謂柯山東龍實過脈於此

棋枰石

棋盤山巔有青石一方名棋枰石周圍約二丈許厚約四尺相傳爲仙人對奕處八景之八曰

棋枰殘雪

棋枰殘雪 徐秉南葉香詩鈔

誰將棋局置霄端白戰纔收景未闌文石一枰鋪玉屑夕陽三丈照銀巒薜蘿徑濕樵歸晚松

柏枝高鶴夢寒橘叟雪中何處去但留方罫與人看

天泉庵

庵在棋盤山腰有泉一泓清澈見底酌之不絕名天泉

劈石廟

在棋盤山西麓

劈石神君碣 胡天游石笥山房集

越之民也禨睹木石田隴間少詭輒奉而神之曰不然且以有禍郊郭墟鄙冢廟盜牲祀者錯

有焉山陰縣西攀樊塢神劈石笥之或言其里之先有夢偉而介者喝謂帝實命予享此土爾

其社事余否予汝災遂斧道上石分之曰用示汝且起奔視果然相告駭異時血食因以名其

廟先王之制法施於民則祀之以死勤事則祀之能捍災御患者則祀之非此族也不以亂厥

典郊特牲曰古之君子使之必報之故享農及郵表畷迎貓爲其食田鼠迎虎爲其食田豕昔者掄罔孔甲之帝紂桀幽厲之王虎豕昆吾之伯則黃炎氏之祚夏后湯文武之孫子然於其祖宗不得預享於其後世不得立廟惟得弗若而虐以害人生猶將斥誅之況其思乎先王於天下苟有功鳥獸必與食使誠無功天子諸侯失位滅國綏不敢歆夫南面負責其取精用物魂魄之異豈非若貓虎哉然遽斬無秩何也懼亂人鬼之序而以俗淫感也先王惠民州邑閭黨皆有官司其政令安其居處不迪者威制而浚民私豐在所戮乎所縱蓄乎帝之授神猶王者任官凶慆戲昏曷敢冒爲考舊牒神始於元時洪武初將軍湯和等引兵攻越將屠其鄉神憑告以免乃請於朝廷爵之都督嘉靖中倭人寇亂至塢中見神擐甲驅之始遁去民用復全由時更肅其宇致牢豚歲歲祀禮曰大夫以下置社周禮也故封亭里落咸有位備禱雩禜兇慝俾民賴焉夫神扞災患以惠其民赫赫若此享祀之奔走之孰曰不宜吾特怪夫人之忠於正而好爲不祥誣之以狂饕之厲而淫未息也夫不祥而誣淫者天地之戮物也故揭焉儆畸鬼者

案劈石神君姓潘故攀樊塢一作潘舫塢焉神威靈甚赫土人虔祀之於嘉慶壬戌歲復新其宇廟後有石一拳劃然中分而容一指許云是神君試劍處此說近誣稚威先生論之詳

予不復置辨

鑑湖橋

在南洋之西旁有無量庵即古鑑湖菴

南洋

南洋一名南湖即鑑湖也在柯山之南八景之六曰南洋秋泛按古人詠鑑湖者更僕難數惟

並非專指此地故不錄

南洋秋泛 張思聰

八百湖光此地收長橋水接鑑橋流半林楓葉深如畫夾岸山容盡入秋荇帶斜牽鴻鴈影漁

歌遙遞木蘭舟微風盪槳休歸去十里江空月正鉤

南塘

南塘即故鑑湖塘自南偏門至廣陵斗門六十里爲山陰境漢太守馬臻所築沿塘俱置堰閘

山陰爲閘者凡三所曰柯山閘爲堰者十有三所柯之東曰壺桑堰沈釀堰柯之西曰蔡家堰

葉家堰地勢斗下泄水最速厥後民居填佔或通或塞曾肇王十朋徐次鐸諸賢有復湖之議

詳言利弊載郡邑藝文志明嘉靖十七年知府湯公篤齋改築水滸東西亙百餘里遂爲通衢

周匯廟附厚村廟

周匯廟在南塘爲柯山村民之土穀祠祀漢大將軍博陸侯霍光未知何據又厚邨廟在柯山東麓俗稱裏柯山蓋以南塘爲外柯山也所祀社神與周匯廟同

柯溪柯溪柯山在下或者謂柯溪卽柯水據萬歷紹興府志暨新修山陰縣志所云柯山下有柯水爲證

在柯山南塘周匯廟後紹興府志採訪事實柯山下有溪一帶土名柯溪銘鼎按水經注曰柯水東北逕永興東與浙江合前紹興府李公亨特則云永興在蕭山柯水東北流合之東字應誤又嘉泰會稽志曰山陰二十里柯橋其下爲柯水明張文恭公元忭作三江考亦遵其說然則柯水自在柯橋不在柯山與柯溪無涉且酈道元注水經時已有柯水而柯溪則李公亨特於乾隆年間修府志時得諸採訪事實又云土名柯溪其非柯水明甚銘鼎慮後人不察有以柯溪冒柯水又有忘却柯水柯山均因柯亭得名柯水之見於載籍在柯山之前誤以爲有柯山方有柯水也者故於柯溪下一詳辨之

土橋附斗門橋

橋在南塘之中與湖南山對或云卽古柯山閘遺址橋不甚高大而澤國要區山村勝境則兼而有之柯山之正南又有斗門橋斗門與閘相類殆亦廢棄之後建橋於此仍不改其舊名歟

湖南山

陸放翁詩泛舟觀桃花五首之一云湖南小山花更多不醉將如春色何鈎得鮮鱗堪斫膾任教微雨濕魚蓑原注湖南山名在柯山之南銘鼎按此山低於柯山者半與柯山僅隔一水環拱而立若諸侯之有附庸久與第五橋相連接故附載於後他如容山彤山雖亦近在咫尺不便闌入恐失限斷也此山近植桃李以千百計春日花開一望如錦繡當更盛於南宋特賞花人無如放翁者耳

同稚威遊湖南山得多字周大樞存吾春軒集

披榛凌絕頂騁目據蒼柯雲樹依空盡烟洲入鏡多良朋參怪石香草當妖娥小憩茅菴裏烹茶劚薜蘿

蘿菴

在湖南山上柯山古岸禪師建蘿菴二字匾額爲沈逑公所書庵中有如意閣靜心樓雲半間黃葉山房諸勝山房廊下匾書只磨青三字蓋用朱子詩萬古青山只磨青句也題詩者遂又稱黃葉山房爲只磨青館云

花朝後二日趙舍人麗青招同山陰明府徐升公顧庸三李至能方青來邵沃焦游柯山蘿菴看梅晚佈席寓園選樂行觴卽用寓山壁間韻戴彥鎔越州詩存

纔過花晨尋勝地晴光雨後眼逾新橫窗梅影留棲鶴覆沼松陰護躍鱗舫載琴棋無俗事杯芟禮數始情眞看山剛倦燈筵整拚醉何辭酒百巡

同胡載歌逸超吳予謙家元本游湖南山過黃葉山房 周鍸紹劍吹集

放眼千山外偷閒半日過南湖明一片鳥道出盤蘿樹老干雲瘦洲青入鏡多黃庭經寫就試與換紅鵝

蘿庵同王漁山 周師濂嶽作

湖山烟巒濕翠螺水波滑笏石盤陀空山有路尋黃葉庵有黃葉山房老屋無人長綠蘿交合金蘭吟不盡禪參玉版味如何嬉春三月風光好相約鶯花載酒過

重游蘿菴有懷胡友王漁山 同上

一曲鑑湖水最好湖南山黃葉入幽徑綠蘿圍故關卅年今再到半嚮再偷閒尙有老僧在鬢毛如我斑

記得菊花天來遊共少年詩狂卽題壁夜靜更談禪舊雨今何在名山儻見憐夕陽歸櫂晚回首又蒼煙

晚出蘿菴登湖南山有懷諸友 商嘉言𦕈亭詩草

竹密能藏寺松高不掩關客來春水渡人立夕陽山石色亭雲活鐘聲抱月還遥知蘿薜外夢繞綠彎環

三月三日自古蘭渚山在洲返湖南山蘿庵同上

卅載還三宿渾忘三月三好風吹積雨曲水漲澄潭蘭古紅留渚羅新綠上庵桃花飛萬樹山笑鏡湖南

四月一日只磨青山館即事同上

歲歲春光草草過入山猶喜及清和竹饒夏綠添孫少花愛秋紅種子多放眼古今雲瀉瀁側身天地石盤陀斜陽一角峰頭立只麼青青獨浩歌

蘿庵九日薄晚登高同上

身居高處轉登高獨立蒼茫四顧豪秋氣黄花山映發夕陽紅樹水周遭全家無病仙應妒萬古何愁佛亦逃留得最高峯未上白雲明月擁吟毫

按亡友葬亭嘗設帳於湖南山蘿菴集中吟咏關涉此地者約得數十篇載不勝載兹僅登四首以見一斑

第五橋

第五橋與湖南山最近自東跨湖橋泛鑑湖所過之橋此其第五也旁有朝陽殿八景之七五橋步月

五橋步月 張漢

天空湖闊夜蕭蕭隨步南塘第五橋八絕瓜圖淩碧漢月臨鏡水徹瓊瑤一聲露白驚時鶴四野風聞何處簫徙倚石欄情不極探幽還擬鼓輕橈

第五橋舟行口占 商嘉言㢸亭詩草

莫問將軍第五橋南塘一葉信風飄家鄉眷戀功名遠巖壑盤旋福分招鑑曲千秋波渺渺草堂萬里樹蕭蕭且看片刻餘閒集花樣如何要細描舟中看新鄭劉原圃情片刻餘閒集及新墨予題花樣

柯山八景記 張漢

景物爲天地公玩非人可得私據也然亦任人自領之諸試言柯山之八景東山居柯之中峰所謂錢井者是也最高爲頂平且四曠無障每春時攜一二同人登眺其上雲峯煙壑翠陌紅郰千奇萬勝莫能名狀令人目不暇賞俯視山陰道上不啻井底矣自此而東山盡處拔地矗天有怪石二一神斧鏤中作巨佛井幹而金碧之爲普照寺一卽香爐柱下削上揚頂有仰盂如爐疑鬼工運置者當寺之前春雲朝暮繚繞天設香供圭峯廬阜當無踰此奇觀轉而西數

十武有徑夾壁如亹者鐫曰七星巖蓋石巖嵌空合斗之數其中宏敞如宫者曰天然廣廈其東拾級而上石擎如屋者曰八卦臺其西鑿巖成池碧如藍澄如淵者則放生處也昔聞有如船巨魚一夕雷雨騰空去當春晴波暖每觀遊鱗泳躍活潑地人與魚天機暢適何如莊生濠上也復西轉數十武得精舍一泓渟渟遶其胸萬个森森列其前若後渭川耶淇澳耶五六月時坐臥其中但覺依依魂碧蕭蕭神韻矣又安問其爲水竹居耶即清水潭再西迤邐而行五步一邱十步一壑多可玩者總皆攬爲石室之勝石室擅有八景昔彬上人曾詠之最奇莫如妙高臺絶巘懸崖迥出雲表惜今已崩落然天半瓊樓猶往來我心目間爲沁心泉在門右危巖下泉出石竅僅一窪蓄不溢挹不竭其味淸癯夏益洌時與宗好結避暑遊老僧淸話天趣翛然汲泉瀹茗侑以淸磬不待至川七椀早已風生兩腋幾忘塵世尚有炎蒸既而暑退涼生秋風淸秋月明矣舍登而涉迺泛南洋以其在柯之陽而西自鑑橋至東第五橋波面較空闊故得是名蓋扼鑑湖之最勝也蒼崖兩岸紅葉滿林天影湖光俯仰掩映偶憶一葦萬頃之句恍置我身於赤壁圖中不知景悞人人點景不知遊已暮暮當歸矣順流而東忽抵長橋爾時飲方酣吟方就而月正當空仰視蒼龍百丈夭矯蝘蜒於波光之上豪興勃勃不可遏乃舍涉而登一聲長嘯四顧晶瑩所云長烟一空皓月千里者皚皚乎儼在灞橋雪地矣殘雪之景則在棋

峯峯在東山之右爲山西盡處然是景也當倏瀌浮既歇積綀迎曦躡屐往探幽趣自得余因不能持贈也噫嗟山椒片石一局百年懷核方遺桃林滿塢爲問當年觀奕處得不際此月夕雲朝暑雷寒雪否不然樵者應早驚雪凍柯安得爛蓋八景編而四時亦幾歷盡焉獨念斯景日在目前而人往往不遑遊不解遊即遊者紛紛而不得其所以遊客於我無與耳是天地公玩人姑置之而余乃獨領之而因得以私據之者也

柯山八景傳并小記 周銘鼎附錄

東山春望

東山與柯山棋盤山相連屬前後絕無障碍足以眺遠爲一鄉登臨之勝陟其巓可二三里春時四望見繡塍棋布村居院落似鱗次櫛比然花木炊煙錯雜莫辨南塘一帶鏡影天光晴澈如畫至小雨之際冥朦萬態惟烏篷葉葉浮沉遠近而已山麓多種松歲久偃蹇俱作虬龍狀予每登是山足力稍疲輒倚松盤桓而不忍去

攜得一雙屐遊山學謝公人來千磴上春在四圍中大地韶光麗長天眼界空倘非澄霽日花柳霧濛濛

爐柱晴煙

石佛寺西偏立石柱一石工鑿佛後用其餘力特爲點綴以當供佛之爐頂形突兀圓轉甚似博山何匠心狡獪若此柱較瘦矗然壁立直上於霄與禹陵之香爐峯遥遥相接大小烟鬟青蒼鬭色晴日則朝暾烘染暮嵐掩映常有煙雲蓊翳其上蓬蓬勃勃如釜上氣焉石本奇崛其位置不在無爲州署之下使漫士見之必具袍笏而拜矣

神工何代鑿爐頂特超然暖翠烘朝旭寒空聚暮煙有香堪供佛此柱欲擎天石丈端嚴甚相應拜米顛

七巖觀魚

七巖一名七星巖其外夾壁如門內則東西兩蕩並列潭澄水闊爲古放生處常蓄魚千餘頭聞有一大魚潛於東蕩之底每當月明人靜跳躍而起激響成雷又東蕩壁間鐫明吳環州公兌手書天然廣廈四大字公出仕時著有防邊禦寇諸勳詳載明史後人瞻觀遺跡如見公冠裳簪笏之容則此巖之足重者其在斯乎其在斯乎

廣廈濃雲覆澄潭古黛皴陰森積寒潦潑刺見遊鱗知樂常依藻忘機不避人此中有騰鯉慎勿久沈淪

清潭看竹

清潭在石竹居傍即祁忠惠公越中園亭記所載潘長史完甯之園此其遺址也潭邊種竹數百竿皆大於臂蒼翠之色與潭水相映照人眉鬚俱碧而潭顧爲苻潦堆積不甚了了其一種寒冷幽邃覗之輒生怖心山畔居民有指點路徑者云昔蓮師投錫於是以故潭形似林此附會其說乃後人立碑題爲蓮池大師放生處訛以傳訛予徒嘆其謬焉

十畝青池曲筤鶯幾百竿素波晴染碧赤日午生寒對爾殊非俗無人只獨看追思園上在篠飲傍欄杆

石室烹泉

自放生庵而西爲石室其石如覆蓋横撐半嶺懸懸欲墜下可用百許人有泉從石罅中出澄不滿尺而終歲不絶名蝦蟆泉以其形似蝦蟆從俗稱也味清洌烹茶尤美特游人過此相與陳餚置酒宴飲爲歡未聞拾枯枝煮瓦鐺辨别泉味者予謂世人每輕寒酸而重富貴僅慕淺斟低唱自慚取雪煎茶得毋爲山靈所笑

幽泉渟石屋汲取瓦鑪烹烟裊藤蘿細音參竹樹青一甌嘗日鑄兩腋快風生自笑寒酸態無勞斗酒傾陸龜蒙詩且共薦皋盧何勞傾斗酒

南洋秋泛

鑑湖周三百五十八里而南洋得百之一三面依山獨缺其西以遠岫補之湖上多種菱沿堤偏植烏桕霜後葉盡丹與二月桃花爭豔初從秋杪冬初盪小舟沽村酒買菱以佐之邀二三知己賦詩酌酒其下朱霞炤入顔色愈姣江村之景爲最麗迨流連竟日興盡而返柔櫓一聲夕陽明滅誦老杜青惜峰巒黄知橘柚之句致足樂也

艇子無時出湖南水一涯酒人看病葉溪女姤寒花渚涉閒依鷺村荒暮噪鴉歸途猶盼望鏡影斷殘霞

五橋步月

五橋卽鑑湖之第五橋因東跨湖橋至此數居第五故名與湖南山相近旁有古朝陽殿僧人居之地非孔道形迹甚稀入夜則尤寂值秋月皎潔時偕友人乘舟到岸緩步其上山色幽冷湖影澄明堤樹枝葉扶疏漏下月光碎同殘雪此種清景許幾人消受耶余劃然長嘯天地俱空庵僧悉驚起問訊夜半烹茶啗以芋栗清談片刻而歸

五橋橋畔路夜景最清幽皎皎一輪月行行半里秋星晨攀欲墮藻荇踏還流（蓋竹柏影也本坡公游承天寺語）倚樹發長嘯驚醒夢裏鷗

棋枰殘雪

棋盤山有靑石一方相傳爲仙子下棋處至今花飛六出之後殘痕萬點凝積石上如作方罫樣也山爲郡邑志所不載而獨以棋盤名相當時必有橘叟其人相對手談如王質觀棋下山爛柯故事夫以人世百年歲月轉盼消磨作仙亦復何益然偶對楸枰一壺一著則固蕭閒之最也余訪求遺跡見片石猶存羽人巳去安得於白雲縹緲間遇之

空巖棋石上萬點白糢糊疑是仙人奕緣何黑子無溪山留玉屑猿鶴住冰壺要倩藍田叔重描殘雪圖藍田叔有斷橋殘雪圖

柯山小志卷下

鄉賢附列女

潘廸允字維明明萬歷壬午進士官兵部左侍郎時倭寇縱横沿海蹂躪廸允多方調度薦舉得人民賴以安寇平引疾歸

潘宗城字完甯由進士授推官除周藩左長史時豫東寇氛正熾勸王出貲贍軍以備守禦後河決城陷與王相失歸與同邑祁忠惠公劉忠介諸公將有所爲知勢不支築園隱居屢徵不

起潘園卽今淸水宕又名石竹居

潘鐵字冶山雍正壬子副榜博通經史與胡稚威周元木兩先生爲莫逆友兩先生常讀書柯山精舍詩酒唱酬殆無虛日惜吟稿不傳所居在南塘名問松樓元木先生存吾集有題問松樓五古又有懷潘明經冶山七絕句云荷絲鍼孔獨冥收雕琢能令肝肺愁則其造詣可知矣

潘鑑字可如又號亦無居士廩貢生博學工詩文善書畫樂善好施親族鄉黨咸周濟焉家藏欠券盈匣謂子孫賢無需此不賢徒肇爭端悉焚之有富族願送價三百金售數尺地營宅允之而以此財在義不義之間捐全數修普照寺平居閉戶讀書不干外事著有異於集傳後子澄字涵所郡庠生博覽羣書通達治體性方嚴幼時宿孤館有女奔之力拒不納後遊蜀當道爭迎有餘悉以周貧乏空囊歸著有續兎園册孫重照字畏三任湖北麗陽巡檢時川陝不靖官兵過境肆擾拘執之家兵大譁上白大帥大帥喜其强幹獎諭之而兵以戢有監司涖任因輿夫行滯送至署令予杖時溽暑道濘代爲乞憐且曰巡檢例無刑杖監司命痛捶之乃各手擊數下監司怒謂汝不要做官耶對曰官可不做無辜百姓不忍枉責監司轉喜未幾謝病歸行李蕭然紳民泣送者數百人

以上柯山潘氏鄉賢

沈克忠號完赤前明光祿寺署正奉使督理湖廣浙直三殿皇木所歷之處不受諸商私餽覆命極陳利弊特授湖廣岷藩左長史詔旌其閭曰奕世鳴珂佩玉之家策攝武岡州以仁愛爲政有父子兄弟搆訟者泣諭感化常俸外一無所入患病告歸士民遮道而送立如見碑於道左年七十餘終於家

沈啓聰號天可順天籍游庠食餼兩舉恩貢天啓朝舉國釀金建魏忠賢生祠獨毅然不與府丞拘訊以衣巾置公案申以大義而出府丞爲之咋舌受知師左忠毅公因璫禍下刑部獄奉侍左右晝夜勿離崇禎朝詔方正交疏薦辟授以縣尹不受乙酉福王監國史忠正公疏薦逸才授司李職逾年王師渡江竟終隱焉性至孝睦族恤貧著有詩經講義手錄未梓年五十七疾瀕危手書大節不可虧讀書貴自得十字

沈夏英號拜臣八歲時隨父過元毓朱翁處翁扇書秋聲賦問能讀否對曰曾讀過歛扇熟背翁喜問能做破承否對曰去年即能矣翁以風命作破對曰有氣而無質能畜而不能久也翁曰此小畜卦大象註用之恰當又以雷命作破對曰震驚百里驚遠而懼邇也翁曰此震卦彖辭何等自然晚酌燃燭翁曰前二破俱成語最以燭爲題作一破對曰赤其心而不顧其身有大臣忠君之象也翁愕然奇之以次孫女字焉十七歲寄籍杭州院試繳卷時文宗見卷面塡

五經幼童摘五經詁之隨問隨答文宗大喜云顏茂猷能有幾人專習易經可也入庠後屢厄秋闈自甘恬退以青衿終老

沈圯字述公敦孝友與物無競雖自處拮据親友告貸靡不應客粤時見有里人停柩在羊城地藏菴者數具代爲出資送回各交其家安葬工書法爲當道所重家居十年課諸孫讀花木數本以供清玩每投竿於鑑水之西憶在自遣不計魚之有無也乾隆戊戌舉郡鄉賢

沈淸棟字曾三乾隆甲寅舉人少年苦志力學爲文掃盡陳言有不愜意不憚再三易稿必完善精粹而後已故一藝出而人爭傳誦焉自奉甚儉於宗族親黨則概施不吝舅氏錢業師周家苦貧各捐置祭產并以活其後人治家肅穆課子弟尤嚴由大挑知縣改選仁和教諭因足疾不赴

沈學瀚字曙鐘號曉籟邑庠生居父喪手寫孝經百本茹素三年與弟學瀾最友愛終身無間言族人有爲五十金幾至搆訟又有扶櫬自閩歸中途向人告貸貧無以償者各爲如數代償其錢實自典質衣物與支館穀集腋而成平居無嗜好亦不預米鹽瑣屑事每錄古人嘉言懿行揭諸座右終日課子弟讀書以爲樂即在是雖囊橐無餘晏如也子其雲號五橋道光壬午進士歷官山東定陶齊河知縣

沈禮號篤圃濤棟子嘉慶戊辰進士安徽即用知縣因調赴江甯分校武闈事竣瀕江歸皖中流遭風淹沒卹賜祭葬加封府銜襲蔭知縣

以上柯山沈氏鄉賢

李宏信號柯溪喜藏書博覽强記任雲南吏目歸常往來吳越間遇善本不惜重價購之有小李山房書目四卷識者謂不減祁氏之淡生堂書目焉又爲桂未谷馥刻札璞十卷行於世

以上柯山李氏鄉賢

張思聰字達卿號柯峯中正德甲戌進士授刑曹虛心鞫理者五載犴獄無寃民出守保寗所設施多善政嘗建錦屏書院以造就人才迨兵備南贛軍務整飭境內乂安時王文成道病危甚問侍者何地曰青龍浦文成曰此去贛不遠吾身後事其付於張達卿之手乎文成至瞑目而逝思聰親爲敦匠事設裀褥表裏裼襲無不合理未幾丁內艱於臨安服闋補官湖廣轉河南布政司參政旋以忤中璫遭譏致仕自此不復出矣思聰有經濟才未竟其用素性尤耿直世宗嗣統張永嘉因議大禮忤元輔數就思聰言冀羽翼其議思聰笑曰吾不敢以歐陽修撰韓琦草疏求署名亦堅不署永嘉雖不悅而私心特重之迨再相過臨安知思聰在疚不一面臨安守臣而以赴弔爲急語中每嘆思聰仕途淹滯思聰泣拜外無一言其耿直大率類此

張汝撰萬歷時遊京師一日晨出見一士子泣赴河亟使人止之則蜀西下第舉子也徧丐貸萬里博一試放歸計無復之惟求死耳汝撰與偕歸館以别室需罔不給知其無子爲納妾三年捷南宫入翰林矣既而汝撰選詹事府主簿旋里不與外事一日傳新任巡撫來謁則所館蜀士喻思恂也執弟子禮再拜稽首人服其高義且有知人之鑑鈔府志義行傳

以上柯山蔡家堰張氏鄉賢

按柯山之在山陰不過百分之一其山水有可紀人物則寥寥矣然孔子云十室之邑必有忠信一鄉一里中豈無出仕而矢忠貞著功績者即使潛居不出而其秉心行事篤實眞誠品與學足爲後來矜式不得不備載之以補府縣志之缺後有覽者亦可知余古今地志之法錄及鄉賢意固不僅在流連光景已也至小傳諸篇爲各家後人所鈔示凡敘事處間或未能周帀余無改補遂悉仍其舊云

予嘗搜輯胡稚威先生未刻文字其壽潘母胡夫人序云有族於越郊者曰柯山潘氏其世樸勤而修學又壽沈母朱儒人云予居南塘當鏡湖之濱西去不一里許地曰柯山巖壑尤澄美水木陰森竹樹掩映居人數百家或漁釣耕農自業其中能以詩書世其家傳其子孫者曰蔣氏沈氏潘氏與李氏而已先生之言如是今沈氏潘氏李氏代

有聞人而蔣氏則稍陵夷衰微矣諸傳中亦未採及可勝感嘆銘鼎再識

附列女

吳氏監生張錫倫妻幼通詞翰年十七歸張未幾夫客死泗城姑老奉侍惟謹姑卒既葬親赴越西往返三年扶柩還葬畢即鍵戶不食積十四日而終將死出舊稿悉焚之惟往泗城時手裂布旛爲招魂七律二七絕十二其甥某錄之傳案吳氏居紫堰錫綸一作天錫疑即其字鈔縣志列女傳再節婦爲乾隆年間余詢諸張氏族姓而知之

附錄旛詩旛蓋繡詩二律旛帶十二絕

遠從人口赴音傳是是非非倍慘然血淚半枯誰共訴肝腸寸斷自相憐人逾勸慰情逾切路益迢遙心益堅但得靈輀歸故里早拚同穴赴重泉

驀然一夢便相憂偕伴人歸話未周幾度風波幾度恨百番靡折百番愁勿辭瘴癘身孤往豈忍遐荒骨未收一縷神魂應不昧好隨旛影入歸舟

露尾藏頭幾變更傳來消息未分明長途萬里憑誰問翹首南天淚幾傾

地角天涯寄此身相隨空有僕和親倘然范伯親傳耗死別生離辨未眞

未經就道恨偏稠纔得揚帆又轉愁江水滔滔涕滾滾可憐都只爲君流

怨氣凌空遍九霄强留殘喘過昏朝君身未了儂先逝總到黃泉恨未消

子在遨遊親在堂親靈未葬子先亡漫言罔極恩難報未送歸山倍可傷

累感岑公義與仁兄來弟往比於親可憐俱作他鄉夢兄弟何曾剩一人

飲恨含悲淚血潸幾番拔劍幾迴環堂中尚有先靈在一死誰爲送入山縣志姑卒既葬親赴粵西

扶柩者以未見詩故也想其情事當是從粵西歸里葬姑柩與夫柩畢然後絕食而終銘鼎附識

漫論兒孫短與長無兒爭比有兒强君亡我滴三杯酒我死誰燒一炷香

伯道先亡倍可悲伶仃幼姪亦何爲百迴計議千迴想我不搬喪更有誰

地府重門總不開此生料得未能回望鄉臺上休相阻好放幽魂入夢來

未讀遺書常慘慼不親湯藥更悲酸相看總有崩城慟淚點何曾入得棺

巨浪危舟簸復顛驚魂飛入奈何天旛成略有招魂句淚眼昏花繡不全

絕糧歌爲山陰女士張貞烈作　張雲鶴　載山陰縣志藝文

乾坤剛正氣萬古不磨滅士秉爲忠俠女受作貞烈歷覽彤管篇巾幗多英傑於戲張氏婦大節南雷埒性辣名銘椒思淸善咏雪君子志四方遨遊抵黔粵織錦寄相思鶉機成學業歲久當來歸孰知竟永訣痛乞掌上珠淚盡心中血三江渺無際五嶺何巀

叢望之眼欲穿招之魂隔絕仗義涉波濤拚命臨機陧蜑雨沐蓬鬢蠻烟榮苴經擔囊蒼頭奴半路力已竭同行惟老嫗扶杖共蹩躠扶得一櫬回恨解千年結舅姑葬亦安子婦職無闕拂鏡寫眞容手書遺小姪弗爲溝瀆計預備鴛鴦穴身不願獨存閉戶糧自絕旁人勸加餐執意如金鐵旬餘忍餓死正命非短折玉埋體仍完蘭焚香不滅孱焉閨閣姿偉矣男兒節慷慨比先賢從容邁前哲作歌示閨媛時時當誦說

按柯山義士以節著者甚衆自有縣志與家譜書之此志則不能徧採而余獨載蔡堰張節婦吳氏者因其奔喪扶柩於數千里之外是節婦而兼奇女也繡旛詩句悽惻動人是節婦而兼才女也況上無翁姑下乏子嗣葬夫之後絕食以殉更與輕生迥殊嗚呼如節婦者在縣志中未嘗數數覯乃旌典則尙猶有待縣志又限體例有傳無詩余恐日久湮沒特將原詩全數錄入庶幾傳其人並存其詩亦發潛闡幽之義耳

序

天樂古江流之地民常顚沛失所故文獻不足徵後世人士飲水思源苦乏攷證是豈可以無志余不文復不更事甲戌秋受中心小學暨民衆教育館之託貿然任之稽諸殘編斷簡採諸街談巷語凡數月而成名天樂志不忘本也然限於時與識蒐羅之未廣揚榷之未精疎漏殊多夫安能饜於心耶所望者大雅君子訂其訛補其闕明其晦詳其略彌縫而潤澤之俾成完璧豈惟編者之幸抑吾鄉亦有利賴焉是爲序

民國二十四年一月　　漱園湯敍撰

例言

一　本志所載咸考據紹興府志山陰縣志會稽縣志浙江通志等書并註明其所自出以昭翔實如志書未列而尚有疑義者不列

二　本志以天樂名不忘本也不曰鄉蓋恐誤會别於所前也

三　本志恐問聞失實承譌踵謬故或參以管見妄加按語曰傳言爲無本也

四　本志山脈水道諸章皆先概論以明大勢而後臚列以淸眉目

五　攷證處概錄原文如原文爲語體者不敢竄易文言藉以傳眞

六　本志引用原文皆節錄不敢妄增一語凡有所增則必愼重考證之以昭翔實

七　本志所列碑文字蹟糢糊者從闕不敢自作聰明爲之添補貽笑先進

八　本志貨殖及風俗諸章仿府縣志成例悉有所本無本者不錄虛搆者不列

九　凡有德行之孚鄉望者與有名位有著作或大有利於鄉者均列諸人物章生者不傳失實者亦不傳

十　本志文藝章所列必須其人得令譽而文得以人傳者或其文享盛名而人得以文傳者其他無裨事益者概不列入

十一 凡見諸志書或聞諸傳説而尚有疑點待質者入待攷章以俟來者蓋亦多聞闕疑之意也

十二 方言歌謡流傳至夥然往往有口可得而言筆不可得而書採輯既難攷據亦不易且先賢趙叔向已著有肯綮録毛西河著有越語肯綮録茹遜來著有越言釋范寅著有越諺故從闕

十三 寺院章今名不明者書而不斷

十四 本志承葛陛綸蔡郕徐漢平祝蕃湯壽宧諸先生校讐至所心感惟余後生末學管窺蠡測漏誤之處在所不免尚乞大雅君子予以指正

目次

十四　交通
十五　祥災
十六　貨殖
十七　風俗
十八　歲時
十九　人物
二十　藝文
二十一　待攷

一　沿革攷

天樂鄉者因境內有琴石以爲天然音樂故名（按）後以樂字作入聲讀作洛（茅山閘台聯）寺近城山一樣晚鐘醒俗夢崗鄰琴石九天儒樂落入間（麻溪改壩爲橋始末紀）越始號樂土

亦號荒鄉（朱孟暉天樂鄉水利形勢圖說）天樂鄉在山陰之西南接界蕭諸濵江傍山土瘠民貧號曰荒鄉（天樂鄉水利條議）鄉曰荒鄉十年九災也

屬山陰縣（輿地志）縣在山之陰故名（天樂鄉水利條議）在紹縣故山陰治府志在縣西南一百二十里縣志在治城西八十里縣志專馳陸路入天樂上鄉東境計府志則就東境盡下鄉之西北境計所以差四十里（紹興府志）夏無餘封地春秋爲越所都秦屬會稽郡始名其地曰山陰置縣漢初屬荆國更名吳後屬江都屬揚州會稽郡後漢爲郡治晉宋齊梁陳因之隋廢入會稽縣唐武德間復置於越州郭內八年省垂拱後互有廢置五代不改宋初隷越州大都督府改爲紹興府治望縣元爲紹興路治上縣明爲紹興府治倚縣清因之爲附郭縣（越絕書）秦始皇帝三十七年更名大越曰山陰（清類天文分野之書）秦始皇二十五年置山陰縣（嘉泰會稽志）望山陰縣一十四鄉坊郭鄉（舊名鏡水）迎恩鄉（舊名永昌）靈芝鄉感鳳鄉巫山鄉溫泉鄉梅市鄉旌善鄉承務鄉禹會鄉清風鄉安昌鄉新安鄉天樂鄉

後併屬紹興縣（修訂浙江全省輿圖並水陸道里記）紹興縣沿革　禹貢揚州之域於越國地春秋越王句踐都戰國屬楚秦始皇二十五年置山陰縣屬會稽郡漢因之後漢永建四年爲會稽郡治晉以後因之隋開皇九年平陳廢入會稽縣唐武德七年復置爲越州治八年省垂拱二年復置大歷二年省七年復置元和七年省十年復置五代因之宋紹興元年爲紹興府治元至元十三年爲紹興路治明爲紹興府治清初因之宣統三年裁附郭首縣併歸府治兼轄仍爲紹興府治民國廢府併縣改名爲紹興縣（浙江經濟紀略）民國廢府治併山會兩縣爲紹興縣（嘉泰會稽志）建炎三年十月庚申車駕自杭州巡幸御樓船渡浙江壬辰幸越州四年四月癸未御舟自溫台回駐蹕越州明年正月一

日改元紹興越州官吏軍民僧道上表乞賜府額昔唐德宗以興元元年巡幸梁州改梁州爲興元府於是朝廷用興元故事改越州爲紹興府

隸四十都四十一二三都凡四都〔劉蕺山天樂水利圖議〕山陰之西南接壤蕭山曰天樂鄉隸四十都四十一二三都凡四都〔乾隆紹興府志〕第四十都領圖三第四十一都領圖二第四十二都領圖三第四十三都領圖四〔以上宋爲天樂鄉領里四〕〔嘉泰會稽志〕天樂鄉在縣西南一百二十里管里四方山里馨浦里斯裏里剎竿里

分上中下三小區民初籌備地方自治乃劃爲天樂鄉所前鄉〔葛陛綸荒鄉積困節略〕山陰天樂鄉在治城西遵陸八十里鄉八以形便別全鄉爲上中下三小區上中隸四十一二三三都下隸四十都有帶山二曰大岩山青化山大岩南爲上區溪水逕入浦陽江青化北爲下區溪水逕入西小江兩山間爲中區匯山泉爲麻溪自籌備地方自治下區劃爲所前鄉上中二區仍爲天樂鄉〔麻溪始末紀〕上區自歡潭村起沿浦陽江西北至朱家塔村止中區自曹塢村起西至臨浦鎮止

原屬第六區〔紹興教育公報第六區〕天樂鄉夏履鄉所前鄉延壽鄉前梅鄉新安鄉南錢清鄉漁臨鄉〔按〕當時黨部爲第五區行政區爲第十區

民十八改爲第七區凡二鎮三十六鄉臨浦鎮所前鎮臨江鄉貓山鄉婁山鄉卲陳顏鄉馨里鄉墅上王鄉源長鄉青溪鄉集安鄉王灣鄉永安鄉六安鄉柳塘鄉張漁鄉金錢鄉崇越鄉山柄鄉儀越鄉崇麓鄉章塢鄉沈墅鄉鵲竿鄉橫江鄉花溪鄉琴山鄉傅家墩鄉化山鄉漢陽鄉相墅鄉大同鄉吉山鄉曹塢鄉歡潭鄉塗川鄉泥橋鄉泗洲鄉〔按〕民十八曾稱村里鄉爲村鎮爲里歡潭鄉舊分歡潭村東塢村源長鄉分源長村苧蘿村王灣鄉分王灣村永義村所前亦稱村〔紹興地志述略〕自治第七區爲臨浦區卽山頭埠區

民二十四年鄉鎮區域更易凡七鄉一鎮冬與第八區柯橋合爲一區設區署於柯橋但民間

仍以村落相稱

二　區域

天樂位於紹興縣之西南遵陸八十里見荒鄉積困節略（嘉泰會稽志）在縣西南一百二十里北至金鷄山南至歡潭西瀕浦陽江東傍大巖即冕旒山青化諸山見朱孟暉天樂鄉水利形勢圖說（麻溪始末紀）天樂東南北皆山浦陽江襟其西（紹興地志述略）自治第七區區域（即山頭埠區）東以中水嶺小翔牛山井山兔絲山暗尖山東山下大尖山與柯橋區（八區）爲界北以盛家嶺金鷄山亦與柯橋區爲界西以西小江浦陽江與蕭山縣爲界南以金霪浦閘大尖山上砂尖與諸暨縣爲界（按）歡潭與諸暨分界處爲四眼塘頭氣候溫度最高爲九十至九五最低爲二十至二五（浙江生產會議報告）紹興氣候溫度最高爲八一最低爲三八濕度最高爲九十最低爲七五見浙江經濟紀略面積凡四二一方里見民二三年紹興縣政概況（縣政府公報一一三期）三一七方里（紹興縣村里月報十九年第五期）二八九方里土地約十三萬七百五十七畝（民二三年縣政概況）第七區田四五八五九畝八地九五一八畝山七〇三六一畝八蕩二五四八畝七（以上私地）統計一二八二八八畝三公有二四六八畝五每畝平均價值四六元六（該區缺泗洲張漁二村面積又缺臨浦里天地段面積）（乾隆紹興府志）天樂鄉田原額五百四十六頃四十畝六厘九毫康熙六年丈出六頃七十二畝九分五厘四毫四絲康熙十六年清出一十四畝七分一厘九毫每畝徵銀六分八厘四毫米一升二合九勺　天樂鄉池原額一十六頃二十六畝八分七厘一毫康熙六年丈出四頃五十八畝一分四厘六毫八絲每畝徵銀二分一厘一毫　天樂鄉地原額六十九頃一十四畝五分二厘六毫康熙六年丈出一十二頃三十七畝二分　五厘五毫康熙十六年清出五頃六畝八毫每畝徵銀二分五厘八毫賦列下下則（按）嘉靖時泰興何公履畝定賦以爲天樂一鄉壩內荒由溪洪壩外荒由江潮故四都田賦列下下則焉其詳見山陰縣志天樂荒鄉恤免碑記（乾隆紹興府志）天樂鄉田米一升四合一勺銀四分八厘三毫天樂鄉地銀一分三厘六毫三絲　天樂鄉池銀一分七毫五絲　（按）俗稱納錢串爲七七一二五地

勢上區傾斜向江（麻溪改壩爲橋始末紀）上區自歡潭村起沿浦陽江西北至朱家堵村止東北倚大岩山西南臨浦陽江地勢傾斜向江其形狹長而曲中下兩區皆低陷形如釜中（麻溪改壩爲橋始末紀）中區自曹塢村起西至臨浦鎮止東南北三面環山西向一隅當浦陽江地勢低陷其形如釜中（按）下區東南北三面環山西臨西小江地勢低陷有魚蕩坂之稱

三 鄉鎮

臨浦鎮（紹興地志述略）離城西一百二十里（浙江水陸道路記）自貓山閘西行過新閘又北行至此一里四分抵浦陽江濱（舊浙江通志）卽浦陽江水所經（寶慶續會稽志）唐施肩吾詩有旅次臨浦市者卽此地也攷明前浦陽江固由臨浦向舊裏河一帶直下而爲西小江（江流舊道卽外江爲中沙潭內河爲大廟後面萬聖庵側之舊裏河）後因江水冲激築壩堵之（萬歷蕭山志）臨浦小壩治南三十里按卽今旱橋至萬聖庵前昔日堆放毛竹之池之址（舊蕭山志）臨浦大壩治南三十里按卽今大廟明嘉靖十三年知縣王聘塞之紹蕭分界卽以舊日江流故道與西江塘爲界自西江塘以下再循浴美施閘一側小河直至所前油竹小橋外出西小江一面紹興一面蕭山顯然可分民國十八年十月十九年五月蕭山縣長杜時化欲佔而併隸蕭山力爭始止（民國十八年十一月七日紹興縣政府指令民字二三四八號）呈悉查變更本縣與蕭山縣界本府前准蕭山縣政府來函雖有是項擬議現經本縣長考察輿情徵諸過去事實殊多不便業已取消變更擬議仰卽知照此令（民國十九年六月二十三日浙江省民政廳批第七九九號）呈悉查此案業據本廳委員暨蕭紹兩縣縣長將會勘情形呈覆前來經以臨浦鎮暨天樂鄉兩區變更區域一節應暫從緩議原有該兩縣縣界如有不明處應由該兩縣縣長先行會同釐定報核等語指令在案仰卽知照（爭界理由書）天樂荒鄉出品惟紙商場在紹貿易交際久成習慣自宋元迄今隸屬於紹歷代

不改者順民意也一旦改隸非但無益反多窒礙理由一　天樂風俗民情素守樸魯適與蕭山相反天然隔閡一視同界線分則兩全合則俱損理由二　紹蕭地界以河流而論應自戴家橋起沿浴美施閘併入天樂劃歸紹縣此天然界限也臨浦一鎮可蕭山何獨不可紹縣理由三　如謂天樂距城窵遠也然天樂鄉以山頭埠為中心點距紹與與蕭山遠近相等（各約六十里）駕輕車而就熟道人情所同萬一改隸蕭山不啻南轅北轍使之背道而馳也理由四　且當今科學進步千里堂奥輪軌郵電朝發夕至臨浦有輪山頭埠有船均可直達窵遠二字不成問題況紹縣距天樂鄉僅六十里乎理由五　如以離城五六十里為遠則他縣之離城八九十里或百餘里者又將如何如以一鎮兩縣為有妨則一鎮而隸兩縣轄境者何獨臨浦即曰有妨何以可併於蕭獨不可併於紹乎理由六　瀝海所遠在曹娥江隔岸較天樂之與全縣合成一片者大不相同何以瀝海所向無異議獨於天樂而生歧視即以偏東之湯浦僋塘等處相較亦以天樂之離縣治為近且便也且天樂之離紹城不過六十里如六十里不能管轄則蕭山縣城離樓家塔且在六十里以上亦應劃歸富陽矣理由七　如謂界線複雜則天樂鄉山脈皆從茅洋嶺干嶺而來至青化山大岩山而止茅洋嶺干嶺支脈之南為諸暨境浦陽江環之其北為山陰境鑑湖及西小江環之而天樂鄉即位於此山脈及浦陽江之北與蕭山之山脈河流絕不相混自然地勢甚為明瞭理由八　又如杭州一城有縣政府市政府區域之分而不患不明者亦由人事而非自然也安得以界線之複雜為藉口而強行劃併乎理由九　如謂行政之困難莫如江浙之鹽政不聞有不統一者有習慣法以輔之也何有於一縣何有於一鄉況千百年相安無事何一朝而不便乎理由十　所謂行政不便不知何所指吾等僅知民情浹洽者便風俗相同者便習慣相安者便官民相得者便往來無阻者便反乎此之謂不便今度之形勢則便考之歷史則便察之民情則便揆之公理則便向來官民雙方曰便現在官民雙方亦曰便何所謂行政不便乎理由十一　臨浦紹蕭公安局管理紹蕭轄境歷有年所相安已久今乃藉口於臨浦一市區受兩縣管轄不免因甲縣之單行法以致發生衝突時至今日抑何過慮夫警察僅須依據警律維持地方紹如此蕭亦如此其他即小有出入亦斷不至影響於社會理由十二

橫江鄉　屬上區轄橫江俞姚家邵家塔鍾家塢泗卦

塗川鄉　上區轄孫家祝家虞家塔泗九山灣
泥橋鄉　上區轄紀家匯匯頭鍾泥橋頭
歡潭鄉　舊原屬上區轄小滿傅家歡潭白水諸家東塢
臨江鄉　中區轄茅潭高田陳新閘橋
邵陳顔鄉　中區轄下邵坂裏陳墈頭顔
沈墅鄉　中區舊稱沈家渡村
鵲竿鄉　中區轄朱家塔大園裏觀音堂
貓珊鄉　中區轄鄭唐孔下顔
婁山鄉　中區轄下坂邸杜家壟
墅上王鄉　中區舊以村稱
源長鄉　村里制時舊分源長村苧蘿村中區轄大小華家墨汀徐屠家橋娘娘廟前上石橋
西山張下塢
馨里鄉　中區轄安山陳魯家倪家莊嶺頭王
青溪鄉　中區轄諸塢羅家山

傅家墩鄉　中區舊以村稱

琴山鄉　中區轄沈家埭下章

化山鄉　中區轄石門王石柱頭橫路頭新橋頭

漢陽鄉　中區轄郗塢大陽平陽霄漢里

花溪鄉　中區轄慈姑袁山頭埠山下蔣張家橋王家閘〔註〕王家閘自民國十九年起成小市

泗洲鄉　中區轄袁家塢城山王蔣家塔

章塢鄉　中區轄顏家塔大湯塢席家新店王湯家山下

相墅鄉　中區轄華家塹李家塢三大溪肇家橋馬家塹盛家塢姚家姜家

大同鄉　中區轄廟後王大岩嶺下沈

吉山鄉　中區舊稱村

曹塢鄉　中區舊稱村

所前鎮　以設有鹽務批驗所而得名屬下區轄老河埠頭上街下街衙門前

永安鄉　下區轄金家衖導山王上鹽地胥江王橫埠灣頭柯家

集安鄉　下區轄橋裏祥裏王山下陳丁家

王灣鄉　舊村里制時稱王灣村永義村下區轄燕窠王山裏王橫山李家閘窖裏孫山泉王

柳家孫夏鄭

六安鄉　下區轄卸塢岱塢下汶𤸲園南莊北山頭王

金錢鄉　下區轄錢家灣金鷄山四一房舍裏周

柳塘鄉　下區轄婁家灣莊裏陳盛家灣

張漁鄉　下區轄張家坂漁家埭

山棲鄉　一作下山棲鄉下區轄趙塢池頭沈山裏沈嶺下塢夏山埭上安王繆家

崇越鄉　下區舊稱傳芳村杜賞村轄傳芳杜家賈家

儀越鄉　下區原稱鄭家村轄鄭家汪家洪瓦池頭山栖街

崇麓鄉　下區原稱東山下村轄東山𡕒嶺下金店裏王

二十四年鄉鎮區域又更以歡潭鄉仍爲歡潭鄉橫江塗川泥橋併爲天樂上鄉所前永安集

安六安王灣併爲所前東鄉柳塘張漁山棲崇麓崇越儀越金錢併爲所前西鄉臨浦源長墅

上王併爲臨浦鎮臨江邵陳顏沈墅鵲竿貓珊婁山併爲天樂臨江鄉傳家墩青溪嶺山化山

馨里併爲青化鄉吉山花溪漢陽泗洲章塢相墅大同曹塢併爲協進鄉凡七鄉一鎮

四　人口

天樂之人口舊無足徵民十七調查計四萬六千五百六十九人男二萬五千五百二十人女二萬一千零四十九人見紹興縣教育概況統計二二年三月版〔按〕是年調查不識字人數共四萬六千五百六十九人男二萬二千二百另六人女一萬九千另三十一人學齡兒童共八千七百五十五人男五千另六十九人女三千六百八十六人失學兒童共六千三百二十三人男三千另三十一人女三千二百九十二人︹紹興縣村里月報十九年第五期︺一一〇三五九戶民二十三年統計凡一萬零六百五十八戶分四百零五閭一千九百九十七鄰四萬八千一百九十八人男二萬五千六百十七人女二萬二千五百七十三人見二三年紹興縣政概況戶數一作一萬另三百八十五戶〔按〕民二二年據區公所調查男二七六三一人女二二六二一人共五〇二五二人現住男二五一一六人女二二五二三人壯丁八六五九人學界二二九人分列於下見新編鄉鎮對照表

橫江鄉　三五〇戶一五三四人

塗川鄉　三一五戶一四九八人

泥橋鄉　一六五戶七八二人

歡潭鄉　四八六戶二五九〇人

臨浦鎮　四九一戶二五〇二人

臨江鄉　二八三戶一三一七人

邵陳顏鄉　一八二戶七七五人
沈墅鄉　一七六戶一〇三〇人
鵲竿鄉　三八一戶一六六二人
貓珊鄉　二五四戶一二三七人
婁山鄉　三六八戶一七六七人
墅上王鄉　二六四戶一二五九人
源長鄉　三四〇戶一五五五人
馨里鄉　一六七戶七七五人
青溪鄉　二三七戶一〇五一人
傅家墩鄉　二三一戶一一六五人
琴山鄉　一八一戶八七五人
化山鄉　二九〇戶九四五人
漢陽鄉　二六四戶一〇九三人
花溪鄉　三二一戶一五四五人

泗洲鄉　四三〇戶一九四六人

章塢鄉　四五三戶二三二五人

相墅鄉　五一五戶二三八六人

大同鄉　一三七戶六四八人

吉山鄉　二一七戶一〇七五人

曹塢鄉　一二七戶六一五人

所前鎮　一三八戶六七三人

永安鄉　二三八戶六八七人

集安鄉　一六七戶七五三人

王灣鄉　四四四戶一九八七人

六安鄉　二一九戶一〇五二人

金錢鄉　一六七戶七〇四人

柳塘鄉　一九五戶九三二人

張漁鄉　一四五戶五九二人

山棲鄉 五〇八戶二三六一人

崇越鄉 五一八戶二四九二人

儀越鄉 二三二戶一〇五七人

崇麓鄉 一四五戶七一七人

二十四年鄉鎮之區域更改分七鄉一鎮歡潭鄉四八六戶二五七一人天樂上鄉八三〇戶三八九三人所前東鄉三〇二戶五三五七人所前西鄉一九〇八戶八八〇九人臨浦鎮一〇九〇戶五四二〇人臨江鄉一九四四戶七八三九人青化鄉一一六四戶五〇二九人協進鄉二四二二戶一一一〇八人共計一一〇四六戶四〇〇二六人

五 山脈

天樂之山由銅井山（萬歷志）在府城西南七十里有潭曰龍井其色正黃若銅歲旱禱之得雨發脈而來分二支一爲大巖一爲青化（荒鄉積困節略）有帶山二曰大巖山青化山大巖南爲上區青化北爲下區兩山間爲中區大巖居鄉之東南面西崗巒迤邐自西南北折至鄭家山而斷茅山而止青化居鄉之東北面南支麓斜迤而西北（見朱孟暉天樂鄉水利形勢圖說）諸山皆由此分支焉

大巖山 一名冕旒其峯有名鵝鼻者高可千數百丈遠出青化越王崢之上（見麻谿改壩爲橋始末記）

〔乾隆紹興府志〕在府城西南一百十五里一名冕旒山宋時宮闕在錢塘者與山相對

青化山一作淸化山〔兪志〕多松柏有石如屋名石屋有湫名龍湫麻溪水環於山麓〔嘉泰會稽志〕許安世詩云淺淺谿流涵白日微微山路入青雲〔宏治志〕在縣西南一百一十里〔兪志〕在府城西南一百二十里〔山陰縣舊志〕作青化山〔乾隆紹興府志〕作淸化山〔按〕舊有寺有仙壇今壇已毁寺亦廢

越王峥又名棲山〔紹興府志〕作越王山〔山陰舊志〕去縣西南一百二十里昔越王句踐棲兵於此又名棲山上有走馬崗伏兵路洗馬池支更樓故址〔按〕尙有逍遙天故蹟〔明王文轅詩〕每恨高峥不易梯數峯長與白雲齊蹟存秦望千尋上影落瀟湘萬頃西絕險始知天去遠臥崖頻見鳥飛低十年一榻烟霞頂雨後寧辭沒脛泥

及秋巖〔萬歷志〕在越王山宋葛慶隆藏修之所後卒因葬焉有洞曰仙人洞

淬劍石〔萬歷志〕〔紹興府志〕在越王山〔按〕産製玉露霜有名〔越遊便覽〕山巓旁矚百里湘湖錢江朗列眉睫山脊爲深雲寺元元統三年建歐兜祖師道場也眞身不壞香火猶傳寺門有明黃石齋八分書越王峥三字上有樓祀越王句踐歐兜祖師爲元至正間人本賣菜傭悟道棄家入山一年化去越人稱爲懊惱祖師寺門外有潭一泓相傳有斷尾魚斷尾螺山後有纏刀竹殿後有泉甚淸冽山頂産茗香味皆佳

浮邱山與越王峥相連〔一統志〕在山陰縣西南一百二十里相近爲青化山俗傳浮邱公煉丹於此巔有丹井爲浮邱山〔宏治志〕在府城西南一百一十里〔按〕紹興府志既將此山附於越王峥但又另立一條並存

看怕嶺〔萬歷志〕在府城西南八十里其路峻嶮行者懼焉〔紹興府志〕今嶺上建雲衢庵設茶亭行人便之嶺半近又建看半亭

蕭家嶺〔萬歷志〕在府城西南一百里居民多姓蕭〔新增〕今蕭姓已滅〔麻溪始末紀〕作小歌嶺〔按〕嶺下爲橫路頭村居民多姓鍾

藏山嶺〔山陰縣志〕去縣西南一百里〔麻溪始末紀〕作上山嶺

西竺山〔萬歷志〕在府城西南一百十里東麓有慈恩寺

大尖山在鄉之北〔明徐渭詩〕萬松滴千山妙翠不可染割取武陵源固是天所遺秦人跡有無雲中叫鷄犬夜泊漁舟來下山尋不見〔山陰縣舊志〕去縣西南一百二十里〔乾隆紹興府志〕舊浙江通志有土尖山與此上道里相同疑即此山也

白峯山與藏山嶺相連〔萬歷志〕在府城西南一百二十五里山峯有白石巑岏〔麻溪始末紀〕作白峯嶺〔弘治紹興府志〕在縣西南一百十里

懽潭嶺〔萬歷志〕在府城西南一百三十里以潭名即大岩嶺見下

菱山形如菱故名麓爲湯塢村有石如筍曰石筍

紫石山一名石磡山石露紫色故名

擂鼓山在紫石山後山形似鼓

眠牛山在吉山村之西〔按〕從頭至尾作彎勢頭部石骨嶙峋頷額宛然可認稱爲前山頸部作低束勢山脊平衍亦稱前山腹部龐然而大坦向山麓近脊處

作凹勢若氣兜然稱後山臀部高聳稱爲稻丸山

雙尖峯　距吉山村二里（按）兩峯並峙土名大畚箕小畚箕

中史嶺　一作毿斯嶺連大巖山高六七百尺（見麻溪始末紀）

大岩嶺　因大岩村以名嶺高二三百尺（見麻溪始末紀）（按）即懽潭嶺懽潭人稱爲大岩嶺大岩人稱爲懽潭嶺一嶺而二名因地而分也

麻姑山　〔萬歷志〕在府城西南一百一十里相傳麻姑煉丹於此

蟾山　一名大山亦稱導山山有廟麓爲所前鎮

金鷄山　與竹林尖相連形若鷄故名

太平山　在鄉之西南

蛇山　在傳家墩之東長半里許（按）頭向西尾向東形如蟒蛇故名

琴石崗　在下章村後距村約半里與青化山相連有石如琴線凡六相傳子夜似有人彈琴發聲淸越天樂之名即由於此（按）崗在鸜哥尖山半山中

明陽崗　在紫石山（見麻溪始末紀圖說）

趙王尖山　即王墳尖〔舊浙江通志〕在府城西南一百二十里（按）傳言葬有宋太祖妃考諸紹興府志宋宮嬪墓在屬石湖濱獅山側有二十四處俗傳廿四堆者是也此處當非是但不知名何所自

城山　峯頂如城故名舊有資教寺今廢

慈姑大山　山麓爲慈姑衺村

髻山　在七峎坪麓有髻山廟

巾摺嶺　七峎坪至啇橋石道地之通路也

興教嶺　下有興教寺今廢

富婆嶺　在曹山過嶺爲裏西塢

山栖嶺　〔夏仙思公碑記〕山栖嶺者山邑之險道也其巔因越王保於會稽時栖息其中遂名越崢漢唐以來林深菁密人迹稀少迨南宋時有猛虎毒蛟盤踞其地居民苦之夏氏仙思公勇而好義仗劍入山覓蛟與虎而斬之開闢荒山遂建深雲寺至公歿後塑像於寺之旁廡〔按〕此碑現在深雲寺內

六　水道

天樂爲浦江流域〔清宣統二年山陰勸業所報告〕中天樂流域當麻溪壩未築之先溪流合浦陽江之水經錢清江而同出三江固三江流域也自明宣德中郡守某公開磧堰口引浦陽江水直入錢塘大江築壩臨浦以斷內趨其後因中天樂一帶江塘未築江流每挾潮由此而入橫溢內地復築麻溪一壩以障之而中天樂乃截出壩外改三江流域而爲浦江流域矣　水道凡三一入浦陽江〔麻溪始末紀〕大巖南爲上區溪水逕入浦陽江　一入西小江〔麻溪始末紀〕青化北爲下區溪水逕入西小

江

一即麻溪亦稱天樂溪（麻溪始末紀）大巖青化兩山間爲中區匯山泉爲麻溪臚述於下

麻溪　源出大巖山經肇橋過上下溜湖而抵麻溪壩出西小江（李志）麻溪水出自鼂旋山（府志）在縣東八十里水經麻溪溪之下爲潭（沈冤紀略序）鼂旋山之水溪行十五里達麻溪（麻溪始末紀）天樂中鄉肇橋地方其間山路崎嶇林深木茂中鄉溪水導源於此溪流窄淺出經上下溜湖坂田勢獨低沿溪兩岸築有民塘約行五十里而抵麻溪麻溪湖源趙家橋止十五里踰壩而入內河（按）至山頭埠亦稱花溪或稱天樂溪（按）清宣統元年十二月浙江督練公所參謀處測量股製浙江全省一覽圖稱天樂溪

浦陽江　源出浦江縣在鄉之西（嘉泰志）源出婺州浦江北流一百二十里入諸暨縣溪又東北流由峽山直入臨浦巒以至海俗名小江一名錢清江（酈道元水經注）浦陽江導源烏傷縣（越絕）浦陽者越王句踐兵敗衆潰於此故曰浦陽（紹興府志）漢書潘水即浦陽江別名自外無水以應之（紹興府志水利志）浦陽江自金華入諸暨與東江合至臨浦注山陰之麻溪又東北之錢清以入海其流甚大春霖漲溢往往浸廬舍而害田禾（萬歷志）浦陽江又名小江其源出金華府浦江縣北流一百餘里入諸暨縣與東江合流至官浦浮於紀家匯東北過峽山又北至臨浦注山陰之麻溪北過烏石山爲烏石江又北而東至錢清鎮則名錢清江又東入於海今開磧堰以通上流塞麻溪以防泛濫而江分爲二（俞志）入諸暨爲浣江浣江又分而爲二一達山陰之錢清由白洋入海一達蕭山之臨浦由錢塘入海（會典）浦陽江出金華府東北經紹興府歧爲二支東曰下東江西曰下西江復合而北經臨浦壩曰漁浦注浦塘江（浙江通志）經諸暨南分爲下東下西二江合於三港口（紹興府志）浦陽江爲麻溪所扼流不能駛匯而成七十二湖（湘湖調查計劃報告書）概浦江之水經臨浦麻溪是謂小江（麻溪始末紀）浦陽江自金華浦江縣爲概浦江（浙江水陸道里記）浦陽江經流金霪浦前浦陽江自諸暨縣流至此入境又西北流至石浦橋西二里三分水深八尺面闊三十丈金霪浦迤西北與蕭山縣分水以下皆同小滿村自石浦橋西首北流折而西又折而東至此二里九分水深一丈面闊三十五丈匯頭鍾村自小滿村西流至此四里水深八尺面闊三十丈浮橋自匯頭鍾村北流折而西至此八里五分水深一丈二尺面闊

三十三丈沈家渡村自浮橋曲曲北流至此五里八分水深一丈四尺面闊三十五丈新閘口自沈家渡村北流折而西又折而東至此八里四分水深一丈五尺面闊三十七丈有天樂溪過貓山閘出新閘自東來注之臨浦鎮自新閘口北流折而西至此一里九分水深一丈二尺面闊四十丈〔按〕以上所引與今形勢已有不同與蕭山縣

分界

西小江　爲浦陽江經臨浦入錢清之舊稱自磧堰既鑿遝入錢塘大江而土人則於所前以下至錢清一帶之水猶沿西小江舊稱其實則內河也〔麻溪始末紀〕西小江發源金華經浦江諸暨蕭山山陰至三江所口入海曰浦陽曰暨陽曰錢清江隨地異名〔山陰縣志〕在縣西北四十五里其源在諸暨之浣江分爲二派初出天樂境流蕭山轉東北達於海〔嘉泰志〕源出諸暨縣界五十里西北流入蕭山江闊一里餘湖高至八尺〔會稽志〕西小江經縣界五十五里勝舟五百石〔浙江通志〕在縣西四十五里今爲河〔明史河渠志〕宣德十年主事沈中言山陰西小江上通金衢下接三江海口引諸暨浦江義烏諸湖水以通舟江口近淤宜築臨浦戚堰障諸湖水俾仍出小江詔部覆奪正統十二年詔從山陰人王信奏命蕭山山陰二縣起役濬之〔萬歷志〕天順元年知府彭誼建白馬山閘以遏三江口之潮閘東盡漲爲田自是江水不通於海〔紹興府志〕西小江則山陰天樂大巖慈姑諸山之水合於上下瀛等五湖西北出麻溪東西分流〔麻溪始末紀〕西小江與東小江對稱東小江湖源嵊縣下游即曹娥江〔浙江水陸道里記〕西小江一名錢清江經流古萬安橋西南西小江自蕭山縣流至此入境又東北流折而北至所橋四里一分水深一丈四尺面闊十四丈三尺古萬安橋迤東北與蕭山縣分水以下至宏濟橋皆同　鳳仙橋自所橋西北流折而東北至此五里二分強水深一丈九尺面闊十八丈五尺　按西小江或稱肖江無考恐訛

紀家匯　〔嘉泰志〕在縣西七十里〔弘治紹興府志〕在縣西南一百里〔萬歷志〕在府城西南一百里是錢清江上流乾道八年諸暨縣陳請開浚湖道水利得旨浚紀家匯導蕭山新江以達諸暨知蕭山縣謝暉言山陰沿江皆山也諸暨蕭山地勢

低下小江舊以導諸暨之水也今浚新江其底石堅不可鑿徒費民力紀家匯一開則上流衝突而蕭山縣之桃源苧羅許賢新義來蘇崇化昭明凡七鄉皆被巨浸力疏其不便上之議遂寢三邑民皆感其惠馮諡爲作碑今江流改道毗連蕭境矣

七　泉池

懽潭　〔紹興府志〕在府城西南百三十里水清味甘〔注〕傳言宋岳武穆行軍過此值天熱軍士飲泉而懽因名

石礟井　在山頭埠紫石山下方形圍砌石圈〔注〕傳言有老翁鬚髮盡白石上坐吟曰山不在高有仙則名水不在深有龍則靈吁嗟乎紫石山石礟井移到六橋三竺間定號飛峯號冷泉

御史井　在湯塢村明御史湯雲鑿〔湯氏宗譜〕御史井記民望公登第後官拜御史藩司循例給發帑錢令建坊以示恩榮公曰建坊固屬朝廷寵典不過使後世知某公位至某地然我清介成性不欲以此誇耀閭里乃相視宅旁假坊銀爲穿井之資奈井穿數仞而水無涓滴人皆以爲棄井公曰爾輩毋訝我思有以處之卽齋戒三日備牲醴步禱於青化山神以祈靈泉之遙注又親執磁壺汲其山泉而歸隨路點滴以引導之至井邊以壺中所餘之泉悉傾於井而水卽應手湧出倏忽溢於井欄之上人驚以爲奇〔按〕一作洪井

雙瀑布　在吉山村東南其山名匡塢每逢積雨初晴尤稱奇觀

天井浜　在傳芳村附近有古井七在浜之底水旱時近鄭家河埠之三井每得見之〔注〕傳言先朝爲一村落被水沉寢而成浜浜中有一小墩則係居民避紅羊亂負泥填浜而成

鶴池　在傳家墩形如鶴故名長里許

龍潭　在大巖山泉甚清洌

楊樹井泉　在華家埊大旱不涸

池　在沈家埭村外爲天樂池之最大者

八　閘橋

麻溪橋　舊爲壩距臨浦鎮四里處茅山閘内二里去湯浦江面三四里〔紹興地志述略〕壩則有麻溪壩麻溪在臨浦之東南光復以來〔民二年前〕開通之起初蕭山人恐農田受損頗持異議今亦安瀾無害〔麻溪始末記〕昔者浦陽江自金華北流經諸暨入山蕭兩邑間之紀家匯硤山西至臨浦西北經烏石山而東受麻溪更北經錢清入於海江水盛漲則山會蕭三縣爲壑明宣德中又云天順中知府彭誼始爲西江塘於麻溪下流西江塘盡處築壩成化中知府戴公琥竣工以斷江流之趨入於是三縣水患全紓天樂中鄉沿山四十八村由是棄爲甌脫而戴公且與彭誼同被詛呪矣惜哉劉蕺山天樂水利議以移壩爲上策壩以内人〔任三宅〕昧於形勢習於故常阻止之不果行蕺山因倡建茅山古閘以爲補救同時余學士煌相助爲理而深以移壩之策不行爲可惜入國朝後鄉賢姚公啓聖改壩爲三洞各廣六尺事載府志後知府俞卿重修改爲二洞而小之亦小人之用心矣至道咸

之際大水頻年壩以外一片汪洋壩以内平疇寸水鄉民憤不能平遂致激變興獄府縣履勘知情形確係偏枯始許開放一洞光緒十七年知府龔公嘉儁因三江久塞謂麻溪咽喉也三江尾閭也塞咽喉而望尾閭之通不可得也一再相度於壩與閘之間毅然將壩洞牐板用舟載歸置之城隍廟以杜塞壩之弊至今吾天樂中鄉實尸祝之前清宣統三年八月天樂鄉自治會乃以廢壩之議陳請省會諮議局業經議決咨請增撫派員查勘因浙省光復未及核辦民國元年十一月由天樂中鄉舉代表湯壽宧葛陛綸孔昭冕魯錐生以廢壩事陳請於省議會並呈朱都督屈民政長暨陸知事當由省議會咨都督令行民政司長派員查勘復核嗣由所前鄉鄉董趙利川等具反對說帖於縣議會議會長任元炳不加調查亦不知照壩外四布危詞徵求各鄉意見實行煽惑之計並飛電呈請京外當局反對手段酷烈已極元年十二月省派委員俞良謨陳世鶴查勘竣事呈覆當局略謂茅山閘確在麻溪壩前面爲禦江潮之保障外江潮汐斷難流入内河而麻溪壩霪洞低窄水勢不易暢洩爲上下溢湖患水之原因若廢壩以後十五里之溪水踰壩入内河不過半都之水均分三縣又日夜通流以出三江萬不足爲三縣害準上情形是天樂鄉陳請書所稱善後諸策曰改壩爲橋濬深壩潭壩内汊河淺者深之並去新閘橋中墩等語事理充分均屬可行云云

呈復而紹蕭知事陸鍾麟彭延慶呈稱此次查勘僅得地勢之概略未驗水道之狀況該壩應存應廢毫無把握應俟春水發生實地測勘等語呈復當局民國二年正月朱都督令飭屈民政司長親往會督官民詳細察勘竣事覆稱察勘情形熟籌辦法擬就此壩添闢一洞高一丈濶九尺或就原有之洞各加高三尺務使水得漸次暢行等語呈由都督電請部示二月接到農林部電稱麻溪壩廣洞添洞兩法既一再勘明有利無害自可照行惟添洞費大工鉅不如廣洞爲宜希察勘妥定辦法等語當由都督派委楊際春會縣妥爲辦理三月由朱民政長佈告略謂廣洞辦法實係委曲求全愼重民生起見當爲紹蕭兩縣人民所共諒乃自辦法宣布以後尚有誤會之人試思就原有之洞略加開廣壩內下天樂等鄉地多平原汊港紛歧洞中宣洩之水分數百里日夜通流散而不聚過而不留何致害及下鄉更何至化紹蕭兩縣爲巨浸爲此布告人民如有造謠煽惑未便姑容等語而議會仍力謀抵抗電部不肯承認三月農林部暨農務司司長陶昌善先後電請浙督從緩辦理以致已成之事又復停頓於是天樂中鄉人民憤積寃莫雪起與代表爲難天樂鄉自治會鄉董湯壽崈議長孔昭冕對於官廳鄉民兩方均受擠軋窮於應付不得已呈請辭職並請將湯孔葛魯四人代表名義一併取消同時天樂中鄉四十八村聯合會成立遂以聯合會名義三次

呈請均由官廳批令靜候辦理維時四十八村之人民足疲於走耳疲於探靜候廣洞之實行不意久之寂然又久之寂然忽忽三月春漲已了夏水又生田廬既淹塘壚將决巨災已成忍無可忍萬衆一致集憤於壩不一日而四十八村男女老幼荷鍤舁索拆壩而廢之同時以拆壩情形呈告當道並呈農商部請派大員實地履勘是時朱都督派紹防管帶何旦紹興警官薛瑞驥赴壩查勘勘得壩已拆毀而鄉民四散無迹至壩內人民亦經多方勸導飭令靜候辦法等語呈復十月屈民政長布告略謂麻溪壩一案曾親詣履勘擬具廣洞辦法未及辦理被天樂鄉人民將壩拆毀自屬不合惟壩毀以後紹蕭兩縣並未受有水患是廣洞辦法無害於兩縣水利已有顯證經電農林部核准仍照廣洞辦法辦理等語一面派科長姚永元技士陳世鶴前往妥辦十一月農林部委派農務司司長陶昌善切實覆勘十二月據覆稱以改壩爲橋辦法呈部當由部方核准洞闊一丈五尺照辦圜洞中心高可一丈二尺至是而廢壩計畫完全確定矣橋工開始於民國二年十二月竣工於民國三年七月由官廳派員驗收

拆廢麻溪壩之理由　麻溪壩昔爲堵禦浦陽江而設則其功用在使江水不侵入內地而止今既有堅固雄偉之茅山閘屹障於外又有鄉民修築高厚之江塘圈圍於旁重蔽疊圍

江水萬難侵入猶之重門外鎖戶闥深藏早已退處無用之地若必留之以困天樂一隅亦斷非壩內人所忍出此則當廢者一也如謂溪流奔放有害壩內田疇則更可以無患蓋壩內港河紛錯水面寬廣麻溪注之左右游波紓緩不迫必無盛溢之患山會山鄉各有羣山奔赴之溪流水量大於麻溪數十倍無不匯歸於一同洩三江則以一溪之微攤入三縣之大其不盈一勺也可知此當廢者二也今昔形勢大異昔之重要在麻溪壩今之重要則在茅山閘自麻溪壩成而壩以內之堰閘以廢（詳府志）則自茅山閘成而閘以內之麻溪壩獨不可廢乎夫言水利者每以外水主遏內水主洩爲要壩既不能遏江水以效功於內反阻溪流以致害於外則當廢者三也山會兩縣環山爲鄉者十餘各溪源流長者二三十里短者亦十餘里均得向北暢流無須築塘扞衞獨天樂一溪無從宣洩歲修溪塘數十里以束之而仍不免淹沒之苦則麻溪壩爲之厲也此當廢者四也由此言之廢壩之策純乎有利而無害若拘泥昔日之情形而不深體窮鄉之寃苦恐數萬窮民集怨於壩以發其宿憤激成暴動拚生命以博拆廢之目的則有不忍言者矣〔俞志〕崇禎間鄉官都御史劉宗周倡議欲展壩十五里移於茅山以天樂四都截在壩外欲包四都入內蕭人力阻之遂止十六年乃於茅山建閘以禦江水

茅山閘（一作貓）茅山閘在麻溪壩外三里天樂四都之田截出壩外歲被江潮淹沒明成化間〔

按〕成化九年〔見朱孟暉麻溪壩開塞議辨〕知府戴公琥〔按〕浮梁人於茅山之西築閘二洞以節宣江潮久之閘圮崇禎間鄉官左都御史劉宗周議移麻溪壩於茅山壩內人阻之而止十六年乃築茅山閘三洞甃其上半禁船出入三江旱則引水茅山實與應宿閘相爲呼吸焉〔會稽縣志〕熊開元姜埰之獄起宗周入朝昌言其事聲徹殿陛上震怒奪官歸郡之天樂鄉麻溪水通江潮爲患捐貲築茅山閘與三江閘爲表裏〔劉蕺山先生建茅山閘記〕自麻溪築壩而瀊湖數萬畝之田遂爲甌脫天鄉諸山之水既不能越壩而分其漲而小江之水復挾江潮循茅山以入瀊湖汪然巨浸矣賢者憂之於茅山之口建一水門山洪并發則啓以洩之潮汐驟冲則扃而拒之遇水旱乾溪流枯竭則又節宣潮汐以爲數萬畝桔槔地自神廟以來民享其利又自茅山至鄭家山嘴築大塘使江流不得橫溢必逶迤曲折由閘而入而後茅山一閘始屹然孤峙有砥柱之勢天鄉命脈懸於一線此誠地方一大關鍵哉歲久傾圮塘水潰決以致江潦溪流漫爲沛澤天鄉之無收數十年於茲矣余向曾著天樂鄉水利議及茅山閘議惓惓於移壩改壩實足爲三縣興水利有志未逮歲癸未太史余公煌及各長吏走麻溪疏導水源而苦於霪窖因改修舊壩而廣其霪復顧茅山而謂曰天樂水利向者先生建三策今不能行其上而姑用其中乎請先開茅山潦則洩旱則灌使三邑之民曉然知茅山之爲利而不願麻溪之有壩然後漸開麻溪

以興永利不亦可乎余應曰唯唯於是令曰舊制水門二今加闊其一皆以尋爲度高視舊增四之一而以石甃其上半內外皆設霪門中施板榦務在雄壯堅牢可垂永久是閘也舊通舟楫諸商人惟取便利不顧節宣以致溢湖江海連爲一壑今增而高卽遇狂潦不致闌入矣半甃以石使不容船估舶望而卻走矣增闊水門則消長迅速進退不停滯矣廣殺於舊則勢益謹嚴狂瀾易抵矣夫然後天樂之水利興而民無昏墊之苦予於是謀之長吏以及耆老僉曰可卽先捐銀若干兩余公煌及各長吏各有所捐厚集人徒隤林攟石舂鍤之工日以千計人謀畢協共襄厥功崇隄壁立勢軼巖闕殆與湯公之應宿爭雄峻矣以其餘貲築鄭家大塘高三丈廣倍之〔麻溪始末紀〕茅山有石閘照工部尺計算閘高二丈闊六丈六尺廣四丈二尺閘洞有三各高一丈一尺闊九尺五寸勢頗堅固外局以門中有兩槽插以木板隨時啓閉以備旱潦〔麻溪始末紀〕閘上有明劉蕺山先生祠紹守戴公琥學士余公煌知山陰縣毛公壽南清福建總督姚公啓聖紹府龔公嘉儁祔焉〔按〕金公戴山亦祔焉清道光七年金戴山先生重修之至八年四月方告竣工〔重修茅山閘記〕劉蕺山先生移壩之策阻於任氏既不得行乃慨然有茅山建閘之議其計劃具詳於先生建茅山閘記中不具贅先是成化間知府戴公琥於茅山之西築閘二洞以節宣江潮久之閘圮至是先生乃改築三洞皆以尋爲度高視舊增四之一甃其上半內外皆設霪門中施板幹以便啓閉事詳

紹興府志道光六年邑侯石公同福以茅山閘傾漏懼爲民患集紳耆議修復苦無要領里中戴山金先生與張海尊趙庚張慶增裘用賓金雲亭金文治諸國泰金躍諸先生合力董其事醵貲與修於道光七年二月十五日興工先期築禦潮截洪二壩皆告成時石公以卓異引見周君鏞蒞任詳請開麻溪壩洩山水出三江十月十六日拆舊閘十二日定閘基疊石六尺江潮大漲內外土壩同時陷決有魚名斜鯁者千萬爲羣攻岸爲穴已成之工瞬息毀壞遂祭於戴山先生廟爲文以禱之至道光八年四月遂告成功閘身長八尺高二丈二尺濶三丈六尺自底至面疊石十九層霪洞三各闊八尺洞旁立石鑿槽施板以資啓閉閘旁建劉公祠歲時祭享又建小屋兩楹安宿閘夫里人有碑記修閘事綦詳附載於後

柳塘閘　位於柳塘村先是上無茅山閘下無三江閘水旱頻仍故建之逮淸道光初年水道變遷不必置因改爲橋見麻溪始末紀

臨浦壩　〔浙江通志〕在縣南三十里此言去蕭山縣三十里山陰應在西南一百三十里半屬蕭山明宣德中築以斷西江之水正德以來商舟欲取便乃開壩建閘甚爲患嘉靖十三年知縣王聘塞之考其地卽爲今之臨浦大廟

王灣橋　〔蕭山縣志〕舊名王灣渡東爲山陰西爲苧蘿鄉

汀頭橋（蕭山縣志）由王灣橋西折二里舊名汀頭渡南爲山陰北爲來蘇鄉

所前橋（蕭山縣志）由汀頭橋北折三里東爲山陰西爲來蘇鄉（浙江水陸道里記）作所橋

鳳仙橋（蕭山縣志）由所前橋北折五里舊名周家渡今俗呼金鷄山橋東爲山陰西爲來

蘇鄉

尖山浮橋（蕭山縣志）去縣東南五十里其江曰横江東爲山陰天樂鄉南爲蕭山桃源尖

山埠明時止有義渡船（蕭山湘湖志）尖山浮橋創自順治初謝守智先生自雍正九年奏

定歲修經費由山蕭兩縣各給錢九十九千九百文又由蕭山加給轎夫工食錢二十五千

六百文其款由縣撥給相沿已久至光緒年間因他項公款支絀始於小塘費下移撥民國

紀元縣議會提議尖山浮橋舊轄於山陰之天樂鄉蕭山之桃源鄉其歲修費應由兩鄉議

會議籌嗣經尖山鄉祝君冀良天樂鄉孔君昭冕歷訴籌款困難陳請指定的款仍舊照給

并要求縣議會提案復議次年由參議會代議核准元年份經費由縣稅三成經費項下如

數支借以應急需嗣後仍依縣議會議決案責成尖山天樂兩鄉自治會自行籌措各等因

在卷查現時已歸縣署公益費項下如數照給

刹竿渡（萬歷蕭山縣志）治南五十里爲浦陽江絕江而渡曰刹竿渡南爲山陰北爲桃源鄉

（今廢僅四卦村尚有義渡）

新聞橋　明萬歷時毛壽南所築（麻溪始末紀）萬歷時毛公壽南築橋以爲閘之外蔽初亦置板禦江潮板去亦百餘年矣在茅山閘民國三年華旭初改建之（改建新聞橋屠家橋記）甲寅春蕆祉告成立四十八村父老咸會於臨浦火神廟議重建新聞橋屠家橋公推華丈旭初陳丈濟川裘君錫章童君寄卿止強湯君楚珊陳君以忠益智魯君六銘九人董其事九人又互推華丈旭初總其成經始於甲寅夏五月落成於乙卯夏三月新聞橋原闊一丈八尺除中墩八尺高一丈四尺面廣一丈五尺現在改作圜橋計闊二丈八尺高三丈三尺面廣一丈六尺（洞板七肩左右埦頭十二丈橋外築大搶水兩座成三角形橋內築河埠及搶水二座按）新聞橋之改建名義上雖公推華君旭初總其事而實際上之籌備計劃以及募欵監工完全由湯君農先擔負一切由童君止強襄助其成其間日夜辛勤二人而已

屠家橋　位於天樂溪與新聞橋同時改建之（改建新聞橋屠家橋記）屠家橋原高一丈二尺闊九尺現在改作圜橋計闊一丈七尺高一丈六尺面廣一丈洞板五肩左右埦頭四丈八尺

屠家河洋橋　木橋三孔（一長八呎二長十二呎）全長三二呎建於民國十九年（見浙江鐵路工程紀略）下同

屠家洋橋　木橋三孔（二長八呎一長十二呎）全長二八呎

小石橋　木橋一孔全長八呎

烏石橋　木橋一孔全長一二呎

新閘　木橋六孔（二長七呎五二長一四呎二長二〇呎）全長八三呎因阻礙水流呈省要求允於下次改建

朱家墩橋　在朱墅閘頭爲混凝土拱橋全長八呎

朱墩橋　木橋全長八呎一孔

尖山鐵橋　鋼梁木橋墩一八孔（一二長二〇呎 六長四二呎）全長四八八又十分之八呎

高公橋　〔山陰縣志〕在天樂鄉康熙十五年閩逆煽亂大兵進勦集天樂浮橋知縣高登先供應軍需爲水所溺衆救獲甦居民建橋以登先誠於爲民稱高公橋（並見浙江通志）

石浦橋　位於歡潭小滿之間洪楊之役兩軍隔橋鏖戰民受其累

張家橋　在王家閘頭外

新塾黃橋　在菱山麓洞凡三

陳公橋　在傅家墩村外

九　塘圩

上天樂東北倚大巖山西南臨浦陽江民舍農田全恃江塘以資扞禦計共築塘二十餘里霪九洞閘四座塘以田多之戶分段管理之修築費由塘內各田戶攤派之（見麻溪始末紀）

中天樂中貫一溪（即天樂溪）東以溪塘自四十二都之馬家店起北岸至麻溪壩南岸至茅山閘曲折各約二十五里霪二十二洞閘兩座西北一隅築江塘以禦江水計共十餘里曰茅潭塘曰下邵塘曰西徐坂塘（〔荒鄉積困節略〕外江塘自四十三都之新霪浦起至臨浦鎮止除臨江小江可藉支障毋須築塘外曲折約三十餘里〔下盈湖塘簿序〕西南）

一帶茅山廟至下卲鄭家及渡龍庵前泗洲塘等不列字號不涉分承者意其塘體俱屬高厚塘基又臥高路罕爲水勢冲偪不必輒修者故懸置之〔修築天樂中鄉江塘記〕天樂中鄉江塘之在外者曰泗洲塘曰沈家渡塘〔又稱西徐坂塘〕曰茅潭塘塘隨江道曲屈共長十二里有奇其內築杜弄庵塘珊山廟塘下邵塘茅山塘重蔽之皆取絃勢短於外塘三之二悉由民力自成官不過問中屹一山曰茅山於山麓要害處築閘曰茅山閘更沿閘而西築塘四里爲西江官塘塘之外蔽曰火神塘凡江塘溪塘之泥均取於田溪水上流之塘則用沙塘長强推田多者爲之司修築救護事計畝斂錢而出納之其無塘長者責成田多之戶與貼塘有田之家見麻溪始末紀

所前無水患故無塘

下溋湖塘　自章塢至茅山爲止約十餘里以田多爲長立塘長十一名均分勻派相承管顧〔下溋湖塘簿〕十二名塘長姓名列後一名湯興隆二名黃廷員三名鄭唐孔四名裘傳周五名席王朱厲魁六名金諸俞七名張三承八名顏興科九名張明玉十名卲金玉十一名王良金十二名王杜魯四名周裘傳于道光十二年因周可尚具呈告退山邑周主訊明斷諭將周可尚革退枷示其所管之塘由湯興隆張三承等十家派修道光十二年閏九月初九日諭限一月修築完固道光十四年二月間公議將周裘傳承管各段塘隄分作十一名派修撮鬮爲定〔新塘簿〕山陰中天樂最低之區曰下溋湖形如釜底幸賴先賢劉忠介公建閘於茅山築塘於東西週圍塘隄二千四百餘丈內藏湖田七千餘百畝〔民國十一年新塘簿〕席王朱厲魁作席蔣朱張明玉作張玉明卲金玉作卲杜李〔新塘簿〕自章塢大小横塘起至茅山止稱東天塘共二百〇六弓五分自茅山至泗洲塘稱西天塘共一千百〇二弓聯名合作

茅山塘　〔紹興府志〕毛壽南吳江人由進士令山陰見天樂鄉民田三萬七千有奇苦江潮

衙湓爲築隄貓山鄭家山等處以捍之民爭趨事不費公帑一緡事竣欲開麻溪壩洩兩盈湖使山會蕭三邑無旱潦時以衆議未同會應召不果行然惠山陰五年矣〔大淸一統志〕壽南萬歷中知山陰〔劉蕺山先生天樂水利圖議〕萬歷中士八復自貓山嘴至鄭家山嘴築大塘永捍江流不使內犯而內水仍不可以時洩其禍未解也塘自茅山起經鯉魚頭下邵村𡑞頭顏珊山頭杜衕庵直至泗洲塘之鼠山〔下溋湖塘簿〕一千百○二弓民國二年湯農先修築之至茅山閘後之推猪鑤塘東接西江塘西接火神塘決口已久民初亦經湯農先集資添築備塘迨火神塘收歸官辦後因亦入官焉

下邵新塘　同治初江潮入犯下邵塘決決處深激爲潭不可施工遲四十八年至民國二年湯農先議移入舊決處二百步內之坂田上改築之首尾與舊塘衙接而避出舊決處取直徑計百丈自下邵村口東北起至𡑞頭顏村之北𥕢止〔修築天樂中鄉江塘記〕是役也湯農先先生始終總其成佐之者浙路工程師陳君〔註陳叔胤〕及同里諸先生農先生家距塘約七八里星出月歸無弛晴雨事無纖鉅必躬必親募資不及濟用則農先生任墊發以周轉之盡心力與財力爲地方謀樂利〔按〕是役襄助者僅童止強先生一人

西江官塘　〔麻溪始末紀〕沿茅山閘而西築塘四里爲西江官塘塘之外蔽曰火神塘〔天樂鄉水利條議〕明天順間彭誼守紹興官築塘以捍西江浦陽俗稱小江磧堰一鑿浦陽江得由鑿處出匯錢塘江俗稱西江水潮水亦得由鑿處入犯蓋浦陽江初止害天樂而已

火神塘　〔天樂鄉水利條議〕新聞橋迤北之火神塘北去里許至臨浦市東廟祀火神塘以名焉　本爲民塘民國二年始官修之民國五年重修董其事者爲湯壽嵩（字農先）　呂祖楣〔重修火神塘記〕〔此篇實有記無碑〕浦陽之濱自臨浦至尖山塘圩綿亘約十七里强皆民塘也而火神塘爲其一塘之外積沙壅其東曰燕子窩曰老鷹嘴曰李家匯名曰三大匯燕子窩處上游之顚老鷹嘴踞其中李家匯居其下故三匯之中李家嘴距塘近而貽患爲最烈上游諸義浦三江之水順瀉而下如高屋之建瓴燕子窩阻之老鷹嘴又阻之迨逼近臨浦而李家嘴又阻之加以錢塘之潮逆流而上於是乎上流之水怒不可洩而以雷霆萬鈞之勢使陳舊衰朽之塘身受之岌岌乎火神塘其危哉天樂中鄉之民離塘最近而受禍最鉅塘故爲鄉人私財所築數百年來不耗官家一文錢努力奔走疲於修繕私人之力有限而江水之險無窮其爲患也可謂鉅矣民國二年紹蕭兩縣公民籲於官廳屈民政長批令紹縣知事籌款會同西江塘局長邵文鎔從事修葺火神塘是爲動用公款之第一次嗟乎西江塘者紹蕭人民生死之關鍵也而火神塘者西江塘之屛蔽也傳曰輔車相依又曰唇亡則齒寒天樂中鄉之民勤於此塘者無所不用其極蓋使兩縣之民受其利而不自知者垂數百年焉民國四年秋冬之交水勢應殺而反漲火神塘驟然卸陷者十之五秋實既

燼而農力已疲哀哉吾鄉之人也公民湯兆法等暨臨浦商務分會經理呂祖楣等以其事先後狀於官巡按使屈公映光都督呂公公望皆能知民疾苦飭所司就地方公款酌量補助而都督呂公又捐俸二千元委都督府顧問官袁鍾瑞賫款興修並責成紹蕭知事籌款解用同時紹蕭知事請於上官以風災工賑款項儘數撥作修築火神塘費上官可之遂於民國五年某月鳩工興修培土以增其高抛石以固其基補苴綴拾歷數閱月而後成督工者爲袁鍾瑞董其事者爲湯壽宸呂祖楣驗收工程者爲王濟組是役也亦地方樂利之本也不可以不記

杜衖庵塘　在杜衖弄旁

泗洲塘　初已低陷不堪民二湯農先興修之

十　寺院社祠

天樂之寺院東西林立今咸式微

崇教寺　今稱山棲寺〔嘉泰志〕在縣西九十里梁大同元年建壽廢周顯德五年鎮海軍都指揮使薛温重建號新興塔院治平三年改賜崇教院東一百步有越王城

等慈寺　今稱天王殿〔嘉泰志〕等慈院在縣西一百十二里晉天福三年僧道山建號天長

院大中祥符元年改今額〔紹興府志〕作慈禪寺

冕旒寺　即大巖寺〔山陰縣志〕去縣西一百三十里晉開運二年建地名大巖

廣利院　〔紹興府志〕廣利講寺〔嘉泰志〕在縣西一百二十里淸化山開寶九年柳公訓捨宅建吳越給淸化西塔院額大中祥符元年七月改賜廣利院今歸併寶巖寺

資教寺　即城山寺今毁廢〔嘉泰志〕在縣西一百二十一里晉天福七年建漢乾祐元年吳越給城山院額大中祥符元年七月改賜今額資教院〔山陰縣志〕明洪武中重建法堂佛殿

興教寺　在興教嶺麓今毁廢〔嘉泰志〕在縣西一百十六里晉天福五年建號興善院治平三年改賜今額〔明蕭昱詩〕迢遥尋古刹寂寞見羣峯好竹無人掃繁花對客紅雲垂僧院靜雀下佛壇空興盡方歸去春山落照中

資壽院　址在四卦村附近一里許〔嘉泰志〕在縣西一百四十里晉開運二年建號延壽院治平三年改資壽院〔乾隆紹興府志〕資壽教寺今拆毁

慈恩院　〔紹興府志〕慈恩教寺〔嘉泰志〕在縣西一百二十二里後唐長興二年謝君彥捨地建晉天福七年吳越給永安院額大中祥符元年七月改賜慈恩院〔山陰縣志〕今歸併延壽寺

報恩院〔紹興府志〕報恩講寺〔嘉泰志〕在縣西一百二十三里乾德四年竇珍捨地建號彌陀院大中祥符元年七月改賜報恩院〔山陰縣志〕元季燬於火明洪武十三年重建歸併報恩寺〔案〕山陰縣志云報恩寺有二一在縣西三十五里即今之阮社寺也

寶壽禪寺 即今之大方庵〔嘉泰志〕在縣西一百二十里唐貞元三年建周廣順三年吳越給永豐院額大中祥符元年改賜今額〔紹興府志〕康熙四十三年獨超方禪師重興殿宇復振宗風

寶巖院〔嘉泰會稽志〕在縣西一百二十五里晉開運二年建純一禪師壽塔漢乾祐元年吳越給清化純一塔院額大中祥符元年七月改賜今額〔紹興府志〕廣利講寺今歸併寶巖寺〔按〕紹興府志係乾隆本

惠悟院〔嘉泰會稽志〕在縣西一百二十里周廣順元年建號全悟院治平三年改賜今額

深雲寺 在越王山爲元歐兜祖師成佛處今其骸尚跏趺寺內創置寺田碑記毛西河集越王崢者越王保棲會稽地也其地在山陰東偏元至正間有歐兜禪師從錢塘來其師雪庭授以橙囑之曰當向月行既渡江聞越崢名曰師命我矣遂結茅於崢之巔而遺其蛻焉暨明萬歷十六年鹽官鶯窠頂僧有寶峰者與其徒慈舟開山伐石架木而繚以園樊爲精

廬若干前祠越王而飾歐兜遺蛻於其中且請大藏諸經設寶坊弆之而再傳而衰會年饑行僧過堂者日繁而餐流啖柏比之休糧遠明禪師乃募諸檀那創置寺田若干畝補捨施之乏

清隱菴　俗稱茅蓬菴在盛家灣村之東距村約半里〔山陰縣志〕在縣西一百二十一里元天歷元年建

萬善庵　在郗塢村之東〔山陰縣志〕在縣西一百二十五里天樂鄉元延祐二年歸併慈禪寺

仙師殿　在莊裏陳村之東供奉呂祖（仙師殿西首毗連有五王廟仙師殿一稱聚龍廟外有聚龍亭應詳考）

赤帝廟　在臨浦火神塘光緒三年重建大殿光緒十八年建東關殿翌年復建忠義祠〔光緒十八年七月火神廟碑記〕四十一都二圖臨浦鎮向有供奉赤帝宮東關殿兩宇神靈素著德垂千秋自遭兵燹竟成焦土承平後於光緒三年重建赤帝宮大殿其餘戲臺山門廂屋及東關殿未克興造迄今又十餘年實難再緩爰集合鎮紳資復建廢觀厥成〔光緒二十一年碑記〕臨鎮闤闠不下數千百戶東昇赤帝宮有東關殿焉西賴文昌宮有西關殿焉境乃遙遙相對鎮住臨江爲閤鎮之保障自罹兵燹至光緒丁丑年重建大殿辛卯年戲台照屋兩廂山門並東關殿等宇輪奐一新又壬辰歲創建忠義祠以助其勢

覺斯庵　在臨浦

雲覺庵　在塗川鄉

天龍庵　在歡潭鄉

廣恩廟　古爲藥師庵在沈家渡東北數百步乾隆間棟宇傾圮沈文則爲立涼亭額曰半路亭嘉慶間其曾孫廷琮廷珊勸捐沈自新捨基始築廣恩廟大殿同治初燬於兵燹朱蘭舟首倡重建光緒十三年復重修之（見廟中歷建亭廟碑記）

南山庵　在所前

龍泉寺　在茆蓬宋性堅祖師成佛處其骸尚存其座下地班駁如龍鱗泉甚清冽

戴公祠　在麻溪壩祀戴琥〔紹興府志〕戴琥字廷節浮梁人由南台御史來知紹興（明成化十四年）時

里社壇　今稱土地廟或土穀祠〔萬歷志〕明洪武禮制每里立一所今或存或廢

珊山廟（祀裘大明王）茅山廟（祀盧大明王）埧頭橋廟（祀李二明王）歡川廟（祀石大明王）蕭蒲廟（祀石三明王）石浦廟（祀石二明王）鍾埧廟（祀鍾三明王）橫江廟（祀大官明王）朱墅廟（祀參政明王）四卦廟（祀張五六郎十八老明王）王灣廟（祀所侍明王）導山廟（祀聖官明王）呂墓塔廟（祀十八十九明王）諸埧廟（祀盧大明王）西坑廟（祀越帝明王）丁埧廟（祀丁三明王）章埧廟（祀越帝明王）前埧廟（祀永盛明王）慈姑廟（祀裘大明王）山頭埠廟（祀永福明王）麻溪廟（祀蕭帝明王）肇家橋廟（祀趙大明王）狄闈廟（祀李大明王）髻山廟（祀趙李二大明王）曹埧廟（祀陳大明王）大巖廟（祀盧大明王）塗阜五社廟（祀李大明王）臨浦盧

王廟（祀盧大明王即牛場頭土穀祠）（按）祀家本廟（祀李明王）二

十一　墳墓

清朱鳳標墓　蕭山朱家潭人清嘉慶時入閣爲相後因柏俊科場案牽累降級卒謚文端葬於山裏沈（鳳標字桐軒號建霞）

清葛雲飛墓　在王灣村雲飛殉國定海義勇徐保負屍歸家卜葬於此（葛氏宗譜）公既死義勇徐保綽號大白板夜覓公屍先土門後竹山門雨霽月微明見公半面死立崖石上兩手猶握刀遂泣曰此我葛大人也欲負之行不能起再拜祝曰獨不念有太夫人否言甫畢負之遂輕乘夜浮舟內渡天明至鎮海大吏護公還喪山陰抵家張太夫人一慟而止曰今我有子矣謚壯節

清湯金釗墓　在東山下村後山村中有碑亭碑刻墓志銘山陰魯一同撰南豐譚祖同書

獨超禪師塔　師名超方獨超其字也武進人康熙時曾住持寶壽寺（即今之大方庵）寂後葬於寺側立有塔銘（山陰寶壽寺獨超禪師塔銘）師諱超方字獨超常州武進人沈姓母徐氏幼喜趺坐耽佛乘年二十從大蓮克聞芟染圓具華山□月後入資福寺靈機憤志大事胸次了然猶以未盡闔奧纔往徑山坐枯木禪三年時天竺和尚在鎮江竹林以書招之□有大名□許可一見如合水乳便得□機用受付囑是爲臨濟三十三世云出世住金壇之東□□之南□臨安之東天目山陰之寶壽師高額深目虎視鶴行平居寡言笑□鍾惡諫不以□已□人□方老宿見者聞者無不悚慄數住大刹四方衲子雲□輻輳示寂之日遠近緇素涕淚悲泣如喪考妣非道高德厚孰能如此（餘略）

十二　機關

臨浦育嬰分堂 〔浙江民政年刊〕民國紀元前二年成立經費爲二五六五元推選湯壽宸主辦（見民國十八年下冊）

所前鹽務批驗所 所前在明弘治前係江流之地弘治後設批驗所於金鷄山逮有淸中葉始遷所前因有所前之今名民二十二年裁撤

蕺社 設於茅山閘民三春成立推湯農先爲社長〔蕺社題聯〕展册溯流風馨香不朽居千百載儒林專席道學名家豈惟枌社銘恩豔說安瀾資保障論功同應宿惠愛勿諼看四十村報德鳴絃臚歡酎酒來就茅山稽首爭酬遺澤祝豐年○有閘可無壩先生壩內人愚豈從井爲吾鄉獨抱不平三百年來兩滄桑上策行矣曰溪明非江賤子江畔產活此一方與先賢同膺無妄四十八村諸父老於意云何〔民國四年宋知事保護蕺社告示〕紹興縣知事宋爲出示曉諭事案據天樂鄉公民湯壽宸魯昌壽葛陛綸袁詔堯等稟稱竊敝鄉逼近浦陽江素號澤國先賢劉蕺山先生曾蒞茲講學憫其魚鱉乃於崇禎年間捐廉集資築茅山閘以捍江水鄉民利賴築廟於閘以祀先生迄今蓋百餘年矣自厤溪改橋以後茅山閘倍形扼要鄉民感戴之心因而益摯爰於春集議重修廟貌煥然一新幷於廟右隙地築室三楹懸先生眞正遺像於堂名曰蕺社又於廟前茅山上（此山徐顏姓巳山外巳由湯兆法等稟請禁止放牧砍伐在案）種梅千株雜以花草名曰梅林廟後舊有魚蕩一區蕺社之左又新築一蕩種荷其中名曰荷蕩雖云點綴林泉無非意存景仰唯恐鄉愚無知視

若等閑日久年深輕玩益甚對於廟社不免有堆積毀壞之虞對於林蕩不免有摧折侵漁之慮將何以肅觀瞻而全公德爲此叩請俯予保衛迅賜出示曉諭如有前項情弊立予提案懲究則不但足以永妥先生之靈倘有心先生之心來茲瞻拜先生者亦得領優游之雅趣等情據此除批示外合行出示曉諭爲此示仰該處人等知悉爾等須知先賢劉蕺山先生捐廉築閘保障斯民厥功甚偉鄉民感戴心誠重修廟貌以資景仰自示之後不准在該廟各處堆積薪柴毀壞蹧蹋倘敢故違一經該公民等指名稟控定即提案懲辦決不寬貸凜之切切特示〔蕺山先生傳略〕先生劉氏諱宗周字起東一字念臺明山陰人家於郡治蕺山之麓故世稱蕺山先生父諱坡母章氏萬歷二十八年先生成進士累官工部侍郎左都御史直言匡國於烈廟指陳尤切然屢被嫌黜國事亦益壞歸二年而京師陷先生募義旅討賊將發而福王監國於南京起先生故官先生以大仇未復不受職自稱草莽孤臣一劾馬士英再劾阮大鋮均不聽乃告歸越歲五月南都亡先生慟哭曰此余正命時也遂絕食死年六十有八時明福王宏光元年即民國紀元前二百六十六年也先生在官日少家居布袍粗飯樂道安貧而風規峻潔踐履端直凜然如秋霜烈日之不可犯越中自陽明講學後弟子遍天下後或不規師說訾議於世先生憂之築證人書院集同志講肄從學者甚

衆嘗語門人曰學之要誠而已主敬其功也敬則誠誠則天其卒也門人多殉義者浙東義師亦屢舉蓋忠義之烈有以風勵之矣先生嘗寓吾鄉目擊水害以爲不宜屏之壩外也於是倡移麻溪壩於茅山之議忌者阻之乃於崇禎十六年率鄉人建茅山閘爲廢壩之預備適遘國難壩不果廢迄今三百年卒得根據先生緒論改壩爲橋鄉人不敢忘謹繪像以祀祭之俾世世子孫得所瞻仰焉

第七區公安局　設於臨浦東關殿舊稱警察所〔紹興地志述略〕第七區原在臨浦鎮設有紹蕭臨浦公安分局係本縣與蕭山兩邑所兼轄依照縣政會議之決議與蕭山縣劃界而治另在該區中心地之山頭埠設置分局爲其警區〔按〕後因省方未准不果

第七區公所　址借蕺社事務所民國十八年成立湯斅毛鴻志高繼榮祝聖希相繼爲區長

歡潭實驗鄉　成立於民國二十二年縣方歲撥二千元田問端董其事

二十四年裁撤

十三　教育

所前穆公書院　穆禾倫滿人來所主榷政以餘薪設書院址卽今所前小學

大湯塢小學　舊稱區立第二小學初名菱山學校

歡潭小學　舊稱第十六小學址在土穀祠

臨浦小學　爲紹蕭兩縣所共立湯壽潛首倡建築之（光緒三十三年胡爲和題額）臨浦爲蕭南繁盛之區界山邑既庶而學堂缺如甲辰冬（光緒三十年）摯仙京卿約同志孤詣苦心誓成斯校而賦唐孝廉尤獨任勞怨不期年而建築成初名山蕭臨浦兩等小學堂民國五年改稱蕭山苧蘿鄉區立臨浦國民高等小學校民十七遵浙江大學令改稱浙江紹蕭聯合區立臨浦小學民二十春遵蕭山教育局令改稱蕭紹共立臨浦小學爭於廳故是年秋改稱紹蕭共立臨浦小學

所前小學　設於穆公書院舊址初名三樂學校爲紹蕭所共立

鵲竿初小　在朱家塔創於清宣統元年初名啓秀初等小學堂後改天樂區立第一國民小學（註）初小爲初級小學之簡稱下同

華家塾初小　舊稱第三小學初名思成學校

傅墩初小　舊稱第四小學初名青化學校

琴山學校　即第六小學停辦址在橫路頭廟

第五小學　在諸塢已停辦

山頭埠初小　舊稱第七小學

吉山初小　舊稱第八小學

塗里塢初小　舊稱第九小學設於雲覺庵繼遷於孫氏宗祠
袁塢初小　舊稱第十小學
曹塢初小　舊稱第十一小學
泥橋初小　舊稱第十二小學
小滿初小　舊稱第十四小學
沈渡初小　舊稱第十五小學民國二十三年由沈瑛倡議新建校舍
東塢初小　舊稱第十七小學
裏袁初小　舊稱第十八小學校舍特建
紀匯初小　在紀家匯舊稱第十九小學已停辦
杜壟初小　舊稱第二十小學
邵塔初小　舊稱第二十二小學
鍾塢初小　舊稱第二十三小學由本地僑商鍾雲谷出貲創辦
安樂初小　在下邵村
下顔初小　仍舊名

祝家初小　仍舊名民二十三年秋停辦
湯山初小　初名湯山在湯家山下
山棲初小　在傳芳村舊稱所前第二小學經費以越王峥香火費充之
鄭家初小　舊稱所前第三小學已停辦
民興小學　私立在歡潭
夏氏初小　在夏山埭村
有容初小　私立在婁家灣
莪山初小　縣立在臨浦火神塘民二十一年八月初創屋借莪社事務所後進
歡潭幼稚園　縣立民二十二年併歸歡潭實驗鄉辦理
中心民衆學校　民二十年下期在大湯塢創辦二十一年春劃歸臨浦小學凡三期今改隸
臨浦民衆教育館
民衆教育館　在臨浦火神塘民國二十三年八月縣立
歡潭民衆圖書館　初特設今附於歡潭小學歲由縣方補助五十元
私塾改良會　爲東山一帶山頭埠以內亦稱東山士紳所組織民初成立繼而併入莪社

小學教育研究會 民十九年組織成立傅夢得湯敍相繼爲總幹事二十年秋併入中心小學改組爲區輔導會議

十四 交通

〔陸〕

距縣六十里以山頭埠爲起點 須步行或用肩輿

〔浙江水陸道路記〕幹路出自常禧門即旱偏門

曹塢村 自巧溪嶺西北行至此二里七分

廟后黃村 自曹塢村西北行至此四里五分

山頭埠 自廟后黃村北行折而西至此三里一分

溪橋 自山頭埠西北行至此六里四分

貓山閘 自溪橋西北行至此六里五分

臨浦鎮 自貓山閘西行過新閘又北行至此一里四分抵浦陽

江濱

〔浙江水陸道路記〕枝路出同上

盛家灣村　自萬安橋西南行過趙塢嶺（嶺高三丈）至此八里三分

張家村　自盛家灣村西行至此三里六分强（〔按〕恐有誤）

金鷄橋　自張家村西行至此二里六分强

所前市〔所橋〕　自金鷄橋西南行至此三里二分

娘娘廟前　自所橋西南行至此七里五分又西南行三里五分至新橋與蕭山縣分界

民國二十一年杭江鐵路（二十四年改浙贛鐵路）通車設站於臨浦始稱便焉〔杭江鐵路工程紀略〕該域地勢雖屬平坦而川流縱横村落櫛比線路仍多曲折惟得用最緩和之坡度以達於臨浦市街之西方平地設臨浦車站自此前進渡新開河循浦陽江石岸至尖山麓架設尖山江〔即浦陽江〕橋至尖山鎮北

〔水〕

以山頭埠爲起點由天樂溪過茅山閘可出浦陽江如穿麻溪橋經浴美施閘溯西小江可直達紹蕭初僅賴小舟今則臨浦有小輪較前爲便矣

〔電話〕

民國二十年設長途電話局於大廟其至蕭線長一四·七八公里浙江省情中曾有記載之

十五 祥災

〔萬歷志〕明洪武二十八年山陰縣天樂瀛湖塘掘得一物類小兒臂紅潤如生人云此肉芝也食之延年

〔萬歷志〕正德十四年八月蕭山西江塘圮大水

〔萬歷志〕嘉靖元年蕭山西江塘復圮六年六月淫雨西江塘壞居民多溺死平原皆成巨浸

〔萬歷志〕嘉靖三十一年春山陰村落血濺於地高數尺是年倭入寇

〔萬歷志〕萬歷十三年西江塘壞

〔俞志〕萬歷間山陰縣四十三都民俞概年百歲妻鮑氏九十九歲子仕朝至崇禎間年九十八歲婦韓氏一百有四歲

〔俞志〕康熙二十一年淫雨九旬衝決西江塘潮水直入山會蕭三邑禾苗盡淹免稅糧

〔紹興府志〕康熙二十年五月大雨十四日臨浦塘圮

〔紹興府志〕康熙二十一年五月連雨十七日陳塘潰衝沒山陰高田臨浦廟西塘圮

〔紹興府志〕康熙五十三年五月十七日江水闌入西江塘

〔紹興府志〕麻溪壩臨浦塘修築甫竣而八月大潮又以塘坍見告康熙五十五年

〔紹興府志〕雍正九年尖山至臨浦塘堤圮壞（恐在蕭山境）

〔紹興府志〕至正十九年春正月庚申明太祖旣取諸暨命大將胡大海等出兵三路攻紹興

〔紹興府志〕嘉靖三十三年倭夷擾山陰由楓橋進

〔紹興府志〕嘉靖三十三年十一月賊由山徑入山陰境

〔徐氏家譜〕徐允祿字慶餘鄉飲賓享壽百歲康熙時賜額百歲堂（按徐允祿百歲紹興府志亦有記載允祿生於萬曆五年卒於康熙十五年）

〔萬有文庫〕同治二年蔣益澧軍過臨浦與太平軍戰（〔太平天國革命史〕蔣益澧軍由臨浦義橋蕭山而前當杭州南〔按〕蔣爲左宗棠部下將）

十六　貨殖

〔浙江經濟紀略〕紹興縣屬水田較肥栽種晚稻小麥油菜等項最爲相宜山田粗瘠宜種早稻山地亦精粗參半細膩者可種茶竹粗者種松樹雜木而已

農民自冬間收穫後卽鋤田播種蠶豆小麥或種油菜收子榨油名曰春花及麥豆成熟淸明後灌水入田以牛駕犂翻土耙平佈種晚稻至霜降前後收穫稻穀除去稻稈晒儲於倉

農具鋤以翻土耜以起土犂以轉土耙以碎土耖以平土割稻用鐮擁麥用鍁水車有牛車人

力車兩種人力車居多打稻則有稻桶
蠶具惟竹籚竹簟而已
漁具冬間取魚蕩所蓄之魚用烏大網平時大水及散蕩時則用大罾捕大魚用撒網捕小魚
用遊絲或用鸕鷀釣竿蝦籬專以捕蝦育蠶之家均循舊習不明新理隙地多以栽桑每屆蠶
市前赴各處估價採買
民人栽種竹木每年砍伐販賣及作紙料外尚可掘筍圖利木則僅供柴薪
河道中築箔蓄魚俗稱魚蕩蕩中專養鱅鰱二魚每年三月購種放入蕩中至秋冬捕取鱅鰱
二種產額較多銷路亦廣此外天產之鱖鯉鱓鯽鱸鰻鰷青魚草魚以及蚌螺蝦蟹之類既無
專育之所隨捕隨賣
畜牧惟豬羊牛隻豬羊供食品牛則爲耕田之用
農產物之主要者如早米粳米糯米大麥小麥等類餘如大豆黃豆綠豆烏缸豆蠶豆玉蜀黍
蔴茶番藷白菜蘿蔔韮菜油菜紫茄蒲芥菜菠菜筍藕菱芰柿桃李梨栗榧絲瓜東瓜南瓜芋
楊梅等皆爲雜物民食以米爲大宗
田畝有大買小頂名目病蟲災害有以礬油等物治之

〔紹興民衆教育〕上田每畝一百五六十元中田每畝百元左右下田每畝五六十元地之價値高下懸殊每畝自三四十元至千元不等竹山每畝約二三十元柴山每畝十餘元魚蕩每畝約二三十元

工作物其普通者六名紙土布磚瓦石灰以上均見嵊縣魏頌唐編浙江經濟紀略

〔紹興商報週年特刊〕山間產竹爲數至鉅山戶伐竹造紙名曰六名〔亦稱鹿鳴〕以供箔之用

〔廡溪始末記〕山多巖石少材木山旁之地率磽确不中蔬藝有土處則種竹爛爲傳箔黃紙鳥獸草木農產工作此中所產其名品之夥未易以一二數也今掇其見稱於書傳而較重要者備錄於此

黃秈〔嘉泰志〕音仙字書云秔稻也今會稽獨有黃秈之名它無秈名者徽饒之間例謂小米爲秈與此不同秈卽光秈

麥〔紹興府志〕廣雅曰大麥麰也小麥䅘也新穀未登民屑麥作飯賴以濟饑西漢云士食牛菽亦如今之屑麥飯也

羅漢豆〔萬歷志〕羅漢豆蠶月熟又名蠶豆

淡竹𥐿竹〔嘉泰志〕曰淡竹曰𥐿竹今會稽煮以爲紙者皆此竹也〔萬歷志〕淡竹可煮以爲紙〔嘉泰志〕苦竹亦可爲紙但堪作寓錢爾

貓竹〔萬歷志〕一作茅竹又作毛竹幹大而厚異衆竹〔宋李清叟詩〕雲藏毛竹深深洞煙起香爐裊裊風

筍〔萬歷志〕越中產最多四時不絕貓筍簕筍花筍三品佳冬月取貓筍萌土中者曰潭筍尤爲土產之最〔紹興府志〕曰鞭筍乃淡竹根之旁行斜出者曰潭筍北人呼冬筍則貓竹根之旁行斜出者皆不能成竹而宜於斸取者也其味乃更在貓筍淡筍之上

茭白〔呂氏春秋〕菜之美者越路之菌〔紹興府志〕郭璞注云似土菌〔嘉泰志〕今謂之茭首蓋茭心生臺至秋如小兒臂其白如藕而軟美異常本草名菰首

茄〔嘉泰志〕一名落蘇會稽有水茄亦名銀茄云是新羅種形如鷄卵

蔆即菱〔嘉泰志〕一名芰屈到嗜芰即此是也亦名薢茩越人謂小者謂刺蔆大者謂腰菱〔武陵記〕四角三角曰芰兩角曰菱〔萬歷志〕今刺菱之呼猶昔而大者則直曰大菱或曰老菱四角者曰沙角菱然土人悉呼大菱並無四角曰沙角之語天樂沿江多產之

梅〔萬歷志〕古梅八邑皆有之山會餘姚有名天樂諸塢多產之

楊梅〔紹興府志〕接種大而味佳草種細而味酸〔萬歷志〕夏至後熟早熟者味酸〔嘉泰志〕以雀眼竹筥盛貯爲遺道路相望不絕識者以爲唐人所稱荔支筐不過如此（天樂杜家產此有名人稱杜家楊梅）

栗〔萬歷志〕本草云生山陰〔嘉泰志〕味鹹北方之果也有萊蛸自裹秦系謝朱放訪山居詩土栗添初味殊花帶老顏（東山一帶多產之）

柿〔嘉泰志〕柿之別亦多有紅柿牛心柿胭脂柿綿紅柿八月白柿重暈柿花柿木柿丁香柿及長紅團紅白紅之名又有綠柿會稽謂之椑（天樂多產之以紅柿牛心柿爲最多）

松〔嘉泰志〕其爲木也最壽〔萬歷志〕新松最多無山不植

柏〔萬歷志〕有渾側二種又有一片如手掌者名手掌柏

杜鵑花〔嘉泰志〕以二三月杜鵑鳴時開一名映山紅一名紅躑躅荊公送黃吉父歸臨川詩云亦見舊時紅躑躅爲言春至即傷心王性之詩云杜宇啼時花正開（越僧擇璘杜鵑花詩蠶老麥黃三月天青山處處有啼鵑斷崖幾樹深如血照水晴花暖欲燃三嘆鶴林成夢寐前生閬苑覓神仙小山拄頰愁無奈又怕聲聲聒夜眠）〔寶慶續會稽志〕越人謂之映山紅唐僧脩睦有映山紅詩

梔子〔嘉泰志〕諸花少六出者唯梔子花六出相傳即西域薝蔔也今會稽有二種一曰山

梔生山谷中花瘦長香尤奇絶水梔生水涯花肥大倍於山梔而香差減近歲有千葉梔六月初始盛韓退之云芭蕉葉大梔子肥蓋謂水梔也〔剡録〕韓偓詩整釵梔子重呵酒菊花香〔寶慶續會稽志〕薝蔔花越山處處有之

大蓼〔嘉泰志〕一名馬蓼莖大而赤生水澤中詩曰山有橋松隰有遊龍蓋一名遊龍山陰池澤所在有之

鴨〔嘉泰志〕鶩也尸子曰野鴨爲鳧家鴨爲鶩〔剡録〕梁簡文詩戲鳧乘洑下漁舟冒浪前

野鴨〔嘉泰志〕野鴨頭中有石是石首魚所化

牛〔嘉泰志〕詩曰爾牛來思其耳濕濕濕濕言潤澤也蓋牛之爲物病則耳燥安則温潤而澤故古之視牛者以耳

羊〔嘉泰志〕羊曰柔毛柔毛謂其不疾瘯蠡也羊性畏露

豕〔宏治志〕越山中有野猪猪貛狗貛狗豪豬四種

蠶〔嘉泰志〕淮南子曰蠶食而不飲再蠶謂之原蠶一名魏蠶以晚葉養之淮南子曰原蠶再登非不利然王者之法禁之爲其殘桑也蠶書曰飼蠶勿用雨露濕葉蓋蠶性惡濕大抵春蠶多四眠餘蠶皆三眠越人謂蠶眠爲幼謂之幼一幼二幼三幼大蠶死則謂之眠熟故

諱之而謂之𦣴

螢〔嘉泰志〕月令季夏曰腐草爲螢一名挾火一名據火一名熠燿越人謂此物多則有年又謂入人室則有客至

鱸〔嘉泰志〕煮熟則歠瀹以沸湯亟取乃脆美可食〔羊士諤詩〕山陰道上桂花初王謝風流滿晉書會作江南步從事秋來還復憶鱸魚

鯉〔萬歷志〕越中在在有之池澤所畜大者或十餘斤〔嘉泰志〕魚惟鯉最壽有至千歲者

鯽〔嘉泰志〕一名鮒小魚也〔剡錄〕出山居賦王肅易注曰鮒小魚廣雅曰鰿鮒也

鱅〔嘉泰志〕鰱鱮也北土皆呼白鱮〔剡錄〕詩箋曰鱮似魴而大頭魚之不美者〔萬歷志〕鱅亦作鰫

鱖〔宏治志〕越中間有惟浦陽江爲多〔萬歷志〕亦桃花時肥

蟹〔酉陽雜俎〕蟹八月腹內有芒眞稻芒也〔山陰志〕蟛蜞小止可及寸〔劉基活水源記〕源東注若耶之溪其中有石蟹大如錢

蝦〔嘉泰志〕字書云長鬚蟲也河蝦可烹食

酒〔萬歷志〕其名老酒者味稍次而特多

紙〔萬歷志〕越中昔時造紙甚多〔嘉泰志〕今爲紙者乃自是一種收於筍長未甚成竹時乃可用民家或賴以致饒〔宋米元章詩〕越筠萬杵如金版安用杭油與池繭〔越遊便覽〕紙紹興西部之天樂鄉以人工製造供錫箔襯托之需者居多

鹽菜〔淸嘉錄〕比戶鹽藏菘菜於缸甕爲御冬之旨蓄呼爲鹽菜亦曰鑒菜

乾菜〔越遊便覽〕有芥菜乾油菜乾白菜乾之別芥菜味鮮油菜性平白菜質嫩用以烹鴨燒肉別饒風味紹興居民什九自製

筍乾〔越遊便覽〕有淡筍毛筍龍鬚筍數種淡筍較嫩味鮮美毛筍次之龍鬚筍又次之夏日素食最爲相宜

十七　風俗

〔紹興地志述略〕越爲勾踐故都生聚教訓民風頗爲勤儉

〔後漢書第五倫傳〕會稽俗多淫祀好巫會稽以郡言

〔晉書地理志〕其民循循

〔宋史地理志〕商賈工作皆著本業

〔紹興縣政概況〕四鄉民衆業農最多民國二十三年七月本

〔仝上〕服飾均尙樸素習尙猶存古風
〔仝上〕居民飲食尙稱節省佐餐之物以魚類鹹𩜾蔬菜等爲最普通然因本縣爲產酒之處故嗜酒者頗多
〔仝上〕一族設族長房長處理家族事務
〔嘉泰會稽志〕建炎初嘗駐蹕於越山川之所形見風化之所漸被其儒風士業流聞彰布益以昌大非餘郡可比
〔仝上〕鍾靈孕秀雲行川流胚胎醞釀發爲英傑好學篤志尊師擇友
〔仝上〕重離別篤交親迎則敍間闊送則惜睽異
〔余闕均後記〕越地無甚貧甚富之家山谷之間有一夫而居十畝之田者祖宗相保至累世不失又其土瘠民貧小人勤身而飭力其君子尙儉樸而敦詩書
〔浙江省情〕浙東多山質剛勁而鄰於亢
〔宋史地理志〕江南之俗火耕水耨食魚與稻以漁獵爲業信鬼神好淫祀君子尙禮庸庶效龐
〔浙江省情〕婚喪之禮文多繁縟而歲時之俗惟媚鬼神近自黨治以還潮流所趨風氣丕變

〔紹興縣政概況〕居室均係舊式

〔仝上〕有釋道無爲耶蘇天主等教信徒以釋教爲最多其他甚鮮

〔仝上〕居民迷信極深求神問卜藉作醫病之方星相巫婆風水之類倍極信仰

〔仝上〕迎神賽會時有發見近來官廳爲防止盜賊混雜嚴厲禁止此風已大衰矣

〔仝上〕男家用婚帖聘金等物由介紹人送至女家女家收受此項禮品後亦將婚帖當日帶交男家

〔仝上〕由男家雇用樂人及綢紮綵轎用對鑼及各種燈傘抬往女家迎娶新娘後即由新郎新娘參拜天地送入洞房是謂舊式結婚費用浩繁近來新潮流猛進居民舉行新式結婚者漸多

〔徐渭贈潘公序〕嫁女者以富厚相高歸之日擔負舟載絡繹水陸之途繡袱冒箱笥如鱗往往傾竭其家

〔舊紹興府志〕婦女無交遊雖世姻竟不識面

〔仝上〕大家女恥再醮

〔山陰縣志〕其男女屏浮靡不事嚴內外以禮貞烈之行史不絕書

〔萬歷志〕冠禮不行久矣婚必擇門第（用士人為媒）女家治酒則為允謂之許親酒續後具豬鵝茶餅之類饋送繼行納幣禮娶之日不親迎用樂婦扶掖成禮雜用踏槀牽紅傳席交盃諸儀即日拜公姑以次及其家衆

〔萬歷志〕喪大率用文公家禮惟不用小斂不用布絞

〔仝上〕墳塋多砌磚為槨家饒者乃以石

〔仝上〕既卒哭舍苴絰更用細麻布服出謝客祭以四時或分四仲分至日或元旦端陽重陽冬至

〔仝上〕世家咸遵文公家禮小戶止列羹飯香燭家長一人口請祖先而已

〔紹興縣政概況〕結婚年齡平均十八歲

〔仝上〕改嫁贅夫均為社會所鄙視下等階級之家容或有之

〔仝上〕貧苦之家間有養媳情事

〔清嘉錄〕人無貧富皆祭其先俗呼過節凡節皆然蓋土俗家祭以清明七月半十月朔為鬼節端午冬至年夜為人節

〔清嘉錄〕土俗家祭墓祭皆焚化紙錠以金銀紙箔糊成（〔唐書王嶼傳〕漢以來葬者皆有瘞錢後里俗稍以紙剪錢為鬼事開元

二十六年嶼爲祠祭使始用之禳祓祭祀〔家日新紙錢詩〕紙錢紙錢誰所作人不能用鬼行樂一絲穿絡挂荒墳梨花風起悲寒雲寒雲滿天風刮地片片紙錢吹忽至紙錢雖多人不拾寒難易衣饑換食勸君莫把紙錢嗔不比鑄銅爲錢能殺人朝爲達官暮入獄只爲銅山一片綠

〔淸嘉錄〕納涼謂之乘風涼

〔淸嘉錄〕殘年永夕有擊柝沿街高唱警防火燭小心者名曰叫火燭〔蔡鐵翁詩〕黃昏火燭何人叫乞丐沿門打竹綁

〔淸嘉錄〕土俗貿易場中以端午中秋除夕爲三節按節索欠謂之三節帳

〔紹興縣政概況〕人死七日喪家開靈設祭親友往唁名曰首七大戶之家倘有二七三七四七五七等雇用和尙或道士吹打以超薦亡魂

〔仝上〕安葬時喪家雇用和尙或道士等沿途吹打大戶之家高搭彩棚在路曰路祭在船曰船祭熱鬧非常雖中產之家亦非數十金不能葬也

〔仝上〕父母之喪服孝三年大族之家因父母死而不能外出謀事守喪三年有者之

〔仝上〕無論中小之家生諱忌辰必設祭以祀

〔仝上〕喪時間子女地位與平時相等惟父死則主家之權操於其母然非定論

〔浙江省情〕人死後送無常　以草鞋三隻銀錠一球幷用米篩一隻安放蔬菜點蠟燭一雙

死者子孫身穿素服到相送地方跪着等死送完後方可起立婦人並須哭泣送無常地方均在河沿由搬米篩之人先將米篩安放地上然後將錠草鞋焚化

報喪　報喪之人至所報者家中即將何人死亡於何日何時入殮等語對受報家說明臨走時受報家即用碗一隻向報喪人背後擲去以代哭

〔舊紹興府志〕丐以戶稱不知其所始相傳爲宋罪俘之遺故擯之名墮民（丐自言則曰宋將焦光瓚部落以叛宋投金故被斥）其內外率習汚賤無賴（男子每候婚喪家或正旦則羣索酒食婦則習媒或伴良家新娶婦又爲婦貿便見竊攘尤善爲流言亂是非間人骨肉）四民中居業不得占彼所業民亦絕不冒之（男業捕蛙賣餳拗竹燈檠編機扣槳土牛土偶打夜胡方言跳鬼女則爲人家拗鬏髻梳髮爲髢羣走市巷兼便所就在天樂者咸居於三大溪）或謂係元之遺族（〔蕭山鄉土誌〕惰民相傳是元朝的遺族男的叫惰民女的叫伴送）

十八　歲時

民國成立雖云改用陽曆但歲時風俗依然舊貫因併誌之

正月

元旦　〔清嘉錄〕元旦爲歲朝比戶懸神軸於堂中陳設几案具香燭

〔歲時通考〕元旦不掃地不汲水不乞火忌倒垃圾諱啜粥及湯茶淘飯是日宿甚早

拜墳年　攜楮鏹展墓謂之拜墳年

拜年 〔清嘉錄〕男女以次拜家長畢主者率卑幼出謁鄰族戚友或止遣子弟代賀謂之拜年

〔紹興府志〕盛服詣親屬賀設酒食相款凡五日乃畢大率以早爲敬

開市 多在五日市賈祀神懸旌返肆謂之開市五日爲路頭神誕辰

米花 鄉人於新正以糯穀投焦釜作米花

元宵 元宵前後比戶以鑼鼓鐃鈸敲擊成文謂之鬧元宵

燈節 〔紹興民衆教育〕新年十三日至十八日爲燈期十三日稱爲上燈十八日稱爲落燈

打燈謎 好事者巧作隱語拈諸燈燈一面覆壁三面貼題任人商揣謂之打燈謎謎頭皆經傳詩文諸子百家傳奇小說及諺語什物羽鱗蟲介花草蔬藥隨意出之

二月

二日 爲土地神誕村農多壺漿以祝神釐

春台戲 二三月間各村醵錢演劇男婦聚觀謂之春台戲亦有一年一度在正月內演者謂之年規戲

春分 牲醴祀祖大族尚有分胙者

三月

清明　〔舊紹興府志〕清明人家插柳祀墓

〔吳自牧夢粱錄〕清明日家家以柳條插門上

小孩戴柳條圈〔酉陽雜俎〕唐中宗三月三日賜侍臣細柳圈帶之可免蠆毒

上墳　鄉人出祭祖先墳墓謂之上墳間有婿拜外父母墓者以清明前一日至立夏日止祭祀必以餃

廿八日　〔紹興府志〕三月二十八日俗稱東嶽神誕辰日自十六日起男女競往燒香羅拜

四月

立夏　家戶以大秤權人輕重食蠶豆可免蛀夏

浴佛　〔舊紹興府志〕四月八日浮屠浴佛家施米穀

五月

端午〔紹興府志〕端午日以角黍枏饋遺設蒲觴磨雄黃飲之仍懸艾虎小兒則綵繩繫臂綴繡符簪艾葉

堂中或懸鍾馗像以祛邪魅家以菰葉裹米爲角糉亦有依古作筩糉者

是日以雄黃酒染小兒額及手足心或書一王字隨洒牆壁間以祛毒蟲並截蒲爲劍插於牀戶間皆以卻鬼以僧尼所分之五毒符（上繪蟾蜍蜥蜴蜘蛛蛇蠍五物）貼於門楣燃蒼蒲白芷及蒜皮蓼草等物並於是日炒雄黃豆藏以治腹痛

迎龍〔紹興府志〕越中當三夏旱甚之時有迎龍之賽（天樂迎龍不用草龍乃奉龍王神像以巡行稱天井龍王居大巖寺必裘牲入祈禱之）

六月

六日　諺云六月六貓狗曬浴謂六月六日牽貓犬浴於水可避虱蛀

六日人家曝書籍圖畫於庭云蠹蟲不生

七月

巧果　以麵和白糖綰作結形油氽令脆者名曰巧果七月間多製之

中元　俗稱七月半人無貧富皆祭其先或倩釋氏羽流誦經超度好事之徒斂錢糾會設壇禮懺施放焰口名曰盂蘭盆會或排演鬼戲稱大臺或稱木蓮大戲

晦日　七月晦日剪紙作鐙注油燃之放諸河中名曰放河燈謂能照幽冥之苦

是日爲地藏王生日比戶於昏時點燭庭階兒童插狗尿香（一作九思香）翌晨以所陳之

水摸晴謂能明目

八月

中秋　即八月半人家各有宴會以酬佳節作月餅取人月雙圓意

九月

九日　稱重陽節食米粉五色餻名重陽餻以紙鏤空作小旗名重陽旗文人多於此日登高飲酒

十月

月朔　俗稱十月朝間有墓祭如寒食者〔吳自牧夢粱錄〕士庶以十月節出郊掃松祭祀墳墓

十一月

冬至　鄉人最重冬至節是日夕俗呼冬至夜人家團聚燕飲故有冬至大如年及有錢冬至夜無錢凍一夜之諺

比戶磨粉爲糰外敷豆粉稱痲糰亦稱京糰

十二月

年餻　居民多以黍粉作餻曰年餻有方圓之別亦有作條形而長者稱條頭餻

送曆本　地保以新曆送於縉紳家必酬以銀如市價而倍之號爲送曆本

撣塵　臘將殘擇憲書宜掃舍宇日去庭除塵穢

送竈　二十三夜比戶送竈以米粉湯糰祀之祭畢焚送門外云竈神以是日上天言人過失故以糯米湯糰粘其口

謝年　卽請年菩薩鄉人擇日具牲醴餻果之屬以祭百神〔許愼說文〕冬至後三戌爲臘臘祭百神

饋歲　歲晚親朋互以豚蹄青魚果品相饋問亦稱送年盤

年貨　家戶於歲暮預爲宿歲之儲新年以餉親友謂之年貨以元旦至五日不設市也

除夕　是夜家庭舉宴長幼咸集多作吉利語名年夜飯亦稱分歲宴畢長者以錢貽小兒謂之壓歲錢

守歲　家人於除夕圍爐團坐小兒嬉戲通夕不寐謂之守歲如睡須以物掩鞋不知何意

春聯　居人更換春帖曰春聯古時門首貼宜春二字春聯之作或本於此亦有人剪吉祥字貼於門上者〔周必大玉堂雜記〕除夕更春帖柱聯門額於堂軒楣枋貼福祿壽一財二喜等字

接竈　安竈神馬於竈陘之龕祭以酒果餻餅謂之接竈謂是念三夜上天至是始下降也於除夕夜或元旦晨接之

十九　人物

〔五代〕

羅隱　曾隱居於天樂之四卦村五代吳越北城人字昭諫本名橫貌寢陋凡十上不中第遂更名能詩光啓中爲錢塘令有善政錢鏐辟爲從事朱全忠篡唐以諫議大夫召隱隱不行且勸鏐舉兵討梁鏐雖不能用心甚義之累官鹽鐵發運使著作佐郎遷諫議大夫給事中卒年七十七隱爲文章多氣力而性傲睨所著多散失其傳者有讒書羅昭諫集兩同書

〔元〕

歐兒祖師　〔山陰志〕元至正間賣蔬傭也幼失父母嫂撫之如子每欲師娶妻以成家業師終日蒲團靜悟嫂恚之潛至越王峥修道嫂曰豈有人而遂成佛耶勸之歸弗聽乃以筍及魚螺相餉師悉呑之俄頃吐所食筍筍活吐所食魚螺亦活踰年端坐而化時盛暑面色如生且有異香而鬚髮常長後塗以漆至今跏趺如故今峥上有篆刀竹其節上下相錯魚腹焦而無鱗螺無尾無靨即師所吐者也

〔明〕

王國楨　朱家塔王家人曾任布政司〔紹興府志〕嘉靖十六年丁酉科舉人

孫文煥　〔山陰縣志〕號振東妻陳氏賢而早亡久鰥誓不再娶及疾革出父母之巾笄令置棺中曰雖死見巾如見父見笄如見母也其孝思如此先是崇禎十四年大饑文煥鬻產以賑全活者甚衆明末賊亂婦女逃匿山谷中分途設粥以濟其平日好施樂善至老不倦見義行傳

孫金山　塗川人有賢士風愛處林泉不求聞達嘗書一聯云屋小乾坤大簷低日月高見孫氏宗譜

孫五聚　名文奎中萬歷四十六年戊午科進士任新安令新安固數稱盜藪懾公德威相率去後陞海南道見孫氏宗譜

孫魁宇　名文龍屢試鄉場兩魁武榜崇禎癸酉科中鄉試二十五名後秉鉞於吳興

徐　緘〔毛西河集〕字伯調家山陰之木汀又家梅市初擅舉子文爲雲門五子之一既以詩古文爭長海内而未能委曲隨世低昂常作遊仙詩以自喻〔其著讀書說〕每日以半治經限三葉半治史限二十葉閱三年訖工其勤如此尤富聞見口吃不善辯而旁通曲引歷歷

穿貫叩之無不鳴有詩十卷文六卷已刻者名歲星堂集見浙江通志毛奇齡二友銘

田　鱗　字文祥明嘉靖年間御史

湯　雲　字民望〔紹興府志〕永樂三年乙酉科進士〔湯氏宗譜〕永樂四年四月二十日選取入文淵閣修大典書永樂九年十月內書完賜進士第永樂十二年六月除授都察院河南道監察御史後丁父憂服闋赴吏部調除山西道監察御史宣德三年八月除授河南懷慶府知府七年除河南汝寧府知府為政公廉明勤宣德十年六月在任病故

〔清〕

葛繼孔　〔乾隆紹興府志〕字繩武由恩貢授內閣中書遷戶部員外郎再遷刑部郎中康熙四十一年御書讀書堂額暨丈夫屬有志事業無窮年一聯賜之出知江西袁州府再遷江蘇按察使雍正元年授內閣侍讀學士明年卒〔葛氏宗譜〕一字盧賓世居天樂山頭埠上嘗問其刑政彼訥訥如不出口僅答曰罪疑惟輕上又問復答曰如得其情則哀矜而勿喜二語出倚書論語上謂其言簡意賅已得治獄之道不愧讀書云

田軒來　〔紹興府志〕字東軒康熙辛未進士選授成都縣知縣甫下車盡革陋規究悉地方利弊邑多荒土招徠勸墾俗輕生多自戕以誣人軒來嚴禁之有犯即單騎親驗三日之內立行斷結不使株連邑為通省首縣凡有興革率引同僚陳之上官必得請乃已上官亦以

鐵漢目之任九年陞戸部主事進員外郎皆清勤供職授河南道監察御史康熙甲午爲順天鄉試副考官王敬銘汪應銓楊爾德諸大文皆其所得士也年老告歸卒（田氏宗譜）字子軒李慈銘山陰縣志校記順天鄉試上奪爲字並誌於此以備考

陳惟章　庠生順治間爲鄉練總暨盜朱德孚寇歡川（按）疑卽歡潭率數十人救援敗之復寇横江公扼浮橋賊潰追而殺之鄉賴以安蕭撫（按）卽巡撫蕭然額其匾曰義勇全鄉見陳氏宗譜

田祥　字吉生咸豐朝進士候補道畫宗惲派稱逸品見畫徵錄

葛雲飛　（邵懿辰葛壯節公墓表）字鵬起嘉慶二十四年武舉道光三年成進士改就水師四轉而至總兵皆在浙海（葛氏宗譜）字凌臺（葛壯節公年譜）乾隆五十四年己酉府君一歲生時有大雲如纛矗立庭除間逾頃始散都尉公因命以今名志異也　道光二十一年鴉片戰爭起英犯定海雲飛嚴陣堅守不得逞英乃改計側攻遂陷（清史列傳）二十年六月英夷突至定海失守巡撫烏爾恭額以書邀雲飛至鎮海會商戰守之策旋以雲飛精明曉暢實可協同入奏閩浙總督鄧廷楨奏言當此需才孔殷之際鎮臣葛雲飛精明強幹現在雖未服闋而軍務爲重核與古人墨經從戎金革無避之義相符請會署定海鎮總兵先後皆奉旨俞允雲飛訪知逆夷中僞軍師安突得狡黠善謀到處輒圖其山川險阻密授計於壯士包祖才遂擒之二十一年正月因廣東已給英夷地貿易議將安突得等交還卽收回定海城池欽差大臣伊里布令雲飛前往交割雲飛帶兵至定海傳諭先退定海後交還賊目該夷則欲我先交賊目雲飛堅持前議整軍以待該夷如期交割而去（武堉幹鴉片戰爭史）道光二十一年八月十二日（卽一八四一年九月二十八日）卽抵舟山（按指英軍）碇泊定海灣口先是英軍以天津和議還付定海總兵葛雲飛及他將士力備防守至此英軍艦進口葛雲飛卽命開戰八月十二日曾有英火輪二隻

帶大船二艘乘潮闖入竹山門勢甚凶惡總兵葛雲飛在半塘土城督衆發礮擊斷英船頭桅一枝英人無暇拒敵當即退出十四日英兵又繞吉祥門旋復土繞入大渠門又經遊擊張紹廷在東港浦土城轟擊英人遂退出至十五日英軍忽率艦二十餘艘齊向攻擊爲勢頗猛清軍中不支退却英軍遂乘勢由竹嶼山上陸處州總兵鄭國鴻見之率三千兵來遮英軍更至五奎山築陣營爲根據翌日（八月十六日）英分三軍攻東港浦鄭國鴻盡死力禦之英軍更向曉峯嶺竹山門分三處攻擊壽春縣總兵王錫朋率兵三千五百以防之敗績王錫朋以下多戰死英將臥鳥古乃更由五奎山進攻竹山門鄭國鴻中礮身死餘衆悉潰（清史攬要日人著）英人陷定海總兵葛雲飛王錫朋等力戰死之葛雲飛王錫朋往鎭定海定海之城三面環山臨海無屛蔽颿議請城其三面列巨砲塞竹山門深港已而英人集厦門復請增砲備船皆不省英人果犯定海攻竹山門而又窺東港浦皆擊却之於是雲飛駐土城王錫朋守曉峯嶺鄭國鴻守竹山門英船二十九艘衆二萬餘清兵僅四千飛書大營請濟師不許戒死守毋望援天雨浹旬雲飛往來潦中屢戰却敵相持數日會大霧英人大至隊逼土城我兵砲沈其舟英人分攻曉峯竹山曉峯無砲英人奪間道下攻破竹山薄土城英人殊死進雲飛率所部二百餘人持刀步戰雲飛即率所部短兵步戰敵將安突得揮旗進雲飛罵曰逆賊絡汚吾刀斬之刀折復拔所佩刀二殺入賊中刀光閃鑠敵人頭如雪片落到竹山門方迎登一敵人長刀劈其面竟去其半血淋漓猶向前敵用礮洞其胸穴如盌大乃立竹山門匪石而死見葛氏宗譜（葛壯節公墓表）尸植不仆手擎刀作殺敵狀左目烱如生久之英人乃敢諦視亦爲驚詫不已（壯節公墓表）雲飛曾爲武將而頗長文學所撰有名將錄製械製藥要言水師緝捕管見浙海險要圖說及詩文凡數十卷要亦可稱爲儒將也死時年五十三清廷予謚壯節（葛氏宗譜）公爲副將時命工製佩刀二爲寶刀歌以見志且銘其鐔一曰昭勇一曰成忠

金戴山　名鰲性嚴毅有膽識遇事敢爲必求其成幼讀書知大義以好武略舍去年十九應

武科受知於學使道光六年間年廿八歲邑侯石同福字敦甫江蘇吳縣人議修茅山閘衆議戴山董其事惟恐所捐不敷用下盈湖每畝派錢四百文其餘各坂每畝派錢二百五十文戴山曰但須捐得若干數倘不足皆我任之遂於七年正月購料齊備七年二月開工十五日十月拆舊閘清閘底水磯稍損壞即改作之十二月初二日〔按〕重修茅山閘記作十二日定閘基至十六日疊石僅六尺江潮大作力救始免於八年四月方告成歡聲載道時公年三十其年鄉試不售遂絶意進取與村中父老談農圃而已見麻溪坟壩爲橋始末記閘成石韞玉賜之碑戴山堅不肯另撰文勒之周侯〔鏞〕賜聯云砥柱同功惠乘首邑恩綸拜寵榮晉頭銜戴山笑曰此適足以貽笑大方耳命藏之

王家賓　本姓田懽潭人〔田氏宗譜〕如川訓導公者袁太恭人中表弟也於府君〔指家賓〕爲舅父行常往來宜興山陰間不業醫急投劑頓瘳後屢病屬活之南皋公〔爲王之本身父母〕慨然曰異哉是子吾生之如川活之生之而未必活活之實以全生也請自今繼爲王氏子字覲宸號梅岑初號梅村先生爲御史時勾補寨逆苗石滿尼倡亂家賓率軍士直擣賊巢先令曰不從匪者跪伏道旁其敢執兵抗拒者殺無赦苗衆扶老攜幼俯首服罪家賓悉諭釋之歡聲震山谷拏殺者僅百餘人石滿尼逃匿計擒誅之出師經旬苗衆帖服〔按〕王家賓有自記平定勾補苗人紀略

孫陳氏　歸埧橋人孫玉璋年十六于歸時姑已逝翁年六旬偕夫敬事一以承順爲歡及二年玉璋長逝陳氏矢靡他之志葆從一之貞甘代子職孝養乃翁凡十有七年懷無襁褓爰

繼猶子以延一綫道光時得受旌獎

孫方氏　道光時歸孫大紀四載而忽喪夫痛欲身殉繼念懷中尚有一塊肉乃含哀盡喪後果舉一子爰紡績教養守節凡五十二年同治時得受旌獎

金王氏　生員金汝元之妻稱節孝清乾隆五年三月建坊於廊溪壩側以旌之

孫裘氏　康熙時人歸孫敬亭敬亭早世止遺一子裘氏恭事翁姑撫孤成立見孫氏宗譜節孝傳貞節傳

孫徐氏　雍正時人孫价人元配年二十六而价人即逝哭泣之哀至於喪明寡居三十二載笑言不出於戶外日惟督課二子山陰縣知事丁宏表揚之見孫氏宗譜

邵　士　邵家塔人道光時進士

孫裘氏　歸孫吉人年十六于歸兩載夫逝奉姑維孝三十載如一日雍正時葉亮贈額宗祠嘉慶癸巳邑侯徐元梅採錄縣志宿儒陳紹洸爲作傳道光丁亥奏請於孫家邨外建豎碑亭碑亭柱前一聯曰苦節歷坎坷而愈勁芳型借歲月以常新柱左一聯曰裁水是供婦能代子恩勤備至母以兼師

張際龍　字雲生號元功山陰人也籍蕭山見張氏宗譜（嘉慶山陰縣志）恩貢知府蕭山籍府志山陰籍淸初以拔貢令新化（蕭山縣志）順治四年詔歲貢首名次名准貢入監　張際龍順治五年戊子科恩貢係嚴孔道加意撫綏兵戢民安猺蠻懾服歷刑部江南司郎中決獄悉聽裁奪多所平反種德無涯及守江甯釐弊剔蠹錢糧嚴禁火

耗歲歉捐俸賑饑督撫屢稱清正故三載內兩署糧道一署鹽政一署臬司兼護兩江總督事所在俱無廢事星出星入備極勞瘁報陞副司道隨卒於任可謂盡瘁國事者矣見蕭山縣志〔註〕生於萬歷三十八年卒於康熙十四年〔張氏宗譜〕戊子舉明經除湖廣新化令阜政攸著臨行清風兩袖詣舟次舟人告明府乘長江破巨浪輕舟孤往汎然飄泊猝何以禦爰命僕隸取巨石鎮之鄉佐何采聞之曰是殆不困於石介如石者歟豪介石居以表其廬恭遇聖祖仁皇帝御極命公賫喜詔頒示浙江以浙人而膺浙使今古罕覯

徐廷槐　字立三一字笠山號墨汀雍正進士性情高曠爲文峭刻清厲名重一時詩亦擢落凡近有南華簡鈔墨汀詩草見中國人名大辭典〔徐笠山先生墓表〕周君粹存魯君秋塍與徐君笠山皆同門友也而徐君尤挺頭角○康熙時京師議者咸謂制藝則推牖東詩則推笠山云〔徐氏宗譜〕笠山徐公雍正庚戌進士也號止止老人生平以文章著謂其與當時方文輈沈可山諸名士相追逐而徐公尤頭角自異

朱炳　字孟暉號鳳林晚年又號夢暉生於乾隆庚申〔按〕即乾隆五年卒於嘉慶辛酉〔按〕即嘉慶六年○嘗仿范公遺意創立義田以捐有餘而補不足議甫定而病革因屬受業任睿與柳亭繼志力行卒底於成著有天樂鄉水利形勢圖說見麻溪改壩爲橋始末記尚有麻溪開塞議辨見朱氏宗譜

朱元琳　字夏珍俗稱朱八老爺家故饒歲入千鍾積而能散每遇水旱輒平糶施粥以活貧者子五皆成名見朱氏宗譜

樓蓮舫　名上層山陰貢生遊幕江南長於駢文

李雅白　名向榮山陰優貢以教讀終身鄉試十六科八膺鶚荐堂備四次癸酉鄉試後兩目

失明其自輓聯云十六科力戰秋闈天眼不開人眼瞎重九日醉談春夢他生未卜此生休生平長於時文字擅歐柳其長子梅生戊子舉人

葛留春　山頭埠人著有麻溪壩利弊芻言見麻溪改壩為橋始末記

〔民國〕

湯壽潛　字蟄先原名震清光緒三十一年任浙江全省鐵路督辦成杭滬閒鐵路三百餘里辛亥起義浙江光復被推為都督遷軍克南京與蘇督程德全提議召開代表大會解決國事逮民國政府成立欲引為交通總長力辭不就遂假故周歷南洋羣島著有危言及三通考輯要行世麻溪壩之改壩為橋賴壽潛之力為多六年以病卒於家卜葬桐廬縣賀素鄉

〔李劍農著最近三十年中國政治史〕九月十五日浙江宣告獨立以湯壽潛為都督　孫總統即於一月三日〔元年〕提出國務員名單求同意以湯壽潛長交通原定湯長教育〔印維廉著中國革命史〕湯壽潛為交通總長于右任次之〔同上〕九月二十一日蘇督程德全浙督湯壽潛聯電滬督陳其美提議由各省公舉代表在上海集議仿美國十三州會議制度為全國二十二行省的一致行動陳督贊成於是通電各省公推代表到上海開會九月二十五日在上海開第一次代表大會定名為各省都督府代表聯合會〔中國革命史〕浙江人民久有獨立的思想祇以軍界未能一致故未實現九月十三日諮議局副議長入撫署請浙撫增韞宣告獨立增韞不允十四日夜二時浙江新軍與上海派來的革命軍聯合起來攻燬撫署拘捕增韞十五日改諮議局為軍政府公推湯壽潛為都督其餘的旗兵一律繳械改編為民軍〔湯蟄先先生家傳〕壽潛字蟄先未第時以家貧求力養客山東巡撫張曜幕中與烏程施補華同見倚任光緒十八年成進士改庶吉士散館以知縣歸部銓選授安徽青陽縣知縣到官三月以親老不樂就養遂乞歸及庚子拳亂召八

國之師國之不亡者僅君往說兩江總督劉坤一兩湖總督張之洞定東南互保之約所全者甚大其謀實發於君光緒二十九年擢署兩淮鹽運使仍以親老辭三十一年總理浙江全省鐵路成杭滬甬鐵路三百餘里宣統元年受雲南按察使累辭改授江西提學使臨時政府初建以辛亥十一月爲中華民國元年欲選宿望以收衆心用君爲交通部總長君報書謂於義有不可者七所以不恤一身者爲拯民不爲取位國步新易宜崇廉讓抑貪競薄滌汚俗某惟去以明志遂假故適南洋周歷羣島　先時浙人之營鐵路也集民資爲之謂之商辦易政後議歸國有政府追論君勞賚以銀二十萬君弗有也卒詔其子盡以委之省教育會〔按今杭州學士路省立浙江圖書館卽以此欵建設〕君撰有爾雅小辯二十卷說文貫二卷危言四卷理財百策二卷縣譜二卷三通考輯要若干卷文集若干卷獨危言三通考輯要行世餘並藏於家〔蕭山鄉土志〕龕溪塌民國二年紹興天樂鄉人湯壽潛等呈請政府改爲橋

邵伯棠　字廉存父曰照貴所生父曰照聖蓋以伯棠後其兄世居下邵村力學有文譽並旁求鞮譯思以廣聞時國論初變橫議之士聚於滬上僄榜功利馳說取稱夸鄙自遂者多有而伯棠雖翺翔其間終能辨其依似不爲苟同其所著論說文範矯奮激昂志在攘夷執政者動於交涉下所司過禁其文竟遭刊削不得暢所欲言伯棠內稟愿愨率履有常受事果任發言勁質勤不遺暇約不踰節年四十一以疾卒

二十　藝文

書懷詩

葛雲飛

馬不嘶風劒不鳴等閑巳老健兒身年來不敢窺明鏡怕見頭顱白髮新

寶刀歌

葛雲飛

快逾風亮奪雪恨斬倭臣頭渴飲仇人血有時上馬殺賊賊膽裂滅此朝食氣烈烈吁嗟乎男兒是處一片心腸熱

寄友人嚴靜齋翁詞（金縷曲）

葛雲飛

兩載音書少豈咫尺魚沈雁杳國士當年蒙許我到於今魂夢猶牽繞感知己爲君曉　壺中日月原無限怎奈英雄易老此日着鞭須努力趁江流擊楫收功早關心者鷄鳴了

祭禱劉蕺山先生文

金戴山

此文爲戴山修茅山閘忽江潮大作斜齧攻岸潮隨漏入勢甚危急因祭禱之

嗚呼有千古不敝之精神無千古不敝之形器其必敝者全賴不敝者以貞之則雖敝而終歸於不敝承承繼繼皆前人之靈爽所式憑者也先生傳千聖之淵源成一朝之柱石心光日月氣壯山河所作茅山一閘賴以備一鄉之水旱者不過小焉者耳昔程子修築檀州橋後見大木心輒計度蓋身所經理者事雖小不能忘情焉先生當明季土崩之際天時人事俱已無可挽回生死存亡諒已早決甲申歲猶與故鄉父老建閘於此誠以鄉土情殷綢繆備至恐猝遭大變遺憾無窮所以亟亟於此者蓋欲爲故鄉子弟謀萬世之安也近年來閘已傾漏某等奉

邑父母命派費重修修造未半猝遭水患內外土壩同時陷決合鄉之人無不受害水勢稍緩便即堵塞今外壩已就惟斜鯁爲患時時穿漏百計阻塞徒勞無功昔昌黎治潮鱷魚赴海精誠感格冥頑通靈某等無昌黎祭之之誠又無原吉殺之之智遭茲小醜致誤鉅工緬想前賢汗慙雨下恭維先生歿而祭社俎豆猶新時雖隔乎古今情自通乎桑梓即或歲時不順猶且敬奉明禋况乎恩澤所留豈不力爲呵護惟是外拒江潮內洩洪水奔雷走電日夜冲撞土石之力能有幾何二百餘年不能無壞邑父母仰承德意加惠子民謬委某等與聞工作誰知辦理不善遭此奇禍謹修尺素敢告先生神之格思體物俱在尙饗〔按〕此文非蕺山手稿

蕺社成立記

葛陛綸

吾越代多君子有明更盛陽明黎洲蕺山接踵而起德言功俱足以不朽而艱貞蒙難具愛國之忱盡成仁之旨者以蕺山劉先生爲尤著當明之季邊禍日亟流寇復起天下岌岌不可終日先生方以直諫被斥歸既歸則講學蕺山以詔後學其後北京陷福王監國起原官先生以大仇未復不敢受職自稱草莽孤臣屢疏陳天下大計及南京陷先生遂絕食死文謝以後一人而已先生起家孤苦以正立朝以學明道以死殉國其志節行誼彪炳明史爲全國人所景仰非吾越所得而私更非吾鄉所得而私獨是先生僑寓吾鄉實於廨溪講學力田故於吾鄉

水利知之獨稔言之獨切其移壩於閘之議將三百年吾鄉卒得根據定論改壩爲橋先生有知亦爲凌雲一笑况今世變益亟道德淪喪戎狄禽獸變而愈下讀先生人譜一書汗涔涔下讀其書想見其爲人將以鍼砭末俗非是焉賴同人等爰有蕺社之組織既以慰先生愛中國之靈又以慰先生愛吾鄉之靈奉其道德互相砥礪以克救世梓桑末學咸共有責僅僅以先生能愛吾鄉尸而祝之有如畏壘此猶未盡吾鄉人所以愛先生之苦心也

詠天樂鄉　佚名

天付吾鄉樂虛名實可羞荒田無出產野岸不通舟旱潦年年有科差疊疊愁世情多戀土空白幾人頭

開義學啓 見孫氏宗譜　孫重鼎

嘗聞先王設學原以鼓周室之菁莪後世延師亦以集公門之桃李所以人文蔚起恆叨絳帳之春風若其科第聯登每藉杏壇之化雨吾族先世追隨函丈故得濟美於前朝近來曠廢書幃必致愚蒙於此日皆係家多窘迫膳飯之費難支亦多室既空虛讀書之人更少固鼎所深憂而恐後人亦所共曉而無疑竊有志於開義學以延望重之師當留心於籌館穀以安學博之彥凡我同志共建殊功有餘者不妨助產以來不足者皆可負笈而至不問寸修之束咸登

三鱣之堂惟冀共謀曷勝忻幸

哭佩女文

湯壽潛

光緒甲申天中節後三日震長女紉芳生六稘矣嬰疾遽殤舉室大號余頗達觀至此時亦淚籤籤如斷珠貫不自知其涕之何從也擬哭以文筆重若杵旋舉旋閣越月悲稍舒而痛定思痛每一念及此中如割乃追憶其生時言笑跳弄之憨態而文以申其哀曰嗚呼痛哉入生世上朝露同輕其來無蹤其去無形曇花一現有情無情理歟數歟吾不得知個中微渺離朱莫測汝生何苦汝死何依嗚呼痛哉憶汝設帨巳卯仲秋余罷試歸半月句留以有汝兄雖女無尤重九揭曉余落副車隨園有言二者相符一時兼之掩口胡盧庚辰辛巳余滯省垣以暇寧家汝巳能言見我面生遂波以奔祖父謂汝汝不識乎方渠未歸候門而呼汝差會意笑捋其鬚汝祖母氏繡佛長齋汝侍其側每飯必偕牟尼一串其聲哇哇嗚呼痛哉壬午秋試余早歸來攜有玩具金碧成堆汝一見之笑口微開及我再刖家居不怡汝喑詰母爺何所思不知中未報來幾時余以失意萍泛江南由揚而松終一年淹汝頻念我歸期是占汝往外家自夏徂秋偶然問汝爺在家不汝帶笑應爺往蘇州今我在家爲俗所羈汝更可憐異羣兒嬉申申罵燕祝祝呼鷄汝叔汝兄皆十歲周有時逃塾而結伴遊汝謂孀學不如牧牛汝妹嬌慣不似汝

馴汝母睆之不似汝珍汝曰妹小阿母勿嗔汝祖父母偶有所憂得汝數言立卽破愁或誹以腹或逆於顏承奉色笑遜汝雛鬟嗚呼痛哉余四月杪歸自郡城母言汝病音失痰生顧吾見汝舉止如恒端陽下午汝病進焉垂頭索抱蹤足貪眠余見病劇火速醫延據醫者云痰毒已成涼之下之藥何無靈是痰非痰汝不則聲汝善話言汝口胡緘頷汗如漿喉珠如喑爭環汝泣汝襟亦霑方汝始病勉力支持自謂無礙亦恐親悲曾不半月卽汝了期桐棺三尺黃土一坏瘞偶隨鶴眠不卜牛大彎之麓是汝盡頭嗚呼痛哉而今而後我悟前因摶沙聚椒本難認眞惟余大意以誤汝身藥汝之晚大錯呼天白喉辨證印送百編資汝冥福贖我前諐嗚呼痛哉人生墮地不死者誰汝死太早戚實誰貽茫茫終古此恨無涯人亦有言刻夭厚生微蟲汝惜半粒汝爭撥之於理無一死徵而竟摧折天道何知豈其花好原不多時所不可解造化小兒汝見冥王試詢其詳但宜委婉勿譁以張森羅面目不比爺娘憐汝幼慧儻付輪迴與其他適寧投母胎緣卽已盡債或不該父子一場入夢何妨一恍惚之以塞悲腸無聊之想愈想愈傷我心如灰我神如癡我形如槁我淚如絲盡情一哭聲酸以嘶嗚呼痛哉

貴土貨賤洋貨議

邵伯棠

凡人之愛其國者未有不愛其國所產之貨者也吾聞德國人之愛國也凡一切食用服御無

非德貨也日本人之愛國也凡一切食用服御亦無非日貨也何也彼以爲人各有其國不用其國之貨而用人之貨是無愛國心也惟吾國之蠢蠢者以其土貨也而棄之以其洋貨也而喜之而於是土貨之銷行愈滯洋貨之流通愈廣民日以窮財日以盡而國有坐亡之勢矣嗟乎不愛其貨致不愛其國是曰賤奴不愛其國轉不愛其貨是曰孽種夫賤奴與孽種人之所不敢受也而起視四境之內洋貨之勢力之所浸灌幾無微不至而土貨轉不覺有每況愈下之概也嗚呼國人亦思殺我生者洋貨也亡我國者洋貨也絕我種者洋貨也而今猶未之知耶

二十一　待攷

金山社　令倪三相公宋勅嘉應侯王諸暨人因母病思魚近無可求及尋至蕭山蔡灣橋始得歸以奉母由孝成神故設社祀之

柳塘〔嘉泰會稽志〕在縣西（指蕭山縣）三十里茗山下

厤溪壩勒納〔紹興府志〕王鈺蕭山人邑漁臨關爲南新榷使稽稅所明萬歷中立有碑文凡富商巨賈大起過關照例收稅其民間本山竹木修屋造紙等項概免納稅勒石遵行康熙年間土豪孔宗六等僉充關總於厤溪壩謝尖閘和尚橋諸處凡一竹一木經過者皆抑

勒抽詐不飽其欲輒誣以匿稅碎其家山蕭諸三縣並受其害鈺痛之與被害士民王維楨等歷控府縣

姚公堤 〔紹興府志〕康熙二十二年福建總督姚啓聖捐貲重修西江塘延袤數十里爲費萬餘金邑人立碑臨浦曰姚公堤碑今無考

潭頭石塘 〔紹興府志〕康熙四十二年築潭頭石塘據山陰縣詳府原文內稱山陰縣應分築蕭山潭頭石塘六十一丈五尺照蕭山縣估工料每丈需銀二十四兩卑縣按畝均輸除江北天樂荒都承值浮橋海塘等里及通邑山天等田例不捐輸外實計得利田四十萬八千六百三十二畝每畝捐銀三釐二毫九絲共一千四百七十六兩

西江塘 〔紹興府志〕黄竹山先生云西江塘自古有之自四都至漁浦古塘也漁浦至臨浦麻溪壩二十五里戴浮梁公築新塘也

康熙五十六年築西江備塘

麻溪壩條石塘 考係雍正四十一年巡撫三寶布政司徐恕山陰令趙思恭所建〔紹興府志〕麻溪壩增建條石塘三十丈 麻溪壩石塘爲一段派山陰令趙思恭任之爲趙令董役者則孫奎金懋中張青錢張鎮華也

清化全付禪師〔嘉泰會稽志〕清化全付禪師抵宜春仰山禮南塔爲涌和尚印可安福縣爲建禪苑聚徒本道上聞賜名清化後還故國吳越文穆王特加禮重晉天福二年錢氏戍將爲師闢雲峯山建院亦以清化爲名

下塘〔嘉泰會稽志〕在縣西南一百二十里

支塘〔嘉泰會稽志〕在縣西南一百里

所前鹽務批驗所　傳言隸屬甯紹分司但考紹興府志隸甯紹分司者十五曰西興錢清三江曹娥石堰鳴鶴龍頭清泉長山穿山大嵩玉泉昌國岱山蘆花無所前不知當時何稱

減鹽賦　傳言田御史減賦無考案紹興府志載稱王艮諸暨人歲減紹興食鹽五千六百引

王克敬大甯人爲兩浙鹽運司使首減紹興民食鹽五千引

沈文季〔南齊書〕齊武帝永明四年文季以平東將軍遷會稽太守時富陽人唐寓之僭號遣僞會稽太守孫泓取山陰泓至浦陽江郡丞張思祖遣峽口戍主湯休武拒戰大破之

自序

娥十四齡弱女子耳而名垂萬古與江流不廢者何哉孝爲之也方娥父之溺於江也吾不知娥之搏膺呼天若何慘痛至求尸不獲乃投瓜以質江神期於必驗果旬有七日而瓜沈娥遂投江以死抱父尸出此可見孝之一驗足以上通碧落下窮黃泉波臣驚而下淚陽侯駴而徙宅不然旬有七日之尸豈能奪諸蛟鼉之腹卒與乃翁俱出哉然則廟食千秋不獨娥與江並傳卽其父亦死且不朽矣吾竊怪史傳所記至性如娥者恆多出於婦女而學士大夫千百曾不一見每過斯江清波照影未嘗不自愧鬚眉也志而表之後之爲人子者聞娥之風庶以興起焉光緒三年六月永康胡鳳丹月樵氏書於鄂江之漢皋旅次

曹娥江志總目

藝文碑文　賦　記　辨　碑

卷四

藝文古今體詩二十一首　摘句附

卷五

藝文古今體詩五十二首　摘句附

卷六

藝文古今體詩二十三首　摘句附

卷七

藝文古今體詩二十二首

卷八

藝文古今體詩十二首　摘句附

按是書凡八卷茲刊其第一卷其餘七卷與地志無涉僅存其目

凡例

一是書首序次總目次凡例次圖像次引用書目都爲卷首

一是志卷一古蹟卷二紀實金石書目卷三藝文首碑文次賦次記次辨之類卷四至卷八古今體詩自唐宋元明迄國朝得詩一百三十餘首摘句附焉

一古今詞人題咏曹娥者二十一首咏曹娥江曹娥廟者九十餘首咏曹娥墓者宋人一首賦曹娥碑者二十餘首僅就本齋書籍所存者采錄無遺而挂漏之譏在所不免伏祈海內藏書家儻有題咏曹娥事蹟者鈔錄郵寄容卽補刻以匡不逮何幸如之

曹娥江志引用書目

漢

後漢列女傳　班固

後魏

水經注　酈道元

唐

禪月集　貫休

宋

太平御覽　李昉等
太平寰宇記　樂史
世說新語　劉宗慶
泊宅編　方勺
輿地紀勝　王象之
建炎筆錄　趙鼎
劒南詩集　陸游
杜淸獻集　杜範
菊磵小集　高翥
紫巖集　潘牥
趙淸獻集　趙忭
梅溪集　王十朋
江湖長翁集　陳造
梅軒集　諸葛興
西麓詩集　陳允平
雲泉詩集　薛嵎
順適堂吟稿　葉茵

元

雪樓集 程鉅夫	僑吴集 鄭元祐	蒲陽集 釋大訢

明

明一統志 李賢等	小窗豔紀 吴繼先	客越志 王穉登
客越集 王穉登	清河書畫舫 張丑	遜學齋集 方孝孺
王季重詩文集 王思任	越游雜記 同上	水田居文集 賀貽孫
東甌詩存 趙諫	唐音戊籤 胡震亨	嵩渚集 李濂
晚聞堂集 余紹祉	樂在軒文集 徐應亨	陳鳴埜集 陳鶴
懷麓堂集 李東陽	滄洲詩集 張泰	陳忠裕全集 陳子龍
徐文長集 徐渭	松圓浪淘集 程嘉燧	由拳集 屠隆
越游草 閃繼迪	鰲峯集 徐𤊹	覆瓿集 朱同

秋江詩集 黄任

清

明史 張廷玉等	讀史方輿紀要 顧祖禹	全唐詩 曹寅等

浙江通志 嵇曾筠　金石萃編 王昶　水經注釋地補遺 張匡學
歷代賦彙 陳元龍等　白茅堂集 顧景星　存誠堂詩集 張英
敬業堂集 查慎行　池上編 梁祉　學耨堂詩文集 王崇炳
曝書亭集 朱彝尊　明詩綜 同上　毛西河集 毛奇齡
沅湘耆舊集 鄧顯鶴　歷代題畫詩類 陳邦彥等　元詩選癸集 顧嗣立
閒青堂詩集 朱倫瀚　熙朝雅頌集 鐵保　梁溪詩鈔 黃中
弱水詩集 屈復　知足齋集 朱珪　童山詩集 李調元
白華前後集 吳省欽　樹經堂詩文集 謝啓昆　師竹齋集 朱鼎元
附鮚軒詩集 洪亮吉　宋詩紀事 厲鶚　聞妙香室詩集 李宗昉
半舫詩鈔 黃世則　聽松濤館詩鈔 阮文藻　歗夫詩文稿 朱夢松
繞竹山房詩文集 朱文治　越中百咏 周晉鑅　滇南詩略 袁文典
後湘詩集 姚瑩　瘦松柏齋詩文集 陳文瑞　覺生詩鈔 鮑桂星
咏史詩鈔 鮑桂星　蘭言集 謝堃　劉孟塗詩集 劉開
鵠山小隱詩文集 熊士鵬　冶塘詩鈔 卲鏊　鐵嶺從軍集 劉崇慶

懷古田舍詩鈔 徐榮　倚晴樓詩集 黄燮清　榴實山莊詩文集 吳存義

治南詩藪 林壽圖　國朝正雅集 符葆森　浙江百卅律 李楦

藤花館詩鈔 薛時雨　雪門詩草 許瑤光

曹娥江志卷一目錄

曹娥江志卷一

永康胡鳳丹月樵編輯

古蹟 縣治 江 堰 廟 墓

山陰倚南有會稽山其支山爲雲門山又有法華山西南爲蘭亭山西北有塗山北濱海有三江口三江者一曰浙江一曰錢清江即浦陽江下流其上源自浦江縣流入至縣西錢清鎭曰錢清江一曰曹娥江卽剡溪下流其上源自嵊縣流入東折而北經府東曹娥廟爲曹娥江又西折而北會錢清江浙江而入海又西有運河自蕭山縣流入又東南逕會稽縣又東入上虞縣界又南有鑑湖長十四五里俗曰白塔洋有若耶溪合焉又北有白水湖旁通運河北有三江守禦千戶所在浮山之陽洪武二十年二月置又有三江巡檢司在浮山桃松莊又西北有白洋巡檢司 明史

嵊縣在府東南東有丹池山東北有嵊山北有嶀山又有淸風嶺西有太白山南有剡溪源出天台諸山下流爲曹娥江西有長樂鎭西北有管解寨二巡檢司廢 同上

會稽縣倚東南爲會稽山其東接宛委秦望天柱諸山又東有銀山錫山舊產銀砂及錫東南有若耶山東有曹娥江東南有平水溪南合剡溪東有瀝海守禦千戶所洪武二十年二月置又有黃家堰巡檢司尋遷瀝海所西後遷上虞縣界纂風鎭仍故名 同上

上虞縣在府東西北有夏蓋山北枕海南臨夏蓋湖西南有東山東有覆卮山接嵊縣界又東有通明江卽姚江上流又有運河在縣治前又西北有白馬湖北接夏蓋湖其相連者有上妃湖亦曰上陂湖引流爲五夫湖東北達於餘姚之西横河又西有梁湖巡檢司本治梁湖尋遷百官市仍故名同上

曹娥江在會稽東南七十里典錄云娥上虞人父盱迎江神泝濤爲水溺娥年十四投江而死縣長度尚悲憐而葬之命邯鄲子作碑蔡邕來觀題云黄絹幼婦外孫齏臼後人立曹娥廟在治平年間太守張峴請以朱娥配焉輿地紀勝

二十八日有旨巡幸四明是日雨大作車駕出門駐城外某同臺諫泊曹娥堰下建炎筆錄

二十九日御舟過曹娥堰舟船擁併留二日不能前遂出陸同上

曹娥江在府城東南七十里卽漢曹娥求父屍不得投江而死之處縣長度尚葬於江南道傍明一統志

二十五日再渡娥江此江殺一賢女子而冒其姓名以自表於天下其設心可謂險矣謁孝女廟香火甚盛祭賽無虛刻墓在祠左繚以崇垣漢碑不可問矣墀下一龜趺恐是當時物詩碣無數而醜惡者什九元祐間蔡卞樹一碑阼階下嘉靖間一寺人集李邕書樹一碑堂上竝用

邯鄲淳所撰文祠後一堂奉孝女所自出侯其父而夫人其母以一婆娑樂神之人而儼然封君其儀血食二千祀所謂生男勿喜女勿悲信有之矣天下之大豈無賢女子如娥者而天下人之父死於水者又何可勝計以娥之人而遇是事此吾向所謂好題目好文字也況娥之文不假擬議天機流動自應與日星河岳竝存天壤然則中郎黃絹幼婦外孫韲臼不必書碑陰題之廟門可也（晚聞堂集）

又八十里渡曹娥江微波鱗鱗一葦可杭然土人有鐵面之謠當是其風浪時耳西岸叢祠貌孝女其中乘潮亂流不及登問行人黃絹殘碑如奏綠琴於牛耳過曹娥爲東關驛（客越志）

曹娥江在紹興府東九十二里剡溪之下流也自嵊縣流入界東折而北至曹娥廟前又北至上虞縣龍山下名舜江又西北折入於海亦謂之東小江志云府東南九十里有小舜江一名東小江源出浦陽江東北流而匯於曹娥江曹娥江上承浦陽之支流故亦蒙東小江之稱唐咸通初裘甫作亂觀察使鄭祗德徵兵鄰道屯郭門及東小江尋復召還府中自衛宋建炎二年兀朮陷臨安遣阿里蒲盧渾渡浙江陷越州遂渡曹娥江至明州明初吳禎討方國珍於慶元夜入曹娥江夷壩通道出不意拔車廄遂入慶元蓋江爲東走甯波之要道矣二江皆謂之小者對浙江而言也車廄亦見甯波府（讀史方輿紀要）

鑑湖在城南三里亦曰鏡湖一名長湖又爲南湖舊湖南並山北屬州城漕渠東距曹娥江西距西小江潮汐往來處也同上

一自山陰縣東南分爲小舜江今名東小江又東與嵊縣剡溪之下流合經府東九十二里之曹娥廟而爲曹娥江又北至上虞縣西北五里之龍山下而西北折以入於海是曹娥江亦浦陽江分流所匯也同上

曹娥堰在府東九十里水流湍急兩岸逼江其地有曹娥渡及曹娥埭又西岸爲東關驛驛南有曹娥場舊設寨於此東岸又有曹娥堰營皆設險處也胡氏曰浦陽江有南津埭今上虞縣梁湖堰是有北津埭今曹娥堰是又抱姑堰在府西五十里上連鏡湖下接小江又有石堰在府西三里諸水合流地險可據同上

錢清鎮在府西五十里舊常設關於此宋建炎三年車駕自越州次錢清鎮將如浙西迎敵金人百司有至曹娥江者有至錢清鎮者不果而還志云錢清鎮西抵杭州八十里同上

蓬萊驛在府西迎恩門外唐曰西亭驛宋曰仁風驛明朝改今名江東岸即舊曹娥驛也又東關驛在府東九十里曹娥江西岸舊名東城驛明初改今名又錢清驛在府西北錢清鎮正德十年革

上虞江在縣西三十里卽曹娥江也自會稽縣東經縣西南東山下曰琵琶圻亦曰琵琶洲曹娥廟當其處西去府城七十里乃運河渡口也又經西四十里蔡山東麓曰蔡山渡相傳以蔡邕名亦曰百官渡又北至龍山亦謂之舜江又西北折入於海上同

梁湖堰在上虞縣西三十里王氏云浦陽江有南津埭梁湖堰是也六朝時置稅官於此亦曰梁湖壩壩之西卽曹娥江東江爲往來必由之道風潮衝齧移置不常元至元中以潰圮重建明朝嘉靖間江潮西徙漲沙約七里令鄭芸濬爲河移灘江邊仍舊名有曹娥場鹽課司上同

梁湖鎭在縣西梁湖堰元置百官驛於此明初置巡司旁有曹娥驛志云驛舊在蘭芎山下曹娥江濱元大德中圮於怒濤徙縣西明朝洪武初復徙今所萬歷初裁驛以梁湖壩官兼領朱維藩曰曹娥驛與東關驛止隔一江似可議革然自蓬萊以至東關西路止矣自曹娥以達姚江東路始焉酌往來之所必繇爲驛路之所起止未可廢也矧東關夫馬例不越江曹娥廢而往來支應必移之縣以縣代驛所費何異此古人所以病紛更也上同

剡溪在縣治南卽曹娥江之上源也宋樓鑰曰剡溪山水俱秀邑之四鄉山圍平野溪行其中其源有四一自天台山一自東陽之王山一自奉化一自甯海兼四大流又境內萬壑爭流之水四面咸湊曲折紆迴過嵊浦而北出是爲曹娥江上同

豐山在紹興府東北六十餘里地臨曹娥江東南接嵺山唐光啓二年錢鏐破劉漢宏將朱褒於曹娥埭進屯豐山是也同上

曹娥江嘉泰會稽志在縣東南七十里江因娥得名也名勝志源自剡溪來東折而北至曹娥廟前名曹娥江又北至龍山下名舜江又西北折入於海浙江通志

東小江在紹興府城東南九十里亦名小舜江西爲會稽東爲上虞其源出浦陽江東北流入曹娥江同上

曹娥廟在府城東七十二里漢元嘉中建邯鄲子作碑文蔡邕題云黃絹幼婦外孫虀臼廟側有墓宋治平以來又有孝女朱娥配春秋致祭本朝因之明一統志

曹娥廟於越新編載初屬上虞後改隸會稽在府城東九十二里宋大觀年封靈孝夫人政和年加封昭順湻祐年復加封純懿且封其父爲和應侯母慶善夫人又熙甯中會稽令董楷以朱娥配享明因之不改嘉靖間知府南大吉廓之以合郡烈女從祀兩廡萬歷四十五年送諸娥入祀配享號三美祠浙江通志

越州上虞縣曹孝女墓在江岸上有大木株一榮一枯榮者枝榦宛轉枯木外若抱父屍之狀泊宅編

曹娥墓在會稽縣東七十二里輿地紀勝

曹娥墓在曹娥廟側墓所有翁仲對峙明一統志

曹娥鄉誌稿　　徐繩宗採訪 字晨鐘曹娥人兩次當選紹興縣議會議員並當選副議長一次

曹娥鄉

（一）疆界

曹娥位於紹興縣東爲紹屬第三區之一亦浙東紹曹嵊甯紹往來孔道東南至鳳凰山山盡處爲上虞縣境以百步街爲界南至上虞縣屬蒿壩鎮以淸水閘爲界西至白米堰爲界界外爲東關鎭東南北三面以曹娥江爲界

（二）山脈

鳳凰山距城九十里峙於全鄉中心山脈來自上虞縣蒿尖山至本鄉西南而止山之右曰楊家山最右獅子山

（三）河流

鄉中河流東至老壩底南至頂壩底西至紹興縣及蕭山縣之西興鎭北至本鄉中心

曹娥江在曹娥塘外源出剡溪直至瀝海所而入於海

（四）海塘

曹娥塘自白米堰疲字號起至明字號止計字捌拾壹每字均立石一方計長壹千陸百念丈

高約壹丈餘濶弍丈而自鼓字號起至明字號因瀕曹江每遇春秋水汛時遭水患故於清光緒間改建石塘計肆百丈

（五）壩碶閘堰

本鄉計壩十一處（一）老壩（二）施家衖（三）草蓆埠頭（四）灰衖（五）徐家衖（六）缸甏衖（七）挑柴衖（八）擡竹衖（九）正和埠頭（十）拖船衖（十一）大埠頭等

（六）湖蕩港池

放生池在本鄉下沙紹曹嵊汽車路之側

（七）橋梁

太平橋在本鄉井頭與感應菴之間

通濟橋在前曹娥塲署之前

觀化橋在本鄉直街

塔橋在大王廟西首直街與楊家山山麓

曹娥橋建於民國十六年由紹曹嵊汽車路建設以便銜接嵊縣路線

里睦橋在文昌閣外十餘丈

利源橋在中墅附近白米堰橋之內
白米堰橋在白米堰

（八）渡

上義渡有船四艘在上沙悦來亭對渡爲上虞縣梁湖鎮江礁頭爲赴上虞行旅之處
沙義渡有船二艘在上沙閲江亭對岸爲梁湖沙地係農民播種壅肥收穫之需
下義渡有船十二艘在紹曹嵊汽車路江邊站有月寶第二亭其義渡經費由甯紹水果業南貨業慈善事業捐置由百官義渡局董其事對渡爲上虞縣百官鎮

（十）溪澗泉

趙婆泉在鳳凰山山麓廣捌尺闊肆尺泉清而冽雖旱不竭居民多賴之相傳斯泉於有明世宗嘉靖朝太子少保工部尚書慈谿趙文華之母取之以作飲料先時嘗挈取揚子江中心之水供飲故常裝瓮壜輸運一日經過曹娥擔夫不愼偶碎其一懼趙勢不敢聲私取是泉入壜運去後趙母飲至此水極爲贊許使使遍訪而得遂使有司保護清潔不得汚穢竟時以此泉爲終歲飲料不再向揚子江挈取因此名泉

（十一）井

本鄉有井柒處(一)在沈宅南園(二)土穀祠旁(三)孝廟前進(四)會龍殿旁(五)船舫下(六)老壩底(七)楊家山下

(十二) 園亭

補松亭在鳳凰山右楊家山巔亭形六角因亭之舊址本有數人合抱古松後因年久枯倒里人建亭以補綴之現亭又傾里人議建塔於其上

(十三) 義塚

在湖村畫黛鄉屬之萬松菴後平山

(十四) 舊書院義學

娥江書院在下沙乂路間建於清光緒初年光緒三十年改爲曹娥兩等小學現因白蟻爲患樑柱均損勢將傾頹鄉人無力修葺故小學遷移上沙沈氏宗祠

(十五) 茶亭路亭

曹娥亭在文昌閣側爲行旅休息之所

半路亭在下沙乂路中爲行旅休息之所

新半路亭在鐵路西首爲農人休息之所

月寶第二亭在紹曹嵊汽車路曹娥江邊站爲上海杜月笙出資建設以便行旅

閱江亭在上沙曹娥塘上爲播種梁湖沙地農人休息沙義渡船止於此

悅來亭在上沙頂壩曹娥塘下爲行旅上虞梁湖鎮者休息上義渡船止於此

（十六）牌坊碑亭

加封曹孝娥碑亭在曹娥廟外

漢碑亭在孝娥廟內左側卽漢邯鄲淳撰宋左朝請郎充龍圖閣待詔知越州軍事蔡卞重書

（十七）祠廟壇

孝女廟在曹娥上沙祀漢漢安上虞孝女曹娥面積陸畝房屋四進念貳間兩旁側廊一帶左雙檜亭孝女墓在焉右土穀祠東嶽殿等創於漢元嘉元年上虞令度尙宋元祐八年建正殿嘉定十七年郡守汪綱重修元至元五年尹宮誠重修明正德五年又重修萬歷十年沈東江募建高閣清順治六年總漕尙書里人沈清遠重建殿宇而加高增大康熙十一年刑部郎中里人沈範先重修殿宇康熙六十一年郡守俞卿重修雍正十年郡守顧濟美建華表於墓道乾隆十年後殿災重建乾隆四十八年金山場鹾業建亭於墓道嘉慶十三年奉旨加封建立碑亭同治五年又奏請加封民國十七年六月十六日午時前後殿及墓道亭雙檜亭等刹時

忽遭火災均爲烏有民國十九年七月里人募建正殿一進五間因草率未獲舊觀由旅滬浙人及就地公民倡募重建遂於民國二十三年夏起工至民國二十五年竣工從此廟宇巍峩仍復舊觀後殿供神父母兩旁有宋治平時上虞朱娥及明洪武時山陰諸娥配享焉

（十八）寺院菴觀

寶山寺在下沙紹曹嵊汽車路曹娥站相近供釋迦牟尼像後有大悲樓供觀音大士像僧人住持附有警察派出所

廣福菴在下沙乂路口供釋迦牟尼像有女僧住持

稱心菴在上沙灣頭直街供釋迦牟尼像髮尼住持

會龍殿在上沙直街對岸供釋迦牟尼像髮尼住持

定性菴在老壩底供釋迦牟尼像有比邱尼住持

如松觀在觀化橋相近供眞武帝像有老嫗住持

南溟菴在里睦橋供釋迦牟尼像有素士住持

職峯菴在獅子山巔供釋迦牟尼像有素士住持

（十九）消防

（一）公濟龍在上沙小船埠頭（二）永安龍在通濟橋下（三）永甯龍在老壩底（四）孝佑龍在下沙叉路口（五）永泰龍在下沙石道地

（二十）　舊山會兩邑職官

曹江分司佐會稽令行政民國裁撤署由官產處售去

曹粱汛在曹娥上沙邊界地屬上虞現已廢去

曹娥場鹽大使職自裁併金山場後現歸嵊縣鹽公所管理

曹蒿釐局爲嚴查曹娥蒿壩等稅自改統稅後廢去

（二十一）　科貢仕進

沈文奎字清遠爲明崇禎會稽邑庠生家貧如洗又值世亂年荒於是北遊滿洲時滿伐蒙大營駐磐石竟投滿營充教授輕年者中文兼行營文牘蒙古平定滿軍凱旋建都奉天開科取士得連捷第一甲第一名賜進士及第入漢軍鑲白旗籍尙和碩親王郡主拜他刺布勒哈番充秘書院纂修清軍入關任巡撫直定等處都察院調總督淮揚提督七省漕運海防軍務戊子陞內閣弘文院大學士兵部尙書加一級己丑科大總裁順治六年仍任軍務討滅山東有功晉秩世襲拖沙拉哈番順治十八年九月初三日歿於任所

沈志道字伯陶會稽邑庠生世襲拖沙拉哈番

沈志仁字仲安紹興府學庠生漢軍鑲白旗佐領牛彔

沈志達字沛生歷任山東德平縣廣西柳州同知雲南思南府直隸通永道

沈志禮字範先軍功廕生歷任直隸易州河南滋州浙江督權北新關刑部郎中直隸宿昌道

湖廣鄖襄道廣東按察使湖北布政使湖北巡撫嗣因洪水爲災哀鴻遍野遂發庫銀先賑後

奏竟被權臣妄參侵呑國帑奉旨革職治以極刑旋爲地方紳民環歸當道雪寃據實上聞命

下事既實惠及民款不虛縻着開復原職加恩在湖北省城建立專祠政績曾載湖北省誌

沈廷楨字淸臣歷任湖北羅田縣陝西商州蘭州臨洮延安等府河南開歸河兵備道兼管全

省糧鹽事務陞河南按察使福建布政使福建巡撫兵部左侍郎調貴州雲南巡撫都察院左

都御史河東河道總督天津北河河道總督

沈竹字篆汀康熙乙未科翰林陞檢討詹事府右春坊右中允晉贈昭運將軍鑲白旗漢軍參

領

沈詠字裕齋太學生任直隸昌平州趙州知州

沈鳳來字儀園乾隆己卯科第十三名舉人大挑知縣因年老改選衢州府西安縣教諭

朱潮字海門會稽廩膳生順天丙午科舉人咸豐壬子科進士翰林院編修功臣館協修國史館纂修掌貴州山西陝西道監察御史已未科順天鄉試同考官京察一等簡放四川敍州府知府特授成都府知府清廉愛民著有政聲有寶善堂遺稿奏摺

金鑾字調甫清道光乙未恩科第四十九名舉人

（二十二）氏族

鄉中以沈氏楊氏李氏陳氏爲最

（二十三）農作物

曹靑屬豆類之一種可製醬製腐每年四五月播種至八九月收穫每畝歲產量約石左右價值五六元之則

玉蜀黍一名稑穀可服食每年六七月播種至十或十一月收穫每畝歲產量約石六七斗價值三四元之則

大麥供服食就地人多和米合炊作糧食品每年十或十一月播種至次年三四月收穫每畝年產量約石六七斗然有鬚不能有準確斛數價值二三元之則

村誌弁言

樂山樂水鄙人生癖使然也顧自幼稟質羸弱全賴怙恃之恩勤鞠育幸得成立惟鯉庭之督誨綦嚴年就傅命辨四聲作論孟短篇文逮舞勺偕勉行五里許叩謁姻長趙嘯谷夫子於伴鶴居令賦七言豆棚閒話詩拚構見賢思齊焉時執脫稿呈覽撚鬚加斧斵由是就正頻頻嘗整襟問曰明愛讀莊左諸書可乎答云汝眞能尋繹古文辭當不墜爾寒素家風明歲遂舌耕鄉村厄於境也案頭羅列經史文房外鎮日相對作伴者藥爐茗碗二者而已未弱冠抱誦廢蓼莪之痛貧病交迫不得已旁闖小道遵先君子遺命既可衛身復堪濟世兼習禪寂參玄功歷久精力漸覺強健無如家室維艱續絃生長兒詩樵慈幃慘背復悼鼓盆再續生幼兒書樵檢故篋捧誦先曾祖村居名勝吟慨然有懷爰邀父老導行環村且處處指示乃一一默識即今日編村誌之源本也逮強仕之年乃遊杭遊滬達蛟門返螽城覺饞眼略飽啖味竊謂武林之西子湖飛來峯天成也稍加人功點綴鄞縣天后宮內之鏤龍石柱越郡徐天池之青藤書屋人功也綽似天成妙境惟申濱則海市蜃樓巧極人力妝束而黃浦灘外之濤翻綃絳霧掛幕黮依然亘古天塹互合比擬眞具卦象先後天之動靜變化更符聖學天理人欲之味明蔽復參諸宗周劉子之證人圖旨古今合轍所殊者淺深鉅細間耳嗣於庚申歲振芝隝校鐸乃

造青化極頂窺龍湫石匱之靈異搜閟青化書屋之玄詮癸亥就聘花溪得覘碁巔石屋之遺蹤宋陵范砦之宏圖而樂水樂山之成癖可謂如願以償矣宇內總不少奇區異境寔人子亦自知其量回憶五十載經歷館室大半與狐鬼爲侶狐也其稚頑者烹之不吾怨鬼也其悍厲者唾之不吾怒豈好讀莊左虛誕冥冥中特顯此幻異作眞實憑證耶一段疑案莫吾判決今馬齒已忝古稀猶蠢留塵世值天朗氣清曳杖籬落間偶得蕪俚詩詞淺陋論說命兒若孫錄存一二玆之草村誌也亦然聊以遺頹興餞餘年云爾時民國旃蒙大淵獻一陽月上澣玉屏山樵陳得明書於聚星堂右

紹興天樂鄉富家墩村誌目

村誌弁言

誌陸　內登十八項

山　嶺　岡　祠　校　路　坂　宮　寺　院　庵　廟　亭　別墅　名勝　古

墓　潭　井

附誌　內登三項

社公祠　社公墓　祠內對聯　幷註聯內古蹟

誌水　內登五項

池　橋　塘　洲　霪

附村外流域

紹縣天樂鄉富家墩村誌　陳得明 亦煥

誌陸

內列十八項　附三項　幷註聯內古蹟

村址大勢向南後枕伏虎山前臨鶴池坂東南西三面環繞皆水宋時從本鄉郗隅西遷（爲避郗廣堯之禍也）現則聚族數百家無別姓雜居東坂南坂近多分住西北距臨浦鎮八里許沿舊名稱富家墩遵宋制稱大甲

祠建山麓中懸世德堂及太邸望族義勇全鄉彤廷錫宴匾額餘不備載堂東奉神座三一昭澤侯宋公一先賢宗周劉子一祖妣高氏貞神民國丙辰借祠設青化小學校體操場建祠東

祠外閭門上題自西而東（因祠前大路東西交通也）義路禮門（有義路記載譜）字句

村東北平原昔有別墅資實陳公曾講學絃誦青田劉子遨遊戾止盤桓信宿撰留譜序明季墅廢改作陳氏墓隴

東坂田中小阜突湧古楓張覆夏畦偶憩下卽高氏貞神墓　再東一區坦潤而長曰木牌勁曲而隆曰蛇山其南麓彎處古有全道院今悉叢莽荒塚　筌柏陽因修筌古柏之葱鬱名

東南纍纍散布圓突者曰瓜藤高長橫臥者曰蒲山

村西小岡右衛曰西山楓樟屏翳竹逕南續前即東西出入大道古有文昌宮因風撼水囓重構惟艱其西南一高平圜場乃兜攬水隅　西山之西曰小甲坂古有大小數十墩故村以墩名爲築西北及西與西南并南面四處塘堤畚鍤悉盡　坂中南北大路蟠旋曲折近村罕見　路北盡處石凳整列容行人小住者曰望鶴亭清戊戌益森陳公倡建　亭西北數武曰太平古庵清壬戌兵燹後村人集貲重建內供奉木雕防水患也觀音古佛韋馱尊神二像靈應顯著招住剃髮傭且囑夏燒茶湯列亭中以解行人之渴

西南小坂四周渠流龜山活潑中浮其南原昔有巨族童姓住替仄後攷棘滿目惟留一土穀祠前毀粵難陳族募再建近又遭野火礎被東移　山北孤魂祠一清季益森陳公倡築每中元節集施食餤口勝會

伏虎山東北低缺處曰富家嶺前係富氏出入必由之所固諸義浦三縣之水北匯鑑湖時西南一帶不便行走也

村北里許平岡兀峙曰屏風大岡下有張氏墓其穴係明幕講僧指點

大岡之東綿延一帶略低者曰屏風小岡岡東盡處石壁巉巖採藥者每攀蘿挾鋤登下名棲鹿場逢冬夏二至節遺角偶得拾清光緒壬午夏樵獲稚麋一翠鶴散入贖放谷麋逕奔場上反顧人呦呦長鳴數聲去似道謝情形有嗤散入癡聽乃作積福銘以喚醒之　積福銘曰薄福人當積福厚福人當惜福勉不足以積福留有餘以惜福積福終有

福惜福常有福推此積福心不爲一身福古之求福人亦曰求多福爲求一家福爲求一鄉福爲求一邦福爲求天下福堅戒殺爲雞鶩福廣放生爲禽魚福禁屠宰爲牛羊福時斬刈爲草木福薦孤魂爲冥途福似此勤修能致福豈必君相方造福所願世途盡邀福不患生來本無福　又下一區曰船底下灘旁兜中平磴磊縱横人堪倚坐且石澗泉噴綽像巨艦之放中流東北高岡曰大烏頂陷半畝許號龍潭水之盈涸靡定盈則魚游蝦躍涸則獸蹄鳥跡其山麓則星羅碁布悉陳族歷代祖塋　白泉潭上曰虎嘯彎清初羣虎滋擾族裔習技擒捕遂漸安甯

横連兩峯之間石盤外托古墓中隱分列上下二座曰梁上燕巢俯臨絶壑約四五十仞且巖泉韻揚石蒲翠滴雖峻險頗幽雅　壑東爲蠡城孫氏墓砌石壯麗華表高聳

報恩寺圯久址泯一井猶存今屬孫氏墳莊（住戶係諸邑朱氏）　其東南高原及平陸多古代塚墓

正東一峯秀拔曰鶯歌尖亦稱鷹峰琴石横列岡上面正而平高盈尺闊尺許長約三尺計絃六其色青黑似勁躍石質淡黄儼若桐木故鄉名天樂云（近年稍有損痕）　淸詩人方洲因攬勝登臨曾賦七律一章曰荒涼片石半如琴遮莫雲間挈伴尋斂響非緣輕釋手無聲不爲少知音綠蘿纏縵風霜古紅蘚侵絃歲月深欲譜鈞天誰與共四山惟有亂啼禽昔端齋陳公琴石詠云青

化山頭片石傳龍門雅奏自何年雲開螺岫徽纏徹風入虬松曲調宣瀑布一聲疑裂帛雨珠千點濺鳴泉龜山相對音堪操鶴渚非遥響若連琅玉鏗鏘原有韻烟霞斷續豈無絃人非安道搥難碎我亦鍾期聽欲仙江上數峯青可見桐陰百尺綠初眠山居日日聞清籟彷彿鈞韶落九天又集名勝村居吟云天樂鄉中第一仙富家墩畔景陶然三間小築人寰住萬古名區地勢聯簇簇鷹峯撐戶外灣灣鶴水繞門前游龍婉轉環東郭伏虎崚嶒抱右邊蛇獻明珠光十乘龜占仁里兆千年幽居枕席蒲藤遶列笏兒孫瓜瓞緜處士堂前營燕壘耕夫隴畔對牛眠相逢一一山陰道更勝桃源洞裏仙　其蜿蜒矯昂左衛琴石者曰青龍岡　下曰眠牛山旁饒清泉翠竹曰清翠灣

屏風大岡迤西長狹似一衖秧畦層級且巨龜粗蟒常戲水蟠陸農人相安無驚愕故名常稔

隝

隝西平區荒坟壘積昔有村落朱姓者今只藐小祠宇栗主亦蠹蝕殆盡

再西曰幽彎古諺相傳云松球梅蕚桐清竹秀文鸞白鹿時常棲宿只許看看勿准弋獲

西北曰鳳凰山俗呼暇網山因曩昔諸塘閘未築外則江潮冲激内則溪流泛溢澤國坒涯惟網罟是賴近則茶竹清幽石楓鬱茂有二古僧塔值秋冬晴宵頓放佛光如白晝凡宿漁艇蟹

舍者偶一見之下有盆潭勺水不溢不竭傳係古僧滌鉢處
鳳凰山北曰悠賡灣因泉韻悠揚若賡和鸞鳳聲之和婉也　下曰悠賡坂
彎北曰彎簫山古時竹苞松茂時有瑞鳥飛鳴向西有新安洪氏墓　其北爲蕭邑俞氏祖墓
迤東而向北者係安山村土穀祠

附誌

社公祠在村東南五里許象山之麓坐東向西曰古泥馬廟中奉張達觀明王左奉妻將軍右奉石察邇明王爲十村崇敬之總壇　泥馬亭建廟前數十武當南北通衢且行旅之息肩少住　社公墓在廟右之鳳凰山並列三穴昔有廻欄栅門傾圮雖久遺跡猶明

民國甲寅明於祠內獻忠昭南宋匾額又撰對聯四因力綿薄不克鏤奉附登於下并註聯內古蹟案

貯玉壺清任他背後藏山藏隱山隱查得明明白白定要立刻拏來問你個長長短短堂懸金鏡淨賽茲面前㶡溪碧花溪妍看到樗樗星星怕有一滴混雜嗤我亦糊糊塗塗　碁嶺峙琴石橫能保黎民天威近錫天然樂錢江浮鑑湖躍克勤王室泥塽長留泥馬蹤　象左衛鳳右翙寬猛兼施榜樣勗文鄉武里蠶課春雞報曉桑禾兼藝辛勤催婦織男耕　登石門佇蓮峯遙望故宮剩有伍公潮且暮鶴凌雲龍興雨追尋覇蹟猶存范相礐縱橫

附註

藏山嶺在廟北下名橫路村太陰山在廟東南茲陰字借作隱山之西爲張家橋村廟前有溪左曰麻溪橋右曰花溪橋旁有童氏村今亡陳華巔後周時陳仙人邀伴奕處下名錢氏莊今亡琴石在廟西南屬富家墩村東岡大白峯小白峯在廟西北古有姚處士雅慕林和靖先生逸趣徧植梅樹於二峯隆冬梅放花雪爭豔故名之曰白明先嚴琴鶴散人曾有踏雪尋梅豪興復摹鐵脚道士像於扇作肖影自題云無端幻出醜形容冷落衫襟欲御風赤脚正宜梅影度素心還共雪光融夢魂自笑花迷蝶踪跡人嗤爪印鴻莫道此身輕似紙幸能免得誚冬烘明先嚴逝世三十餘載適同門兄孔之和君訪明於養正書屋見肖像凝視久之乃謂明曰先翁之德操文章吾聞之審矣其丰儀之實深以未曾一晤爲歉今瞻扇影洵異庸流爰染翰題步原韻詩云眞容底是幻仙容遮莫喧囂嫌世風芝宇塵中偏落落梅花雪裏亦融融人皆小就籬邊鷃君是冥飛弋外鴻笑執一枝何所贈可憐大半是冬烘昔宋季駐蹕臨安沂王入承正統尊葬生母明懿夫人於小白峯勅呼輔孤尖麓有泉潭汲水淪茗隔宵無濁痕歲甲子明秉花溪校鐸課暇徜徉潭上復得數異乃附誌之其源泉滾滾而來或聲若鐘鼓擂擊或首如琴韻悠揚頃刻之間幻響耐聽又山蟻羣至移時躍水成蝦覺化工之妙施眞有不測之神機者下所住者曰花溪村因村外華表雙峙俗呼石柱村黃泥墺係廟西北小阜逢春曉露滿秋夜月朗偶見有赤驥奔馳蹀徑間者溪東曰新橋村象山在廟左鳳山在廟右鵞山在廟東南係霞莊村對面雞山在廟之南田中有大小二阜正當沈家埭村之北石門嶺在廟北北因岡面有二巨石對峙如門也戊辰春仲明率校童採藥溪濱一樵友語明曰上石門轉北有澄潭一彩鳳常飛舞其上長丈餘展翼時橫度較勝於縱若結隊負槍械往則遯隱無蹤先生乘輿探奇盡登覽一過明據所述情狀乃揣度之恍然悟山雞舞鏡之說遂明告之辭不往覘岡下曰石門村蓮花峯參差峻秀與石門啣接臨安卽今杭塢正陽門經對茲鄉覓旋山因岡平如覓且多數粗藤下垂若旋也石屋在青化山南岡巨石突聳泥巒外兜下不得見高數丈洞口向東下臨泉壑中坦平可容六七人坐談且風雨不侵梁代有高僧習禪寂三十餘載環山村民抱沈痾求治信手取木葉及草莖俾煎服立愈亦不受酬囑拾枯枝堆洞外足矣一日下山辭遠行屆期村翁攜錢物餞別及至見枯枝塞洞口復驚烟燄中起乃連聲號呼烟遂上騰化成白雲籠罩山巔仰見高僧騎白鶴合掌西去於是人咸呼爲白鶴禪師因名斯峯曰雲峯後錢鏐王維持吳越建功德院

山麓住持純一國師易雲峯曰青化蓋龑所自來故處之舊稱也龍湫在青化書屋之北於岡潭小水淺亢旱不乾草蒲叢雜黑蜥蜴浮泳其間遊人不敢久視因變態之靡定也再青化書屋係清乾隆時會稽董德寧眞人建著道貫眞源一書昔加佑陳公賦春晴遊青化書屋五律詩曰春色動遊情晴光處處生山蒙時雨化水滴石泉清按通志作清化故押清字梅點雙峯白雲開萬里明蟲書懸古壁鳥跡印荒坪路曲團團轉樓高步步行塵心從此隔疑是到蓬瀛其二春雨初晴候何妨卸屐行探奇緣室古洗硯得泉清湫內龍如化窗前草自橫石房傳婦蹟禽語伴書聲有筆峯難架無詩韵不成愧余山下客到此話長生青化山北曰山棲嶺其截然高大者曰越王崢均誌昔句踐被困於吳之處也越大夫范蠡命附近一帶岡巒堆積巨石敵舟浮鑑湖上攻設機發礮礮音確大石也舟多沈破圍乃得解明幼時質弱膽怯嘗侍庭聽講吳越興亡事頗奮振尙武精神適來畫工俞翁遺繪木蘭從軍圖一幅先嚴爲說原委并塡醞相思詞一闋書其上曰十二年幽情孰訴嘗盡寒暑風雨記得改妝時親囑語守遂也余憐余守身也余愁余此後晉容難再遇獨立神凝注數千里孤棲無定處矢忠也心自苦矢貞也心益苦先師趙嘯谷姻伯見之亦塡長亭怨一闋於上曰女兒自來多命薄絕不見派從軍驅逐爲苦北朝邊疆遣戍令何酷老親搵淚憐少子忍催捉脈脈衷情奴暗喻請效男妝束 孝篤怎知閨閣裏竟把忠貞尤篤守身如玉十二載瑣尾流離歷寒暑楚楚衣裳喬打扮沒人察覺祇道美郎君不愧崢嶸頭角明幼時拍唱舞蹈不休及長方知先師先嚴之苦心勉勵引古爲鑑把女子勸男兒毋失忠孝廉潔之操守也

誌水 內列五項

村東北澗壑諸水下注窪下之大池廣約八九畝盈則南流并入於鶴池昔旱久乾涸露一井底殘磚砌址猶存且數抱大木腐與泥混沉埋歲永形質雖糊塗猶約略堪辨認想此區古代曾遭洪水之厄者

村東澄淵泉自巖匯潮應候來廣約四十畝號鶴池頸足細長翅尾展舒登高俯玩則冠離蹈

坎顧震倚兌形容宛然若繪故名之曰鶴全村汲洗及田地車戽悉取之於茲其保障前面者曰鶴池坂南塘

計橋三村中東偏昔楊青柳綠曰待曉橋（紀農工之勤也）溝狹流長像鶴獨立之脛爲防虎患乃移東數丈仍簡稱曉橋南曰毓秀橋西南曰龜橋

水之放納在村西邊塘堤南北中心點之下復合龜山坂之水均在大甲霔　霔北曰小甲坂西塘霔南曰龜山坂西塘　龜山坂南塘正當村之西南隅故俗呼繞角坂塘

村西北岡巒諸水從桃花池俗呼掏沙池（春時落英紅豔夏秋暴雨乃泥泥赤濁）歷醒睡池（採茶桑稷豆麥者日長困倦趨此洗滌手面則神清氣爽）及朱家池（昔有村落）東池南會金魚池（小魚鱗錦）與牛車池（形圓若牛車輪）悉歸聚於西池　池中二洲浮漾白蘆紅蓼與丹楓黃菊水陸交映且復鷗游鳧宿風弄堤竹嘯雪釀嶺梅香晚節佳景洵堪怡情娛目

水則北流轉西至小甲坂北塘盡處正當太平菴之東邊再會西南一帶蒲葦蘋藻叢生之止雁池水司啓閉者則曰小甲霔

村外流域

東南冕旒山北面縱橫數十里壑澗諸水悉萃張家前橋　東北青化山南面周圍七八里溪

澮諸水盡瀦張家後橋二派之水連合乃會王家閘及南面上溢湖漊西南章湖漊前湖漊黃家漊至西村大甲漊西北小甲漊諸流出陳公橋計洞五清同治乙丑被山洪冲圮逮癸酉歲重建民國丙寅又激裂丁卯再築改作三洞易名成功橋北夫會姜太公塘橋東悠磨坂水清同治光緒間此塘屢修屢決工役困憊不得已將塘傾缺處建一石橋逮乙巳洪又暴發石橋圮覆墟亦坍塌且修之青蚨又廬告罄明適設帳敎廬益森陳公囑草建橋募引會有汴州行旅之客李姓者造廬求飲見募稿說是舉不可緩乃探囊出二百金以津貼明以募募引乞潤色欣從之逮後方知長者將陞越任先潛巡鄉僻以辨風俗薰蕕也附誌募建橋引曰原夫跨石爲梁誕衆同登彼岸析木通道要工首事問津爰茲姜太公塘興梁舊建基址猶存歲久失修工傾就圮三篙新漲石汨磷磷一道寒流泉流滚滚既盈夏澮濡軌爲虞料峭秋灘攣裳病涉設或驅車而至羇返臨河遂使行路之難履同蜀道此人事之當盡亦歲工所必先也於焉鳩工先宜庀材鉤連石棧非一木之能支鄉到金錢望衆擎之易舉波光瀲灩鴛虹彩於長空砥道坦平復疊梁之舊制聽雞聲而早渡跡賸殘霜跨驢背而幽探興濃晴雪洒望諸善士業襄濟川必懷普渡鶴纜咸解鹿幣爭輸翼斂飛蚨復覩御空梯設齒排雁陣重欣徒涉杠成石可鞭驅缺陷雅類女媧之補衺惟腋集游泳奚必精衞之填濟物利人福田在所廣種積善餘慶陰騭必獲報施也己是爲引又葛家漊西來下溢湖水歷喬棚張因昔多喬木前住張氏後住王氏今悉亡出鳳麓亭畔之新橋乃會小白峯與下駕峯祭陵時於此下車也諸澗水經北邊黃泥庵口南邊安山土穀祠前均自東來　又青化山左合大白峯嶺黃獅子山右合衙門嶺及伏虎山土穀祠邊諸溪流歷芝陽村諸金俞三姓祠前出文昌閣下西去二派之水並注安山陳村東橋又會北來巨流於安山陳祠前出西橋循鳳凰山之南經上魯村過魯家村祠前復會東方吊水嶺南北諸山之澗泉經天香爐邊山頂有巨池也之魯家山村出安公橋積善亭邊并廝溪潭水向西南至蕺社之旁其總機關盡在茅

山閘

瀝海所志藁

此爲楊君肇春字越川採訪之稿具有志體故以志稿名之楊君清優附貢生浙江法政學堂畢業曾官廣東鹽運司經歷

瀝海所鄉名沿革記

考瀝海所爲舊會稽屬三十二都毗連上虞宋爲弦歌鄉元爲太平鄉沿至有明爲延德鄉今仍爲瀝海鄉

市鎮

街道廣闊設市於城中東南西三門店肆百餘家尚稱熱鬧惟市物較他處昂貴

纂風鎮在縣北六十里瀝海城東門外距五里今廢嘉泰會稽志

風俗

風俗素崇儉約近來在滬經商者較多風氣爲之一變惟趨向文明男女競欲識字爲榮

城池

瀝海所城在所西北七十里接上虞界爲方三里三十步高二丈二尺厚一丈八尺城門城樓角樓敵樓月城各四池深一丈五尺廣五丈五尺兵馬司廳四窩鋪十六女牆六百十一墩臺四萬曆府志按城爲洪武二十年湯和建會上分轄會稽管轄西北二門上虞管轄東南二門清雍正八年檄著會稽縣知縣楊沛重修浙江通志

黄家堰巡檢司城　在縣北六十里纂風鎮接上虞界爲方一百四十丈高一丈三尺厚二丈五尺南北環以月城城樓一窩鋪四女牆一百一十地下有池深一丈二尺廣四丈五尺舊在府城東北六十里黄家堰明洪武二十年徙瀝海所西爲海潮所齧宏治間徙今所故址尚存萬歷府志清康熙間巡檢司裁城廢

關梁

瀝海關　收納躉税凡百貨皆須輸捐現遷移對江鎮塘前

水利

本鄉前後濱海河道淺狹居人苦之道光五年就地楊紳光南請復各堰以資蓄水已蒙大府批准嗣因運滷未便中止道光己酉庚戌兩歲以此間疊遭旱荒里民掘塘盜水雀角紛紛光南子國棟以救災恤患爲己任謀諸衆紳請之各憲在馬路頭建造石霪洞一座使兩邑數千頃田藉以灌溉鄉人頌之迄今滄海桑田沙泥淤漲已經停閉俟諸異日著塘流水此霪仍可設施矣

潦江

清道光年間疏掘南匯沙地潦港由就地紳士邵煜董理其事

本鄉接連紹上河道淺狹地勢高仰清光緒間上虞縣令唐煦春委就地紳士邵煜朱孔陽任疏掘經董其費按畝籌捐農人受惠甚多

南匯沙地霪洞在瀝海所王孟村係沙積水內流淤沙沖入內河有礙河道當時不加細察害多利少宜設善後法以補救之

本鄉蓄水各堰　花宮堰　梅林堰　竇堰　各堰爲上虞毗連處藉以則水今廢

物產

本鄉瀝海地土性質半沙半泥塘外沙地多含鹹質故斥滷甚旺塘內民田布種旱禾木棉間年交互種植其餘春花豆麥珠菽亦多南匯沙地產瓜甚夥味較他處甜美後海北門外海產如鮸鱗鰡鱭蝦蛤吐鐵彭玉蟹海蝦等物由各販來瀝運往杭紹等處發賣海中捕魚出息每年不下三四萬金又墮民所製小兀糖以糯米麥粉拌勻裹以桂花糖豆砂餡味鮮美老年人食之可止咳消痰

清嘉慶七年有巨魚乘潮而上潮退陷沙中身長不知其幾脊高於屋瀝海人刳肉熬油以點燈其骨有一長丈餘本所楊紳哲庵所得年湮代遠此骨現已無存

土產　瀝海所釀酒作坊計金同春等數十家年出數百缸營業尚稱發達

學校

瀝海所城中楊氏私立繼志高小校兼國民校校舍借用楊義士專祠此校由家塾改就成立於宣統元年由楊氏後裔肇榮等主持之

前邵敦本校係由邵子瑜籌集族款倡辦故爲邵氏私立宣統二年成立

寺前序思國民校係阮姓私立將原有普濟寺產改撥校中作經常之款成立於民國七年

前倪繼美國民校係杜孟兩姓私立由杜紹渠倡辦民國七年成立

楊氏義塾在瀝海所西門楊國棟建設經蒙兩館延師教讀捐糧田六十畝以資束脩膏伙並助考費田二十五畝零以備楊氏子弟應試之費道光二十六年由上虞縣令詳憲立碑今改繼志學校

邵氏學田在瀝海所前邵村由邵煜捐糧田六十畝延師教授歿後歸其五子邵蔭棠經理改作敦本學校常年經費

瀝海所閱報社民國四年初夏由楊一放發起首倡其常費由繼志敦本益智第一四校負擔嗣以敦本第一費絀停止

女子代用學校係楊肇春偕妻杜雲卿組織嗣因校舍由借主索還停息現在上虞區域另圖

進行矣

武備

瀝海所汎在舊府治東北七十里纂風鎮去海里許東衛臨山西捍黃家堰近海岸有施湖隘四匯隘爲汎守要地洪武二十年信國公湯和建城置官兵戍之轄臺一曰西海塘烽堠三曰槎浦曰胡家池曰樾樹巡檢司一曰黃家堰巡司清季分設汎守東至上虞縣六都二十里與夏蓋山汎接界西至本縣三十三都半里抵海左營千把總帶兵駐防轄台二曰北門臺（案本台東十里至踏浦台）曰踏浦台口次一曰西匯嘴本所原設判官新礮二台於康熙五十六年奉裁

黃家堰在縣北七十里纂風鎮有巡檢司城舊駐府城東北六十里黃家堰明洪武二十年徙瀝海所西宏治中徙今所設弓兵防禦清康熙間巡檢司裁

瀝海所官兵　千戶一員百戶八員鎮撫二員額軍一千一百二十名帶管一百名召募一百五名

施湖隘在瀝海所舊以二處海水衝激賊船易泊特立寨委官一員旗軍五十名守之今廢（天下郡國利病書）瀝海所所轄

西匯嘴在黃家堰明嘉靖三十二年倭賊登犯（天下郡國利病書）前清康熙五十六年增設口

次爲邊海緊要東至本所城五里西北抵海（乾隆通志）瀝海所所轄撥守兵五名烟墩三座（乾隆府志）清同治間改撥守兵三名

嘉靖三十二年歙人汪直（萬曆府志作王直）勾諸倭大舉入寇連艦數百蔽海而至濱海數千里同時告警先是李光頭許棟逸福建獄入海引倭結巢於霩衢之雙嶼港分綜剽刼二十七年巡視都御史朱紈遣都指揮盧鏜等部署兵船入港奪擊賊禽李光頭許棟皆就擒朱紈親率官兵築寨港口焚其營房戰艦賊淵藪空焉惟汪直收其餘黨復肆猖獗三十年倭寇烏盆（案烏盆隘在上虞縣五都去夏蓋山僅五里離瀝海所二十餘里）明陷臨山（二事本明謝讜蓋山亭碑詳古蹟）至是賊益熾冬十二月林碧川率衆寇瀝海所城千戶張應奎百戶王守正張永俱死之（後人誌其哀忠在瀝海東上虞界後海謝家塘內司城中建三公像祀之）三十三年正月蕭顯自松江入浙至海鹽參將盧鏜率兵進擊賊由楮山遁走歷曹娥瀝海餘姚九月林碧川沈南山等率衆自楊哥入掠浙東及瀝海上虞三十四年四月淞浦賊自錢倉白沙灣抄掠甯海趨樟村遂至上虞東門外燒居民房屋渡江冬十月倭自樂清登岸流刼奉化餘姚上虞至嵊縣乃殲之時賊不滿二百人所經過處殺戮無算十一月淞浦賊復自温州登海歷奉化犯餘姚南行入四明山地險巘官軍數戰不能勝會盧鏜軍至與戰於斤嶺於梁衕賊少郤走虞西龔家畈復至上虞東門外時同知屈某率河南毛葫蘆兵駐虞迎戰於花園畈甫一

合官兵敗北賊由北門外渡江去橫屍遍野慘酷不可言按上虞舊志淞浦賊兩寇虞一作三十四年六月一作三十五年正月與府志稍異三十五年八月盧鏜擊賊於夏蓋山三江海洋大破之俘斬甚衆明年十一月汪直款定海關求互市初軍門大臣以直爲亂收其母妻及子下金華獄巡撫胡宗憲與直同鄉里乃出之給以美肴食奉之爲餌會朝廷遣甯波庠生蔣洲陳可願宣諭日本國王宗憲因密諭令招徠汪直洲等諭宗憲指直果來宗憲温語慰之疏其罪狀上請三十八年十二月得旨斬於杭州市自是越中鮮倭患據明史列傳籌海圖編萬曆府志

道光二十年六月英吉利寇邊陷定海先是議禁鴉片兩廣總督林則徐絕洋販嚴海防夷人失利畏威不得逞乃入寇則徐以開釁被譴去夷勢遂張上虞戒嚴兩江總督大學士伊里布奉旨赴浙江勦寇時琦善督直隸英官義律詣津門乞撫琦善爲之奏聞八月詔琦善赴廣東籌辦西務檄伊里布緩其師於是三軍之士皆解甲而甘寢夷酋伯麥據定海數月輒縱洋艘四出游弋遂繞後海侵上虞界有五桅大船駛行近夏蓋山觸石礁船破案夏蓋山俗名覆船山海船須繞道行見山始避多遭覆沒邑團董瀝海紳士楊光普同瀝海汎把總倪永統衆擒白夷一人稱國戚黑夷三人案英吉利人有白黑兩種白種者高準碧眼短髮而拳曲皆其本國人黑種則徵自呂宋孟邁孟加臘諸部而奴使以爲舵工水手夷婦一人裝飾甚盛稱彼國三公主脚船一隻上縣獻俘令上虞縣龍澤澔械送甯波案此事去今纔七八十年瀝海所人目覩者言之甚悉中西紀事作餘姚係傳聞之誤

同治戊寅前甯紹台道張景渠與護理提督陳世章法國副將勒伯勒東率中外軍取上虞已卯自辰至巳連擊東鄉賊營彈落如雨次日潰賊何文慶率數千人竄走瀝海所駐劄一夜燒民房無數後遂渡江赴紹興

廟宇

瀝海所城隍廟在東城明萬歷四十年建道光九年就地紳士楊光南重建同治六年光南子國棟重修

天后宫在瀝海所城北雍正三年建　按興化府志天后林姓世居莆之湄洲嶼五代閩王時都巡檢愿之第六女太平興國四年三月二十三日始生而地變紫有祥光異香通悟秘法預知休咎鄉民以疾苦輒愈長能乘席渡海乘雲渡島嶼雍熙四年二月十九日升化後常衣朱衣顯聖海上里人祠之禱雨暘輒應莆田縣志元海運時封天妃明洪武間封聖妃永樂七年復加封宏仁普濟護國庇民明著天妃二條天后生卒及前代封號特詳現瀝海所北門捕魚人供奉甚虔

纂風公主廟在瀝海所東門外纂風寺側

東嶽廟在瀝海所城西同治年間紳士楊允重修

文瀾閣在瀝海所東門外新公主廟對岸河墩相傳有關文風前淸雍正年間相國趙國麟重葺光緒間就地舉人朱孔陽欲集資重建籌費爲難作罷現僅基址

判官廟在瀝海所城西門外有就地紳士趙蓋峰方伯題額風淸海甸四字旁註賜進士出身欽差倉場監督戶部員外郎趙巽英書該廟供朱通濟侯像歲時迎賽

孝義祠在瀝海所城西係楊光南字毅齋義士專祠上虞籍崇祀虞縣孝義祠生平義舉詳虞志惟祠在紹轄現爲義士後裔辦設繼志高小校借用

新公主廟在縣北六十里瀝海東門外前邵村爲前後邵社廟

西傘廟在縣北六十里瀝海所城西門外俞趙村側

高公祠在瀝海所城東門內高公明末人諱岱字白浦官兵部職方司員外郎明亡殉節列紹三不朽傳後人哀其忠塑像祀之祠卽文昌閣爲紳士楊帝臣所建築今改上虞鄉立第一學校旁造校舍將前進閣拆去由楊鳳棲捐資修造高公子生員某亦投花公江以死殉節

山川形勢

瀝海所城心高於四門南有傅山來朝西有馬鞍山東有夏蓋山北有海北大山五行金木水火土齊全相傳爲劉基度形勢以制勝前有剡溪曹娥蠻江巨流環繞會三江水歸入後海

黄竺山石在瀝海所城西北隅城河中天旱時在河露頂如桌面大或云係夏蓋山脈

碧波泉旁有泉清澄可愛鄉人取之以製酒并作茶水

瀝海在縣北六十里東連勾餘西入龕赭北負海鹽南抱邑壤而江湖之水宗焉本鄉三面環

海東通虞姚甬江水陸津程

纂風潮在縣北海驚濤怒浪西奔錢塘南瀉剡縣皆起於纂風蓋其中有二大石若巫峽名大

澤小澤如龕赭之狀潮入則急激而生若雪山崩卸世謂險惡過於羅刹上虞萬歷志

烏龍潭在瀝海所城西門外三阮村前楊姓田後相傳有龍居之其水鄉人取之以釀酒

楊家龍泉井在瀝海所城中宗祠內其水取之不竭雖大旱亦源源不絶斯亦奇矣

龍王塘在瀝海所北門內趙蓋峰方伯及趙國麟相國故第面前盤繞曲折秀氣迎人此係衆

姓風火池塘現蓄魚極多味甚肥美

北海塘沿長數十里前爲就地紳士楊允邵煜管理經修東段歸邵煜西段歸楊允後由二君

子楊啓瑞邵伯成接充董事現歸自治職邵蔭棠經修

陵墓

趙國麟相國曾祖考觀光府君曾祖妣汪氏孺人墓　趙國麟相國祖妣徐太君墓　清趙武

德將軍迴波府君汪氏淑人墓　曾姪孫趙國麟立碑

附誥命碑

曰九耄賜秩先酬閥閱之勞三世承恩聿著燕貽之澤特敷茂典用闡休聲爾趙璦乃安慶巡撫都察院右副都御史紀錄十七次趙國麟之祖父淳心抱質善氣儲祥樹坊表於鄉邦人瑞夙推舊法擁節旄於方域孫謀式播新猷茲以覃恩贈爾爲通奉大夫安慶巡撫都察院右副都御史紀錄十七次之誥命於戲頒璀璨之雲章高門溢慶沛瀸汪之恩澤奕葉流輝寵命丕承嘉修永著詔曰采甄世德嘉貽穀於前人導詠閨風溯鍾祥於大母爰敷茂典特賁鴻章爾安慶巡撫都察院右副都御史紀錄十七次趙國麟之祖母徐氏履順宜家凝庥昌後蘭儀被體垂奕葉以揚芳椒實盈升擢遠條而振秀茲以覃恩贈爾爲夫人於戲國恩稠疊用摛彤管之輝天澤優沾式佩篆魚之寵令名無斁渥澤永膺　雍正十三年九月初三日穀旦

趙氏祖墓在瀝海所城南門外大橋下

李祥麟進士墓在瀝海城南門外大橋下東灘

楊毅齋義士祖墓在瀝海城南門外大橋下西灘

義勇張秀山奉旨贈軍功府經歷墓在瀝海南門外大橋下西首
清四川布政使趙巽英墓在瀝海城東門外太平巷村南田内墓向西
楊松崖義士墓在瀝海城東門外纂風鎮村龍尾瀝

義渡路亭

花公渡船在瀝海所南塘對渡爲嘯唫村光緒年間由就地楊啓璜楊啓華捐置
鯉浦渡船在瀝海所南門外由衆姓集資建置對岸爲鯉浦及車家浦村
楝樹渡船由南匯村陳楊等姓募資建置現歸自治職邵蔭棠董理經管
蔣家路亭在瀝海所東門外塘上係邵紳伯成建造
馬路頭路亭清康熙三十九年何馮氏建并置露字號田十八畝施茶在瀝海所南門外馬路頭村現由就地朱寶田集資修整
前邵村路亭在瀝海所東門外塘下護塘地係邵姓出資建置

積儲

道光四年上虞周令爲歲歉賑賙計捐置義倉穀楊紳光南首先輸銀一千一百兩購穀八百石在城隍廟兩廡建倉三間積儲兵燹後賑放無存現自治職邵蔭棠由前鄉董卲淦移交領

有本縣賑米洋四百元放店生息以備歲荒

寺觀

福聖寺按上虞萬歷志作纂風寺在縣北六十里纂風鎮嘉慶志寺產八十餘畝由邵子瑜經理後周廣順元年吳越鄉官蔣欽等以嚴可瑛所捨之地建堂三間額延壽宋祥符初易今名治平四年改建殿四角俱雀舌升斗疊成甚奇梁上墨書時巨宋治平四年歲次丁未六月丁未二十三日己巳立凡二十二字政和元年餘杭靈芝蘭若釋元照有福聖院結界記

普濟寺一名九浦寺在縣北六十里瀝海所寺前村土名西匯嘴天順元年敕建今改阮氏私立序思校寺產撥作校款

所心菴在縣北瀝海所菴居城心故名明洪武九年建清乾隆五十二年重修

檀波菴在縣北瀝海所城西門內清順治五年建道光二十六年張盤書重修

後菴在瀝海所西門外由孟姓建幷置產三十餘畝現孟姓與杜姓合辦繼美校年捐資七十元

金石

福聖院結界記政和元年

會稽郡江北纂風鎮福聖院昔錢氏有吳越廣順元年鄉官蔣欽等狀乞以嚴可瑛所捨之地建堂屋三間以爲鄉衆焚修設齋植福之處仍請興福院省證主之得旨依申以延壽爲額厥後徒侶既衆舍宇漸增本朝祥符初天下寺觀例賜名額始易今號然雖堂殿完密像設嚴整而往世因循未嘗結界伽藍制度有所□城開元寺講僧履淵結生□□募道俗一萬人同修淨業化緣居此人頗從之又觀院衆率多□學各尙熏修於是率諭上下具疏展禮命予□□待結界法隨方立標區別於中外約量集衆檢校於和別唱相以告之秉法以加之三相無差十緣斯具自從衆□□可舉而行攝僧護淨各有分齊上從標際下徹金輪無作神功住持常在故使龍天之所翼衛災刼不能漂焚□政和元年十月二十五日也餘杭靈芝蘭若釋元照記

行事儀式　此院剏建已來未嘗結界□戒壇經羯磨疏行三反重結第一反先結大界依僧祇不可分別聚落集僧法堂行法□寬標狹四向各取六十三口比丘元照秉羯磨比丘守頎唱相比丘彥琳答法第二反解前大界比丘彥琳秉羯磨比丘景觀答法第三反再結大界比丘元照秉羯磨比丘清印唱相比丘彥琳答法次結淨地此院衆庫別房各有庖舍準四分本宗別結淨地比丘守頎秉羯磨比丘景觀唱相比丘清印答法　攝僧界相　從

此院外東南角石標外角旁籬外西下至籬角石標望西直下至石標旁籬外西下至曲角旁籬外南出至轉角旁籬外西下跨籬門過徹至西口角石標外角從此旁籬外隨屈曲北入跨水濱過復旁籬外北入至曲角跨籬門西下至轉角石標旁籬外北入徹至西北角石標外角從此旁籬外東上跨籬門過至曲角旁籬外北入跨籬門過至轉角石標旁籬外東上至轉角旁籬外南入至曲角屋柱循柱外轉旁閬外稜東上至屋柱循柱外轉旁閬外稜南出至曲角旁籬外東上徹至東北角石標外角從此旁籬外南出至曲角旁籬外東上至轉角石標旁籬外南出至轉角石標旁籬外西下至曲角石標望南直□□□頭石標旁籬外西下至曲角石標旁籬外南出還至東南石標外角攝石界相　此院今將東向廚屋三間雜物閤兩間并諸僧□房內廚屋分齊處四向蔬園果樹下並作淨池左右淨池各立石牌□□□土胡舉母親陳氏一娘與家眷等施財立石僧衆希□仲賢　希□　□□　梵文　仲□梵宣仲才□□道因　□□　□□　□□　梵□下闕　希湜　道□　仲祥希用　希鑒　子槐　□□　□當結界下闕　賜紫下闕　講經論首座希□　住持沙門希□下闕

普濟寺古鏡無時代

萬歷志普濟寺井底大徑二尺用以壓勝明宏治間朝廷聞而來取僧洽南賫以赴闕留數月賜還鏡北有篆書詩云三面鯨濤東海浮巍然一刹鎮中流龍君守護金鱗殿漲起沙隄古岸頭

普濟寺九龍石

石高約二尺餘凹突天然殆非人工所製相傳唐代遺物現存該寺天井即阮氏序思校中

厲孝子坊

坊在瀝海所城西門滄塘街上刋萬里尋親格天成孝並有清郡庠儲贈翰林院編修厲世昌年月字跡無考　按孝子父在雲南歿於軍事屍骨埋入叢塚或云孝子臥荒野中哀泣數晝夜後有鴉鳥指引滴血親骨凝合天成負骨以歸殆孝感所致耳

明忠臣三不朽中高岱公故第有衡陽王所賜恩榮字額又有石鼓兩座其門樓尚存數百年來忠魂猶在無人敢居亦奇事也第在瀝海所城東北隅　按岱子生員高朗亦投花弓港死父子岱朗二公同殉於節可稱雙奇

楊義士牌坊　坊在瀝海所城街心　按義士諱光南議敘布政司理問奉旨旌揚特典道光年間建

倪元璐公眞蹟

明忠臣元璐公有二十字墨寶一幅爲瀝海所城楊均菴家所珍藏（楊諱彬曾官江西新昌知縣）

四銅鼓齋

伏蠻銅鼓千百年舊物其色斑斕可愛近世已罕見矣在瀝海所城楊嘯漁家有四座故以名齋蓋楊君官廣西牧守時得來眞希世珍耳（有跋）

舊傳銅鼓爲伏波平蠻時製物因人貴得一不易嘯漁姻丈乃有其四豈偶然哉嘯丈官桂有政聲雖苗蠻愛戴若父母歸里後置銅鼓齋中因顏其額二十年游宦一室清涼伏波有知應喜物得其主矣丙辰小春姻再姪劉壬濤謹跋屬育萬書時同客羊石附記

影月石

在瀝海所城隍廟正殿祭桌下盤石古色斑斕相傳爲避火石鎭此以除萬家火災故所城從未遭大火沿燒也（已採上虞志）

人瑞

皇明萬曆三十七年歲己酉欽差提督通惠河道兼理倉場事務工部都水司兼清吏司郎中顧充爲百歲壽母朱王氏立

瀝海楊氏宗祠碑記

夫植本深者其枝必茂發源遠者其流必長自古仁人孝子未有不申水源木本之意以答祖功宗德之休者也誥封奉直大夫楊公諱光南號毅齋數十年來勤樸起家其樂善之端好義之舉耳而熟者已久第吳雲燕樹天各一方欲一睹儀容而未得焉丙午春乞假旋里遇令嗣松崖司馬敍談晨夕歷陳義舉遂出其先君子行述所貽者閱之不禁肅然起敬曰此眞有功德於後者也夫古之置義田以興學校賑孤寒者不外乎教養兩大端當時薰其德而慕弈世受其澤而傳數傳而後餘風弗替焉毅齋楊公之義舉不勝枚指其捐修聖廟則芹水流芬焉助建試棚則棘闈煥美焉慨置學田則英才奮志焉倡儲義穀則梓里遂生焉至若濬河渠以備旱乾培塘工以防水溢助嬰堂以育稚幼施棺櫬以斂尸骸崎嶇道路險者使平傾圮橋梁危者使整濟人利物之心至周且善而於輝煌宗祠之舉佽助義產之規嘗有志而未逮也松崖司馬仰承先志俯啓後昆於本都城內相度址基創建祠宇傍雉堞以經營量鳩工而興作由前迄後分爲三層以安祖位以妥先靈並置田壹百畝每歲得租息二百千文供四時之祭享備歷屆之塗修所賸餘貲即以賑孤恤困隨時濟施立有成規幷爲詳請憲諭以垂永久雖不敢稱繼述之善亦庶乎光前而裕後焉爰勒諸珉以誌之

道光二十六年二月賜進士出身翰林院庶吉士加一級世愚姪羅寶森拜撰

楊氏繼志堂碑記

先大人毅齋公常以繼志名堂其深懼忘善繼善述之意垂訓遠矣夫爲善最樂孳孳不怠家君行事卓然昭著於世者已非一日其洞明家務周悉人情更深閱歷而師儉可久積德乃昌諄囑之言如昨恆誌於衷何敢稍忘今年母壽八旬命節慶費以助歲歉故錢米兼濟慨然自任留有餘補不足聊慰母子素願且副我父樂善好施之懷非沽名也左搆享堂傍建住房俾窮黎咸得備趁度日亦屬救荒一策耳第居是室者當思先人創業之甚艱後人守成之不易即供奉先靈亦所以申孝思而免棄基也瞻仰之下庶幾景行繼志乎爰是庀材鳩工同年告竣并捐置田畝以作時祭歲修之需謹記始終緣由以示勿替云爾　咸豐元年正月吉旦男如浩敬誌

楊氏家塾碑記

誥封奉直大夫楊公諱光南號毅齋慨行善事樂成義舉生平捐助於公者備載宗祠碑中其令嗣松崖司馬仰體先心續成父志於創建宗祠置助義田外復造家塾以培子弟塾之址基稍限亦分三層并助田六十畝得租息一百二十千文每歲延師課讀經蒙二館束脩

膏火於是乎出有餘貲以作歲修及備子弟應試之費法甚善意甚美焉嗚呼王氏三槐永垂嘉蔭竇家五桂競吐奇芬呈驥子之材雲程遠奮挺龍孫之秀月窟高騫爰請憲咨以光家乘偉矣厥勳卓哉不朽時道光二十六年二月賜進士出身翰林院庶吉士加一級世愚姪羅寶森拜撰

災祥

清道光三十年歲饑斗米五百錢八月十四日風雨大水江塘壞瀝海一帶各村俱遭淹沒棺槨漂流無算城中居民棲身城上以避災

選舉

武舉　蔣英明崇禎朝

進士　趙國麟山東泰安籍武英殿大學士清康熙四十八年己丑登趙熊詔榜

進士　李祥麟順天大興籍貴州安南縣知縣清乾隆四年己未登莊有恭榜

舉人　趙孫英順天大興籍中式清乾隆九年甲子

進士　趙孫英順天大興籍清乾隆十年乙丑登錢維城榜官山西布政使

舉人　趙嵩英順天大興籍清乾隆十八年癸酉任教諭

舉人　趙驤順天中式清乾隆三十九年甲午

進士　趙驤順天籍清乾隆四十五年庚子登汪如洋榜官湖州府教諭升廣東崇化縣知縣

欽州知州

舉人　陳景藩清光緒十九年癸巳官兩淮鹽大使

名宦

趙孫英字蓋峰登清乾隆乙丑進士授刑部主事以讞僞稿一案賜元寶二錠擢江蘇司員外郎兼理河南貴州兩司陞郎中大學士傅公恆特奏調吏部文選司郎中視事三月欺弊無所乘踰年授山西冀甯道伊犂既平回部入覲晉當孔道讌勞之節孫英實總其成嘗一夜馳數百里不言勞辛巳駕幸五台召對稱旨擢直隸按察使調貴州再擢四川布政使皆以廉慎自矢年四十七卒於官

鄉賢

楊松崖　嘗論之士而在上則當爲朝野立法垂模使其名歷千秋而不泯而在下則當爲鄉里革弊興利使其名亙萬古而常存其功雖殊其仁則一也間嘗求之今世謂運際休明士必有以獨善該兼善之量以隱居沛廣居之膏使桑梓被其惠而咸忘其澤者雖然難矣無

其志不欲爲無其力不能爲有其志有其力而無其才則又不善所爲行仁如松崖先生其誠無愧於古人乎先生名國棟字如浩松崖其號也父毅齋公以勤儉起家慷慨濟世公承其業而善繼述之建宗祠創義學立享堂增墓田修家乘恤貧困週嫁娶敦本睦族事難枚舉而澤之久且大者莫如馬路霪洞一役吾鄉前後濱海河道淺狹居人苦之道光己酉庚戌兩歲疊遭旱荒里民掘塘盜水雀角紛紛公慨然興嘆思有以救災而恤患爰乃獨力肩任謀諸衆紳請之各憲鳩工伐石不日告成而又置潮神田建守管所以期永遠由是設法啓閉農商兩利數年來水旱藉以無虞人皆頌公之德不衰公曰此先人之志也先是毅齋公於道光五年請復各堰已蒙周縣主批准矣嗣因運滷未便中止余小子謹誌不忘今差有以告我先人耳嗚呼善則歸親而利足垂後可謂孝之大者也乃其樂善好施則又有隨時隨地而各盡者是故在本里則重建關帝廟大西菴以昭崇奉矣修城隍廟東嶽殿以示敬恭矣修文昌閣元壇祠以妥神佛矣修南門北海兩橋以便行旅矣前後塘則多方培土以衞田廬矣在孫家渡則捐田以成就義舉矣在剡西則修路亭鄉主廟張神殿以及嵊縣城矣工役屢興所費不貲而公終無吝志公天性孝友事親能得其歡心胞兄如海公早年出繼堂伯公因其産綦微體父母之心照股分析非其心之公平而能若是乎胞妹姪女等

補予奩產非其心之淳厚而能若是乎至於每逢歉歲賑米給錢夏則施蚊帳冬則施棉衣力未能葬者則施棺木且也創水龍會以備災作蘭盆會以度幽公眞以行善爲樂事者矣今夫人幸獲厚貲往往盛僮僕以自異侈聲色以自娛否則廣結交遊徹夜談讌以自矜其豪俠否或閉戶守妻子豐衣珍饌以厚自奉養視當世之疾苦蔑如也公獨自奉甚約旁無姬侍中年喪偶不再繼娶而於窮民之無告者則念之惻怛戚然見於其面是以佃戶租息則減免巨萬也年久各券則焚化一空也昔者馮公爲孟嘗燒券免債而薛民感德公不俟人之勸勉而好行其德如此有不爲天所佑者乎福壽駢臻舉可卜焉公工於詩詞襟期瀟洒所居西南隅小室名就安居一切花石略備公閒攜賓客飲酒賦詩以寄其閒情蓋德廣者體自舒也夫公少時曾習舉子業使爲之不已至今取科第有餘壯歲曾入貲爲州司馬封及父母使攖情利祿早可以得美仕公皆有所不爲而學爲其大者斯其所見遠而其所得深矣歲戊午公有修譜之舉予謂德厚如公士之坊表也不可無傳因略述之如此非敢謂知公也亦以誌景行之慕云爾　鄉後學韓文熙頓首拜撰

楊載字子培松崖先生第六子越之瀝海所人也家故饒千金性仁慈尤精醫學凡遇窮困者輒施拯之所活甚衆生平自奉儉約終身無美衣美食以自豐而遇親友之告貸者周之粟

米不稍吝也至處世和平謙躬自持從無出一惡言厲色故鄉黨父老子弟輩莫不推之爲仁厚長者住宅濱海光復後遠近盜風日熾公首先爲保護桑梓計命長子肇春赴省請之大府以此間非軍警駐紮不足以儆宵小而安閭閻爰於民國二年由朱督軍屈省長分別派駐迄今附近數千家藉以安甯皆公之所賜也孫輩皆在滬就金融業克紹家風公晚年矍鑠如同少壯步履輕捷雖終日行走不覺力疲現年七十二將來壽至百齡共慶人瑞未始非天之報施獨厚也乎余與長君越川同僚朝夕聚晤知之最悉特撰公之行述以誌景仰不忘前福建大主考翰林院編修江蘇吳縣穎芝姪吳蔭培拜撰

古蹟

李炳落馬鐧係純鋼製造貯在瀝海所李氏小西菴中並供奉都督大元帥李炳謚法文忠栗主　按李炳爲洪武開國時勳臣先充籐牌兵以戰功歷升至都督故世襲十三代爲餘姚臨山衛千總都督自揚州移居瀝海現後裔其繁楊越川註

節婦朱陳氏匾　武英殿大學士兼太子太保吏部尚書趙國麟題額　芳流貞史有跋　遜菴先生髫齡嗜學蜚聲黌序惜乎壯歲摧殘賫志以歿而陳太君內助多賢矢志柏舟操同金石里黨器重允宜奏聞楓宸特旌苦節云爾

趙蓋峰方伯府第在瀝海所城北門內門前環河寬曲土名龍王蕩該第正廳已拆去尚餘臺門後坐樓文魁進士匾尚存

趙國麟相國祖宅在瀝海所城北門內東北城隅計九間樓現爲雜姓所居

高兵部府第　高岱字白浦官明季兵部職方司郎中府基在瀝海所城東門內臨街其門樓有衡陽王所賜匾額恩榮兩字幷經魁一額有石鼓兩座西邊花園假山基巳爲邵姓所得

趙將軍府第　趙迴波官參將第在瀝海所城東門內大街其後門臨河有馬面踏道

靜涵亭　爲楊義士松崖别墅賓朋聚飲之處繞以池塘栽以花木幽致宜人今爲義士長子哲庵所居在瀝海所西門內

二希書屋　楊松崖義士讀書處在瀝海所城西南隅旁建船廳甚曲折也

人瑞　淸誥封中議大夫邵煜妻邵車氏九十歲

藝文

節母杜太孺人傳贊

守節難無孤而守節尤難古之節母心如古井波瀾不生其殆我楊舅祖母杜太孺人之謂乎孺人系出名門素嫻婦道年十六而歸於舅祖光和公孝事舅姑和處妯娌相夫克協珩璜之

德祭先茂揚蘋藻之風姻黨中莫不稱賢昊天不弔舅祖逝世節母時年二十有八慟哭殯日幾不欲生自後絶去華飾足未嘗輕踰閫閾五十餘年不聞有嘖室之聲盛怒之色焉今且年八十加三矣持齋念佛而形體益健天蓋以壽康旌其貞節贊曰共姜夫殀柳下妻賢城崩杞國淚染湘川母儀足式閨範克全綸章褒美彤史永傳　咸豐八年七月外甥孫朱旌臣頓首拜撰

楊安姑孝女傳

瀝海之地靈氣所鍾代產偉人史籍傳焉爰有楊氏夙稱望族簪纓不絶文學羣出有女安姑者爲捐職布政司理問帝臣伯祖之女秉性獨厚孝由天成上鮮昆季侍奉乏人母老不字守貞終身復慮母病刲股以救母病幸愈鄉人美之昔有曹娥孝思所致如同一轍先後輝映禹域增光典邀清季已蒙奬旌事關闈幽不得無文略述緣起以垂千秋　民國八年歲巳未仲春前兩廣鹽運使經歷司優附貢生姪孫肇春拜撰　按楊安姑瀝海人帝臣女父早卒無兄弟守貞不字養母終其身母張病刲股和藥得愈年四十五卒光緒七年旌

楊孝子啓華字澤栽官江蘇巡檢爲前北塘董哲庵季子母陳氏病革刲股療之不效母卒哀痛欲絶迄今每逢祭辰輒飲泣終日未旌

謁謝家塘土城張公祠　謝聘

煙島流氛接里氏獨先單騎勇忘身忠魂此日應還晉（公晉陽人）父老當時不苦秦敢報蒸嘗暫薄薦仰瞻祠宇願長春年經二百昇平久猶仗靈威奠海濱

詠張公義僕　謝聘

難得臣忠僕亦忠身先衛主殄沙蟲夕陽風偃城頭草想見當年血濺紅

按明嘉靖三十年林碧川率衆寇瀝海所城陷千戶張應奎百戶王守正張永俱死之後人誌其哀在謝家塘塑像以祀之

古山陰徐福欽太守長女鳳英性孝慈好吟詠爲瀝海楊越川繼室早卒其遺著如后

詠曹娥　徐鳳英

千秋廟貌煥江邊共仰曹娥孝感天七日屍身抱父起英靈從此得安眠

歸寧舟次　前人

景物翻新到眼忙歸程那計道途長山光水色明如鏡中有人家住綠楊

南鎮謁禹王　前人

秀穴奇峰占一方禹陵千載姓名香漫移蓮步登金闕巾幗居然拜帝王

遊七星巖　　前人

亭臺結構好林園巖列七星個個懸百尺危峰千尺水人間何處不桃源

過鑑湖　　前人

追溯當年賀季眞鑑湖一曲沐皇仁四時景色如圖繪畫舫蘭舟載美人

詠趙相國國麟　　楊肇春

賢相當年垂大名還鄉祭祖錦衣榮要知地傑人靈處萬水來潮瀝海城

有感　　趙國麟

蝗江潮弱送帆遲瀝海城孤帶雨奇秋老重陽楓樹色雁過九月菊花時題餻有字誰同調載酒無人空寄詩不是龍山能醉客肯將帽落任風吹

按相國父遊幕山東寄籍泰安適邑人周夢熊孝廉官是處楊越川囑詢查後裔聞其孫官教職斷炊三日清賢可知相國初官直隸某縣遭水災赤足救援溼氣上蒸致跛一足故時人以跛相目之後裔多茂才皆充學校教習

隨外子楊越川同謁王文成公祠　　杜雲卿

廟貌千秋峙文章濟世功登臨一瞻仰猶見大儒風

謁曹娥見朱娥附祀有感　前人

純孝稱朱女娥江配享宜爲殉大母難祇得十齡時

按朱娥上虞朱回女母早亡養於祖媪宋史治平三年二月里中朱顔與媪競持刀欲殺媪一家驚潰娥年十歲獨號呼突前擁蔽其媪手挽顔衣以身下墜顔刀曰甯殺我無殺媪也媪以娥故得脫宋史娥懼追及挽顔衣不釋顔不勝其忿遂起手刃娥數十卒斷其吭氣垂絶假息猶恐及祖母也獄具祖母猶坐訴詈郡從事虞公大甯進議曰誠法誠直顧無以慰沒者之志太守章侯岷從而釋之仍以事上聞後三月有詔諭安其家賜粟六束米三斛鄉人義之其後會稽令董楷爲娥立像於曹娥廟時配享焉宋史

遊越王臺　前人

於越高臺矗同遊拜下風臥薪嘗膽主千古仰英雄

送三烈士入祠　前人

烈士今何在當年志氣揚功成身巳死留得姓名香

銕血造時勢英雄愛國多馨香齊頂祝同唱萬年歌

按民國元年雲卿肄業明道女師範校偕同學姊妹恭送三烈士栗主入徐公祠

遊宋六陵　楊肇春

宋室偏安事已陳東南半壁得重新六陵古柏青蒼甚記否當年拾骨人

楊氏家塾圍屏詩

大業繼承啓後英綿綿祖澤兆簪纓諸庚俗享春臺樂翼子家欣夏屋成堂構百年新氣象詩書千載舊聲名鱣庭多士扶搖起步武初開萬里程

淵源家學溯傳薪教育因材計樹人蟾窟樂培丹桂秀龍枝初茁碧梧新春風馬帳談經處寒雪程門鼓篋晨幸際聖朝宏造士涵濡雅化荷陶鈞

國棟仁兄大人政　賜進士出身翰林院庶吉士羅寶森拜題

起鳳騰蛟育俊才菁莪端藉妙栽培觀瀾有術源常活樹德能滋本不摧四座春風眞善也一堂化雨信時哉居恆預備經綸選不愧熙朝杞梓材

福田廣植樂如何絃誦時深洽太和夜雨螢窗燈火課秋風雁塔姓名羅杏花及第輝金帖蓬島迎仙報玉科爲仰作人隆雅化峩峩髦士快賡歌

國棟親家大人政　賜進士出身翰林院編修姻愚弟羅嘉福拜題　道光丙午中秋月吉日

公益

水龍楊氏厚栽澤栽兄弟發起龍貯楊氏繼志高小校餘屋

水龍由街上鋪戶傅宇記發起龍貯街屋

教務

教堂係耶穌設立多年本有單級學校現已停坐堂設教傳道者爲高七金顧寶祥兩人

警察

瀝海所警察分駐所成立於民國三年由就地繼志學校校董稟准設立惟上虞應派警察人數額少尚未派到紹縣分駐所設在城隍廟自治辦公處由自治職邵蔭棠支配設立

附楊紳肇春稟准原稿云謹稟者衛戍區域之瀝海所城爲紹上兩邑毗連海陸交通係爲閩浙著名要口明季日倭時犯湯和築城藉以防禦前清駐紮陸營亦本此也城方四里城外村莊鱗次櫛比包有前後塘隄塘外沙地遼闊互延數十里北塘沙地接連餘姚三面依海惟東向陸路直達甯波南塘自嵊邑剡溪直接曹娥迤西即瀝海所城附近賀家埠村爲甯紹往來內河外海舟楫必經之處離紹較近半日可至北門外對海爲海甯海鹽等處商運偷捐皆經此海滬杭近接一葦可通帆檣梭織久爲匪徒出沒之處且民多野蠻聚衆滋

事非設壓彈不足以整秩序光復後肇春有見於此當商請紹縣知事陸鍾麟虞縣知事沈祖綿會請大府派設區官嗣爲用人兩縣意見不合事纔中止邇來盜案疊出官廳彼推此諉皆以鞭長莫及爲辭此間地處衝要退伍軍人與匪類易致混跡一旦不測咎將誰任若組設警察而地瘠民貧籌款爲難惟有仰乞都督民政長重以衛戍區域與尋常州縣毗界之處不同令飭兩邑抽撥警察拾名一面選派精幹所員常駐督率盤詰奸匪爲補助軍隊機關再應駐水陸各軍並請飛令調撥以資鎭懾而維治安謹禀　按省令飭兩縣轉知云楊紳所敍地方頗爲詳悉兩縣知事何彼此推諉置地方重要而不顧飭即限期成立毋違云云

梓里記

吳鳳翥 青于

予世居山陰鑑湖之南曰州山環四面皆山東北兩水道委蛇盤折而入其中平原二十里許聚族姓結廬占籍於斯四百數十年矣今猶古也山川風景旦夕徜徉游覽其間慨然有感作梓里記

山自東南而來曰鵝鼻曰朱華曰大塢尖斷而若連伏而復起凡數十折而環結於州山之前後左右爲岡爲嶺爲峯爲洞爲阜爲陵不可勝數其奇巧則柳子厚所謂類智者所施設也其渾然天成則又非設施之所爲也水自西南而來曰乾溪鑑湖三十六源之一也自南而北入州山境紆徐縈洄澄潭淺渚清澈見底芳草奇石青白交映如面鏡中而見絲髮復折而東而北北入陽湖東入秋湖吁知山之祖則可以知其支知水之源則可以知其脈居其地者可不知所自歟

州山特立衆山之中高不過數仞松篁萬數披拂蒙翳其上登山之腹則蹊徑阻塞出入往來幾莫尋其道相傳劉誠意伯游歷至此曰此地可作一州山以是名焉村亦以是名焉贈太僕節愍歲青公祖塋在其陽公當明季守長安死難史載其生時神見夢曰歲寒然後知松柏之

後彫也公往矣而茲山之草木猶勁直不屈云州山之南爲蛇山蛇山之西南曰鷲峰峰有寺曰鷲峯寺晉支遁道場也峯之左爲石梁乾溪所經也渡梁循山麓而南古木修竹叢雜掩蔽其前隱然見峯之出於衆卉也而寺藏於衆卉之中曉鍾微微從樹林出入寺僧更紆曲開小徑夾竹籬僅通人鳥道而上徑盡而寺見朱門碧戶翼然伏於峯之下寺額鷲峯王右君書右軍大雪訪友不値書其廡案而去支遂鐫爲寺額云寺後有古梅亦右軍植少時猶見根株槎枒出土今無存者寺之左廂大司馬環州公讀書處也寺前後卉木既繁大風怒號震動山谷閒聞者膽落予笑謂族人曰此環州公兵威也公當前明神宗朝總制宣大薊遼立功邊陲者也

蛇山之西曰鳳凰山土人呼爲飛起鳳勢如鳳舒翼而革起或曰昔有鳳集於此故名後不復至矣然遠近四山之中多雉而無鵑州山之北爲道園通政金堂公築樓讀書其中其地平曠北近陽湖西近刑塘刑塘者大禹築塘戮長人防風氏者也西北數里曰湖塘有七尺廟俗謂防風氏足脛長七尺瘞於此當讀書樓之末圮也夜靜水明覽月最宜予每過其地徙依久之所謂讀書樓者亦既委爲蔓草荒烟矣而金堂公之忠潔遺風餘韻猶在也爲子孫者或負擔過之或樵薪過之或閒步過之不復知所謂讀書樓也者而刑塘七尺廟巋然猶存

州山之東可里許曰飄閣閣依獅山跨南北兩涯總戎雲洲公所構也族人居分裏外兩莊而閣在兩莊之間登閣而望田疇室廬鱗次相接桑蔴竹木成蔭烟青而嵐翠皆得之於几席之閒俯而臨流則魚游其中唼浪銜萍歷歷可指數若山雨過時尤多鰷魚逐隊逆流而上蓋山多甘草山水下味甘鰷魚性嗜甘也世嘗謂水清令人瘦水濁令魚肥物類亦然故河濁而魚肥吾里無濁水鰷魚之嗜甘異乎他物之嗜甘也

凡山皆出雲而聖里梅里兩尖雲氣尤盛聖里尖在飄閣之西南里許梅里尖者漢梅福隱居所也在飄閣之東可十餘里當朝旭乍升或天將雨若輕烟若濃霧倏忽變幻俶詭萬狀不知胸之盪雲歟雲之盪胸歟其尤奇者爲烏石山怪石岝崿陰駁穿漏廻旋出沒其神龍之鱗爪乎居民望雲氣者多於兩尖卜晴雨朝雲曰涼帽暮雲曰箬帽

飄閣之東三百步而近曰細山細山者高不過三丈故稱之曰細突起平野之中四望清曠晨起登山可以觀日觀日之大者莫如泰岱天台細山培塿也可覽其勝焉觀日於海濱得滄波浴日之奇觀日於山中得嶺雲擁護之盛舊有書室曰鍾玉爲先世給諫細山公觀察烏石公御史州東公及環洲公弦誦之地今廢其下有仙人洞石几石橙存焉

細山之南有五老峯俗呼爲仰天螺蓋累累然五老之髻若螺之卷也其外爲迎瀾橋橋以西

築堤十數丈植垂楊其上居民藉以當水且用爲陰蔽當春漲時落英繽紛綠堤乃出觀者以爲勝秋則桂樹絕大者高二三丈花時香聞數里而五峯繚繞其中左右若大環彷彿盤谷焉五峯折而東有舒若屏障者是爲南山相傳有雙隱士居此或曰蓋梁鴻孟光云禁衛元素公築室讀書於此細山北爲牛山上有龍池仙人洞洞深不盈丈有穴焉窺之窈然以黑龍池方圓不踰百步有龍焉伏其中不可犯也劉禹錫有言山不在高水不在深其是之謂乎自青蓮書塾廢而培風書塾與青蓮書塾在牛山之北三面環山而臨河左爲小閣可登眺焉又其左爲新河九十月之交夾岸紅葉尤盛數十年前廢爲庵培風書塾在牛山之東三陲臨河而面南山亭館清幽奇花怪石參錯其閒環州公構也其六世孫揆一拓而新之吾族朔望有課或於宗祠或於書塾爭濯磨奮厲其以經術文章報國故前人以諸生登仕版立功名殉節義者相望也後之人可以慨然而興矣

州山之北爲陽湖其東爲秋湖陽亦作洋土人稱爲大洋者也陽湖之北爲南塘漢太守馬公所築鑑湖塘也水自西南諸山而下數十里匯於陽湖自牛山而北經小甲涇僅通舟楫數折而出陽湖即所謂北水道也當夫皓月滿空上下一碧乘扁舟而四顧萬馬奔馳而來者西南諸山也左右隊整軍而出者東西兩丹山也翠屏千仞立者柯山也彩虹天半落者第五橋也

翻波逆水而上者鴛鴦洲也與水光共吞吐者珠汀也奇鬼森然欲搏人者石佛寺也若夫上天同雲密雪亂飛鼓楫遨遊景物尤美玉泉玉川玉樹玉粱山則玉笥玉几玉屏玉尺梵宮則玉樓玉殿漁樵簑笠往來皆游玉宇之中或四三人或七八人浮舟酌酒飄飄乎疑落梅杯中也

自牛山而東水道經吼山荷花池花莊石明堂數折而出秋湖所謂東水道也秋湖大不及陽湖而地志獨載秋湖蓋湖水變遷無常當鑑湖之未毀也湖水高田丈許秋湖爲西南一巨浸鑑湖廢秋湖亦消落矣太守馬公築鑑湖蓄三十六源水東西置六十九所門以時啓閉旱則下水灌田潦則放水入於海故九千頃成膏腴焉至唐末而鑑湖廢秋湖受州山項里諸山之水水落土墳爲田者如爪牙如角距如重關固抱而環流通塞不一不諳水道者猝不得其要領

南山有泉最勝烏石山下有甘泉兩穴曰天目泉刑塘有泉曰溫泉吾里水多清冽而甘而四泉尤勝

柯山者州山北境之屏障也居陽湖北岸袤延六七里屹若長城或曰吾里倚柯山爲後殿苦爲石工鑿石破山脈以故人物仕宦功名今不如古予曰吁何見之陋也自有柯山以來即有

石工自有石工即有鑿山石者吾祖之卜居此地也茲山殘破已不知若何矣試觀其峭壁深巖絕壑豈特千百年之斧迹已哉人之不知而詈石工石工何與焉昔者禹鑿九河而後世生孔孟之徒吳通邗溝而東南之風會大開秦惠王開蜀道而兩川之文藻日盛蒙恬築長城而秦晉燕趙益多倜儻慷慨之士此不爲殘地脈乎人之不如而詈石工石工何與焉或曰鑿石盈丈則吾族增科名一人此可謂善諷矣

柯山之南有七星巖山多石巖石室而七星巖尤奇絕石工鑿石虛其中緣小徑入外窄而中寬下開而上合微通穴竅天光擬古中霤之制焉廣大周數十丈高亦如之暑月入巖衣袷衣猶冷侵肌骨下有石宕投石於水響激巖中良久乃已不能計其淺深夫水也懸綆而度之吾知其必有底止也苟蓄於不涸之府而濬乎不竭之源又安所底止耶絕壁上有廣廈天然四字可斗大許書法勁險環洲公筆也

石佛寺在柯山之東石屋石佛依山壁爲之可十數仞先是聞有石工祖孫父子閱三世而成寺則成於赤烏之年嗚呼事有數年而成者有數十年而成者有數百年而成者患力不繼不患不成昔有愚公欲移山而投之海室人雜然獻疑而愚公獨云子又生孫孫又生子子子孫孫無窮盡也而山不加增何患而不平而況於區區石佛寺乎而況有不必如石佛者乎有志

竟成豈不信哉吾先世創業於前而後人棄畚鍤斧削而去之是愚公之所笑而石工之所識也

昔人評西上八記窮奇盡變鐫鑱造化眞宰難爲吾於是篇云州山山水人物有序有記有詩有賦有傳有誌銘裒然成集然皆分類編誌未有合而成篇者公故作此仍以山水爲主人物則附記之詳所當詳而略所當略體裁宜爾凡吾族人各宜藏之篋笥不時展閱庶遠出朝夕臥遊不忍輕去其鄉家居者守身節用講信修睦不啻耳提而面命也族孫壽昌識

梓里記何爲而作也撫今追昔盛衰興感鬱於中故筆之書而寄慨於山水閒予曰否否是乃族祖青于公述祖德以訓後人者也吾族在前明時勳業忠節彪炳青史祠名宦鄉賢者代有其人盛矣積厚者流光今亦不少也參政匪躬公從龍入都首建安民止殺之議收降將而漳南之盜平輓飛芻而湖北之軍振開國定鼎之功臣也大司馬留村公由循吏超級節鉞於赤澳恢復乎金廈世職同休開疆闢土之功臣也然猶曰此其遠焉者也贈觀察鑑南公征戎金川臨難捐軀太史蓉塘公獻賦行在內廷供奉皆能賦詩作頌戛玉敲金和其聲以鳴國家之盛者非其時之近焉者乎然猶曰事非己出不過與之榮施也青于公鄉舉己卯制義鏤板行世膾炙人口矣生平所作古文不少概見即取是記而讀之奧衍淸湛與

山水爭勝亦足以一吐胸中之奇古稱不朽者三德功與言文字之於言其一也且其爲人樂道安貧不苟取予汲引後進如恐不及鄉黨所稱善士是三者居其二已曠達如公豈沾沾以仕宦爲榮者有何不平而寄慨之深耶吾故曰是記也公之述祖德以訓後人者也詩曰匪棘其欲遹追來孝又曰無念爾祖聿修厥德嘉慶七年重九後三日族孫壽朋後敍（字素君時年七十有二）

臯部誌

周少山

臯部距郡城東北二十里宋隸雷門鄉高平里明屬五都四圖來字號地其南三里許爲臯部堰載郡邑志中地當四面之衝南至山北至海東至甯台西至省明嘉靖間倭賊入寇以失道陷臯部水澤而沈氏卜居其下兵馬罕至自宋迄今人安其業誠居里之奥區也地勢由此發源其水由巽歸乾遠則南北東西有四大水以包絡之近則前後案托有一字文星以横亙之相地者以爲福澤綿遠之徵云

按臯字或云當作高以里名高平也部或稱步取水際渡頭曰步之義又曰當作埠取船舶埠頭之義然臯部二字由來舊矣不必强爲取新也故今仍之

今將臯部所有疆土名稱臚列於後以備稽考

坂

白龍坂　即孫家坂在東汪溹西舊傳有白龍現此自來字一號至一百四十九號止

尚家坂　即尚家濮在西汪溹西舊傳尚姓居此自來字一百五十號至二百七十九號止

鵝灣坂　即鵝池坂有廟自來字二百八十號至三百四十九號止

臯平廟坂　自來字三百五十號起至來字三百八十五號止

從陽坂 即酒牌港北岸在白龍坂南從陽猶曰從龍也自來字三百八十六號起至四百十六號止

潘家西坂 即莊前坂在潘進士坂西舊有莊有井今莊廢井亭石柱尚存一曰井亭頭其西南有周姓住宅曰池頭周家自來字四百十七號起五百三十號止

潘進士坂 舊傳有潘姓進士居此自來字五百三十一號至五百八十九號止

古廟坂 即橫裏今沈氏員四長子後裔居此自來字五百九十號至六百二十九號止

漁婆坂 在古廟坂其南即楊枋自來字六百三十號至七百四十二號止

廟前坂 在社廟前自來字七百四十二號至八百七十六號止

廟東坂 在社廟東其南即堰頭自來字八百七十七號至一千四十四號止

戎家坂 即東莊坂自來字一千四十五號至一千八十六號止

賞家坂 自來字一千八十七號至一千一百二號止

龍床坂 沈族寶善公塚在此自來字一千一百三號至一千一百八十四號止

陳壩坂 在龍床坂東南舊有壩陳姓居此自來字一千一百八十五號至一千二百二十四號止

虎涇坂 在白龍坂從陽坂東賞家坂龍床坂北自來字一千二百二十五號至一千四百九十二號止

圍城青龍坂 在鵓灣坂西或曰越王練兵之所有青龍現此故名自來字一千四百九十二號至一千五百十號止

石瀆關王殿基 在白龍坂東北係新升地來字一千五百十一號

崇聖寺基 在從陽坂東北係新升地來字一千五百十二號

堰

臯部堰 在沈宅南三里許又名登雲橋土人立肆爲市逢二四六八十四鄉齊集相傳明景泰間里人沈砥庵所築

沈家東堰 在臯部堰東舊名龍門堰其梁半在堰東南半在堰西北水涸時其石文始露康熙己卯沈銓重修始改此名有記

匯頭

楊長匯頭 在白龍坂

門臼匯頭 在白龍坂倒橋頭內卽廢寺基此則寺之山門

浪濺匯頭 在尙家坂近長坂大港其水至此而潑浪也

苧落匯頭 在尙家坂舊多苧內曰苧漊底

丁絡匯頭 在尙家坂一曰蘆墈頭舊有墈多蘆

大匯頭 在尙家坂卽尙家漊

荒草匯頭 在尙家坂卽謝家漊

牌落匯頭 在臯平廟坂舊有石牌已倒又曰望柱匯頭

掠子匯頭 在橎進士西坂狀如掠子今曰西港匯頭

馬家匯頭在潘進士西坂

丁家匯頭在潘進士西坂

沈掌匯頭在潘進士坂

木橋匯頭在潘進士坂南即水罾

水橋樹匯頭在古廟坂漁婆漊東岸

王家匯頭在龍床坂明永樂時山陰令王耕居此故名今子孫猶存

諸港

直上港在鵝灣坂西北俗名搖鈴

井頭港在臯平廟坂東北孫家屋前

阮家港在臯平廟坂東南阮家屋前

酒牌港在從陽坂南

小港在潘進士坂東俗名老鼠衕港只容一舟長二百餘步

蜒蝣港在廟東坂東南

上塘港在廟東坂東南

王字港在廟東坂東南

斷橫港在廟東坂東南

猪下爬港在廟前坂南

長坂港來字一號蕩八十三畝八釐

西汪溹港來字二號蕩十六畝二分二釐

摭頭港在西汪溹南越營山北來字三號蕩三畝三分二釐

山後港即越營山後來字四號蕩七畝二分九釐

菖蒲灣港來字五號蕩一畝五分

謝婆漊港來字六號蕩三畝

西漊底港來字七號蕩三畝

孫家屋前來字八號蕩四畝三分三釐一毫

從陽下在從陽坂北來字九號蕩五畝

阮家屋前來字十號蕩三畝

池頭港在鵝池東南來字十一號蕩三十六畝五釐

魯家横港在池頭港東横來字十二號蕩八畝

魯家横南來字十三號蕩五畝五釐

荷花在漁婆漊東南來字十四號蕩八畝五分

廟堂前港其中心處產菱味勝他處取水烹茶色味俱美盛暑放舟蚊蠅不集來字十四號蕩八畝五分

水笆屋前來字十五號蕩八畝五分

水笆東直港來字十六號蕩八畝

戎家港來字十八號蕩十畝

虎涇港來字十九號蕩十畝

齗下横港來字二十號蕩十二畝

龍床坂港來字二十一號蕩二十畝

洞橋下港來字二十二號蕩二十七畝二釐

章家灣港來字二十三號蕩二十五畝

東汪溪港來字二十四號蕩二十五畝

漊

北漊底在白龍坂孫家屋後

賀家漊在孫家屋西舊傳有賀海丞相居此

和尚漊在白龍坂倒橋頭北後即廢寺

高家漊在尚家坂內曰大漊底又曰苧漊底

菖蒲漊在尚家漊口舊多菖蒲

謝婆漊在尚家漊南土名荒草匯頭

西漊底在尚家漊底

尚家漊在尚家坂亦曰大匯頭

莊家漊在鵝灣坂

車涇漊在廟前坂

東莊漊在戎家坂

長漊在龍床坂王家匯頭北

短漊在龍床坂沈寶善公墓右

曹吉漊在陳壩坂

祠堂漊 在虎涇坂大皋部王祠堂前

廟短漊 在虎涇坂大皋部社廟前

虎涇漊 在虎涇坂昔有虎涉此故名

章家漊 在虎涇坂張神殿前

王家漊 在鵝灣坂

大漊 在鵝灣坂又曰松樹坟頭沈氏祖坟在焉

鵝池漊 在鵝灣坂一曰方池舊傳王右軍蓄鵝於此

花脚漊 在鵝池漊北

蠡家漊 在皋平廟坂陳家居後舊傳范蠡居此

諸家漊 在皋平廟坂皋王廟前一曰廟漊舊傳諸稽郢居此

止此漊 在從陽坂柳家屋前

梅花漊 在潘進士坂舊有漊而淤居人植梅其上今復通地勢南折俗名灣裏今稱牌後

節婦漊 沈蘭皋妻守節處在潘進士坂俗名燈房漊

後漊 在潘進士坂漊居祠堂之後

後二十房漊底在潘進士坂

葉家漊在潘進士坂

後馬漊在潘進士坂池形如馬四漊並出此獨居後一曰馬家漊

土地漊在古廟坂昔有漊通廟中今無

魚池漊在古廟坂昔有漊今改作池即躍鯉門

漁婆漊在漁婆坂

蚌塾漊在廟前坂舊有土塾形如蚌

荷花漊在廟前坂昔有隱士愛荷偏植漊內明時雖未栽種尚時吐荷花今無

夏家宅漊在廟東坂

荒田漊在竹尺漊南蜓蝣港西

竹尺漊在廟東坂

灶戶漊在戎家坂昔沈氏有隸灶籍者居此

池

下魚池在白龍坂昔沈姓築室取土作基先本蓄魚後人植荷花時移舟觴詠遂爲佳勝

鵝池在鵝灣坂即鵝池漊

倒池在從陽坂今作行河

池頭一在潘進士坂西一在漁婆坂

石家池在廟東坂竹尺漊南今爲田

灘

箸公灘在白龍坂長坂港南

三灘在廟東坂東

尖

秀才尖在鵝灣坂北爲沈氏祖塋土尖濱水每培補之子孫應期入泮故名

紗帽尖在廟前坂沈氏祖塋在此堪輿家謂葬後多發職官紗帽故名

橋

皋部堰橋在沈宅南三里許又曰登雲橋土名洞橋橋之東西立肆爲市逢二四六八十日遠近齊集相傳謂自明景泰間里人沈砥菴所立

東堰橋在皋部堰東舊名龍門堰其梁石於水涸時文始露清康熙己卯三月沈族重修始改此名

皋平橋在皋平廟坂南潘進士西坂之東北舊在東今移西十餘丈

張神橋在從陽坂東虎涇坂西又曰皋埠橋爲沈宅水口之下塞

小衕口橋在潘進士西坂西南魚婆坂之西北又曰登雲橋謂自此而南直至五雲門也

匯頭橋在潘進士坂戎家坂西

水笆橋在廟東坂北戎家坂南又曰廣生橋

通濟橋在戎家坂北賞家坂南爲南北之通衢其利與水笆同俗呼木橋頭

洞橋在虎涇坂東士人以近大皋埠因呼曰大皋埠洞橋

寺

崇聖寺在來字十四號蕩內今升地爲來字一千五百十二號明啓禎時沈族建置

祠

老皋王祠在皋平廟坂神名皋顯子八人又繼子一居高平父子有德於鄉卒後鄉人思之各祀其一大皋埠小皋埠唐家衕漫池上下蔣東西堡鄭家埭臨浦等處皆祀之老皋王葬越營山其塚土色淡黃質細潤居民每竊之以塑神像康熙間沈姓樹碑禁止

小皋埠皋王祠在古廟坂相傳祀老皋王之少子故呼其地曰小皋埠

大皋埠皋王祠在虎涇坂相傳祀老皋王之長子故呼其地曰大皋埠

太尉祠在廟東坂神姓郭其祠在攢宮昔沈姓禱於神生五子於是塑像於宅之南漸而祀之清康熙丁未遷於田之中央增廣祠宇置田延僧設渡船一隻對渡卽皋埠市香火尤

盛

山

越營山 在皋平廟坂周六百步今來字三百五十四號地二畝五分二釐一毫昔越王建營於此相傳卽傳記中所稱之中宿臺是也記載越王行成後築臺寢處其上不通貨色臺

在皋平里東曰蠡家漊南曰諸家園諸家漊

假山 在皋平廟坂其地舊稱諸家園相傳越臣諸稽郢居此

皋部市東堰記

皋部之有市迹古者以爲始於里人沈姓其年代不可考市東塘形如帶長可二十餘丈舊傳有堰上洩漲塞之水下壯形勢之觀舟楫之路往來甚便康熙戊寅春三月余方續修家譜見寶善公壽藏記云塋前一水自南塘而下記之者山陰羅恂其時則明成化乙未也夫水自南塘而下則此地之有堰可知羅恂記其事則堰之起於成化乙未以前亦可知是月二十五日商諸長老請以興復僉曰可乃鳩工開築凡四十五日至五月朔而工竣題其梁曰沈家東堰迨己卯歲旱復浚之得一石隱隱有文起而觀之有龍門堰三字余於是益徵羅君之記爲不誣矣自此堰之廢而其名湮沒也久矣及今堰既成而天適旱使余得以復之而得龍門堰三字之石天殆有意復傳斯堰之名乎故亟爲記之如此康熙己卯七月朔

按皋部誌爲皋部沈氏譜中所存作者沈銓清康熙時人前以由周君少山德濬見寄故列周君之字今承周君見告故特誌之以存實

安昌志勘誤表

第四頁前幅第二行　明季諸人　諸人誤倒置
又　又　第八行　青藤　藤誤籐
第六頁後幅第十四行　天啓　天誤文
第七頁前幅第六行　薊州下落知州

柯山小志刋誤表

序後幅第二行　故人故誤古
第一頁前幅第四行　在山陰　在誤出
又　後幅第四行　胡字上不空
又　又　第五行　殘誤錢
又　又　第六行　其東下落山字
又　又　第七行　刃誤刀
又　又　第九行　梱誤相　罄誤罄　橋誤高
又　又　第十行　紆誤紓　而門上落闢字　峯然下落闢然二字
又　又　第十四行　琢誤喙
第二頁前幅第一行　喙劚二字衍　泐然誤泐矣
又　又　第三行　陸字上不空
又　又　第七行　來字上不空
又　又　第十行　朱字上不空
又　後幅第一行　聞誤問
又　又　第二行　晴誤晴　商字上不空　元柏柏誤相

第二頁後幅第十二行　王字上不空
又　又　第十三行　少瘳少誤小
第三頁前幅第一行　商字上不空
又　又　第三行　嫈態嫈誤态
又　又　第六行　嬌誤鴳　籐誤篇　萌誤前
又　又　第十行　客誤容　在磬誤喜磬
又　又　第十四行　間外二字疑有誤
又　後幅第三行　危綠　綠誤鑲
又　又　第五行　長誤張　洲誤州　供誤共
又　又　第十三行　打漿　漿誤漿
第四頁前幅第二行　王霖　霖誤霖
又　又　第三行　嵇康　嵇誤稽
又　又　第四行　葉字上不空
又　又　第八行　澗阿　阿誤泂　天誤衣
又　又　第十行　蔣士銓三字應用小字旁注在忠雅堂集上
又　又　第十二行　栽青蓮　栽誤裁
又　後幅第五行　猨耤　耤誤籍
又　又　第十四行　磬誤罄
第五頁前幅第二行　峇嶢　嶢誤蕘
又　又　第十三行　琢爲佛　琢誤作
又　又　第十四行　高五丈餘落五字
又　後幅第四行　笵金　笵誤范
又　又　第六行　宋王寺　寺誤時
又　又　第八行　詑誤訛　傅誤傳

第六頁前幅第九行 梵鐸 鐸誤絳
又 又 第十四行 深誤從
又 後幅第一行 榷誤推
又 又 第四行 稜稜石氣 誤稜石稜氣
又 又 第八行 藕花 藕誤藉
第七頁前幅第二行 森碧樹 誤碧樹森
又 又 第六行 咫尺 咫誤四
又 後幅第六行 以上本張漢五字宜用小字旁注
又 又 第十行 深誤澄 嬌誤鷮
又 又 第十二行 藜炤堂藜誤黎
又 又 第十三行 睿誤睿
第八頁前幅第六行 一徑徑誤經 盆盎盆誤盟
又 又 第八行 傳學流 學誤橫植 沆誤沅
又 又 第九行 深誤從
又 又 第十行 清晝清誤青 深數舍誤從數合
又 又 第十一行 斵誤斷 闢誤開
又 又 第十三行 瓌洲洲誤州
又 後幅第三行 可誤而
又 又 第五行 黄猷吉吉誤志
又 又 第八行 鑑湖曲湖誤水
又 又 第九行 猶誤尤
又 又 第十一行 淺誤涉
又 又 第十三行 唐時時誤是
第九頁前幅第一行 菴左左誤在

第九頁前幅第十一行 澂誤瀲 深處深誤澄
又 後幅第五行 輒然輒誤輙
第十頁後幅第六行 流淺淺誤涉 冬誤今
又 又 第九行 雲深深誤澄
第十一頁前幅第三行 古甃深深誤澄
又 又 第五行 夜影深深誤澄 同龕龕誤龛
又 又 第八行 微風微誤徵
又 又 第九行 粼粼 誤鄰鄰
又 又 第十一行 深誤澄
又 後幅第十一行 牲誤牲
又 又 第十二行 司誤笥
又 又 第十四行 禦誤御
第十二頁前幅第二行 榆誤揄 韋顧誤虎豕
又 又 第三行 德誤得 况字上落又字 鬼誤思
又 又 第四行 餒誤綏 貴誤責
又 又 第五行 弗誤非 惑誤威
又 又 第六行 畜誤蓄
又 又 第九行 是誤時 周典典誤禮
又 又 第十行 捍誤扞 惡誤忠
又 又 第十四行 斧誤創
又 後幅第十一行 古鑑湖 古誤故
第十三頁前幅第四行 在柯山下誤柯山在下
又 後幅第七行 騁目 騁誤聘
又又第十一行第十二行 只壓青 壓皆誤壓

又　又　第十四行　布席　布誤佈
第十四頁前幅第三行　木誤本　紹錙誤錙紹
又　又　第六行　嶽作二字衍
又　又　第七行　湖上　上誤山
又　又　第九行　故友　故誤胡
又　又　第十行　得偸閒　得誤再
又　後幅第三行　州山　州誤洲
又　又　第四行　蘿新　蘿誤羅
又　又　第六行　只壓靑　壓誤磨
第十五頁前幅第十行　請試　請誤諸
又　後幅第一行　宏敞　敞誤廠
又　又　第三行　活潑潑地落一潑字
又　又　第七行　一爲沁心泉落一字
又　又　第九行　玉川　玉誤至
又　又　第十一行　偶憶　憶誤億
又　又　第十二行　景娛人　娛誤悞
第十六頁前幅第一行　余固　固誤因
又　又　第三行　八景徧　徧誤偏
又　又　第十行　溟濛　誤冥朦
又　後幅第三行　晴誤晴
又　又　第十行　環洲　洲誤州
第十七頁前幅第九行　可容　容誤用
又　又　第十行　深誤澄
又　後幅第三行　每從　每誤初

又　又　第四行　人誤入　此爲最麗落此字
又　又　第六行　渚淺　淺誤涉
又　又　第十三行　星辰　辰誤晨
第十八頁前幅第三行　想當時　想誤相
又　後幅第三行　存吾春軒集　誤存吾集
第十九頁前幅第十三行　再以燭　再誤最
又　後幅第二行　恬退　退誤迫
又　又　第五行　意在自遣　意誤憶
第二十頁前幅第十行　裀褥　裀誤䄄
又　又　第十二行　歐陽修搆　搆誤撰
又　後幅第十行　無從改補落從字
又　又　第十二行　朱孺人　孺誤儒
又　又　第十三行　深美　深誤澄
第二十一頁前幅第五行　乾隆年間人落人字
又　又　第十行　磨折　磨誤靡
又　又　第十三行　倘無　無誤然
又　後幅第一行　徧九霄　徧誤遍
又　又　第十三行　性辣合　合誤名
第二十二頁前幅第一行　縈苴經縈誤榮
又　又　第五行　閨媛　閨誤閤

天樂志刊誤表

第七頁後幅第六行　與此山　山誤上
第九頁前幅第七行　衆憑於此　憑誤遴

紹興縣志資料　第一輯　勘誤表

第十頁前幅第二行　寢誤寖
第十三頁後幅第一行　以興水利　水誤永
又　又　第九行　牐以木板　牐誤插
第十七頁後幅第五行　補苴掇拾　掇誤綴
第二十頁前幅第八行　山陽　陽誤陰
又　後幅第六行　酹酒　酹誤酎
第二十五頁前幅第十四行　壅麥　壅誤擁
又　後幅第二行　竹篁而已下宜移第四行育蠶之家至估價採買止接於此後
又　又　第十一行　豇豆　豇誤缸
又　又　第十二行　冬瓜　冬誤東
第二十七頁後幅第十三行　殘桑　桑誤柔
第二十八頁後幅第四行　醃菜　醃誤鑒
第二十九頁前幅第十二行　庯庶敦龐　敦誤效
又　後幅第三行　巫婆　婆誤娑
第三十頁後幅第五行　梆誤綁
又　又　第十一行　三年者有之　者有誤倒置
第三十一頁後幅第八行　黏諸燈　黏誤拈
第三十二頁後幅第二行　蚿疑蜈蚣之誤
又　又　第七行　礦疑鑈字之誤
又　又　第十二行　目蓮　目誤木
又　又　第十四行　九思香　思誤恩
第三十六頁後幅第八行　屢活之　屢誤屬
第三十七頁前幅第八行　邵士嘉慶山陰縣志作蕭山籍順治戊戌進士潮州推官此云道光時進士疑有誤
第三十八頁前幅第六行　遣軍　遣誤遷
又　又　第十三行　山東巡撫　山誤由

曹娥江志刊誤表

第一頁序第四行　孝之一念　念誤驗
第二頁引用書目前幅第十四行　鐵疑鐵之誤

曹娥鄉誌刊誤表

第四頁後幅第六行　歸字疑有誤
第五頁前幅第三行　著字宜移在有政聲下

天樂鄉富家墩村誌刊誤表

第一頁後幅第九行　因誤固
第三頁前幅第三行　鸞簫山　鸞誤變
又　又　第七行　且字下落便字
又　後幅第八行　音誤首
第四頁前幅第三行　晴誤睛
又　又　第七行　促誤捉
第五頁前幅第七行　睛誤晴

瀝海所誌稿刊誤表

第五頁前幅第十一行　朗誤茱
第十一頁後幅第三行　周誤週

第十二頁後幅第十一行　甚誤其
第十三頁前幅第四行　明季官　誤官明季
又　後幅第三行　夭誤殀
第十四頁前幅第二行　陳誤暫
第十五頁前幅第三行又第五行　注宋史二字皆衍文

梓里記刊誤表

第一頁後幅第一行　州山之南爲蛇山宜另行起
又　第三行　曉鐘　鐘誤鍾
又　第四行　右軍　軍誤君
又　第五行　訪支　支誤友
又　第六行　環洲　洲誤州
又　第七行　環洲　洲誤州
又　第十行　州山之北爲道園宜另行起
又　第十四行　巋然獨存　獨誤猶
第二頁前幅第二行　桑麻　麻誤蔴　成陰　陰誤蔭
又　第十三行　石凳　凳誤橙
又　後幅第一行　緣堤　緣誤綠
又　第四行　細山北爲牛山宜另行起
又　第八行　環洲　洲誤州
又　第九行　期誤其
第三頁後幅第二行　人之不如　如誤知
又　第九行　天然廣廈誤廣廈天然
第四頁前幅第三行　吾於是篇亦云落亦字
又　第八行　祀誤祠
又　第九行　今亦不少衰也落衰字
又　第十一行　兩學誤赤澳
又　第十三行　與有榮施　有誤之
又　後幅第二行　已居其二誤居其二已

皋埠誌刊誤表

第一頁前幅第一行　周少山三字應删
又　第四行　地勢由西北發源　西北誤此

嘉慶山陰縣志校誤補遺

卷一第三頁前幅十四行　子胥世家　按史記子胥不列世家此係舊志之誤

卷二第四頁前幅圖　戴於山　於誤于

卷三第八頁後幅第九行　地理　理誤里舊志亦誤

卷五第二頁前十三行　奉旨　旨字不必提行後國朝等字均倣此

卷七第三頁前十二行　華誤華卷八第三頁前十行日華子之華字同

卷八第二頁後十二行　說文其花芙蓉其秀菡萏　舊志所引如此依說文應作未發爲菡萏巳發爲夫容

卷八第三頁前二行　感鳳鄉　感誤威舊志亦誤

卷十第七頁後四格　順天　天誤夭

又第八頁後四格　有傳　傳誤傅

又十六頁前四格　玗誤玕

又十七頁後三格　傳臚　傳誤傅

又二十頁後三格　聞人集　聞誤陳舊志亦誤

又廿五頁後七格　據家乘補　補誤附

又三十八頁前十二行　夏蜮英　舊志蜮作蜮疑蜚字之誤卷十七第二十七頁前十四行同

卷十二第一頁後九行　楊爲棫　棫誤域第八頁前五行同

卷十三第十三頁後十行　朱昪　昪誤異

又十七頁前七行　昌寓　寓誤寓九行同

又十七頁後十行　咸陽尉　尉誤封

又十八頁前十三行　景德　德誤泰舊志亦誤

又二十四頁前四行　値金人　値誤直

又二十四頁前十四行　隆興　興誤慶

卷十四第四頁後十一行　書傳會通　通誤選舊志亦誤

又十三頁後二行　朱氏　氏誤氐

又十五頁後二行　玉山　玉誤王舊志亦誤

又二十五頁後二行　帝乃允　乃誤力舊志亦誤

又二十六頁前十四行　與沈一貫　漏沈字舊志因節錄明史原文而誤

又三十一頁前十一行　爕元力爭　力誤右舊志亦誤

又五十五頁前八行　岊誤岊

又五十七頁後一行　性端介　性誤牲

卷十五第一頁後十三行　沈襗　襗誤襗第十五頁後九行同

又第九頁後十三行　閩寇　閩誤閤舊志亦誤

又二十六頁後七行　椿誤樁

又三十頁前九行　賞朝衣　賞誤嘗

又三十四頁前六行　何㥥　何誤河

卷十七第一頁後十四行　南史　南誤元舊志亦誤

又第六頁前一行　鎣誤鎣十九頁後八行同

又第七頁後五行　氏誤氐

又三十頁前三行　殀誤夭三十一頁前十三行三十三頁後一行同

又四十七頁前一格　王文宇下妻妾二字應直寫不應雙行

又四十七頁前五格　士昭　士誤土

卷十九第二頁後四行　欽舜　舜誤順
又第二頁後六行　鄖誤鄖
卷二十一第廿二頁前十四行　釋菜　菜誤萊
又二十三頁後六行　迴誤迴
又二十四頁後五行　詺誤詔
卷二十四第三頁前三行　泰誤秦
又第三頁前九行　士誤土
卷二十六第一頁後四行　錄誤祿
又第八頁後九行　國朝　朝誤明
卷二十七第十一頁前七行　僖誤禧舊志亦誤
又二十三頁後十一行　提控　控誤空
又二十四頁前十四行　獄誤獄
又二十五頁前十四行　凡誤几
卷二十八第六頁前六行　劉理順　誤劉順理舊志亦誤

卷二十八上第八頁前三行　朱名筠　名字衍舊志亦誤
又三十一頁後七行　回浦　浦誤鄞
又三十三頁前五行　偓佺　佺誤佮
卷二十八下第五頁前十行　宋高宗此三字應用小字旁寫於詩題下
又第五頁後三行　惜誤借
又第五頁後十一行　蓺誤蓺
又第六頁後七行　芝誤之
又十一頁後七行　揚誤楊
又三十二頁後八行　紘誤紘
又三十二頁後十一行　宛委誤委宛
又三十六頁後四行　榴花　榴誤柳
又三十八頁後七行　密誤崇
卷二十九第一頁後一行　齊名齊舊志作齋疑誤

本志後所載刊誤表亦間有錯誤茲補正之於後

刊誤表第一頁後幅十三行　五格　五誤六　此爲卷九第五頁後五格王京下二十二

年任刊誤表作三十二年任按舊志原作二十二年任不誤

第二頁前四行　三格　三誤二

又　前六行　三十三頁　誤三十四頁

又　後十一行　二十七頁　七誤八

又　後十三行　四十三頁　誤四十四頁

第四頁後一行　吳氏下漏繆氏云云按此巳見卷十七五十頁後二格實未漏

第五頁前八行　山越二字不誤

又　後二行　十二行　二誤三

又　後五行　卿士　卿誤鄉云云按此舊志亦作卿士但鄉士之義爲近

第七頁前十三行　九行　九誤六

又　後一行　沓誤杳　按沓字不誤

又　後八行　第六頁　六誤七